总第44辑

中国审判指导丛书

涉外商事海事审判指导

最高人民法院民事审判第四庭　编

人民法院出版社

图书在版编目（CIP）数据

涉外商事海事审判指导. 总第44辑 / 最高人民法院民事审判第四庭编. -- 北京：人民法院出版社，2025.3. --（中国审判指导丛书）. -- ISBN 978-7-5109-4227-3

Ⅰ. D922.294.4

中国国家版本馆CIP数据核字第20247AD062号

涉外商事海事审判指导（总第44辑）
最高人民法院民事审判第四庭　编

责任编辑	丁塞峨
出版发行	人民法院出版社
地　　址	北京市东城区东交民巷27号（100745）
电　　话	（010）67550656（责任编辑）　67550558（发行部查询）
	65223677（读者服务部）
客服QQ	2092078039
网　　址	http://www.courtbook.com.cn
E - mail	courtpress@sohu.com
印　　刷	三河市国英印务有限公司
经　　销	新华书店

开　　本	787毫米×1092毫米　1/16
字　　数	273千字
印　　张	16.5
版　　次	2025年3月第1版　2025年3月第1次印刷
书　　号	ISBN 978-7-5109-4227-3
定　　价	68.00元

版权所有　侵权必究

《涉外商事海事审判指导》编辑委员会

主　　任　王淑梅

副 主 任　沈红雨　胡　方　王海峰　刘慧卓

委　　员　（以姓氏笔画为序）

马东旭　龙　飞　李　伟　杨弘磊

杨兴业　杨　蕾　陈宏宇　奚向阳

郭载宇　黄西武

执行编辑　李光琴

卷 首 语

《涉外商事海事审判指导》2022 年第 1 辑（总第 44 辑）经过精心编辑和大家见面了。本辑栏目设置继续保持《涉外商事海事审判指导》的一贯特色，包括"领导讲话""司法文件""请示与答复""案例评析""调查与研究""信息与资料"六个传统栏目。

领导讲话 该栏目选登了 2022 年下半年相关领导关于健全国际商事纠纷解决机制，高效公正化解涉外商事海事争议以及支持仲裁健康发展等方面的重要讲话。

司法文件 该栏目主要包括 2022 年下半年发布的《最高人民法院关于涉外民商事案件管辖若干问题的规定》《最高人民法院关于人民法院涉外审判工作情况的报告》《中国海事审判（2018—2021）》等。

请示与答复 作为本丛书的特色栏目，本辑继续选登了 2022 年下半年最高人民法院针对各高级人民法院有关仲裁司法审查法律问题请示的复函，并附有各高级人民法院的请示，具有较强的指导意义。为便于检索，本栏目还设置"申请确认仲裁协议效力案件""申请撤销内地仲裁裁决案件""申请认可和执行港澳仲裁裁决案件""申请承认和执行外国法院判决案件"四个子栏目。

案例评析 本辑选登了新某船务（香港）有限公司诉中国某财产保险股份有限公司航运保险运营中心海上保险合同纠纷案等案例，分别对海上保险合同中的"付费条款"与"原木条款"是否系格式条款、海上拖航合同"互撞免赔条款"的效力以及仲裁协议范围的审查等审判中遇到的典型问题作出明确认定，具有很强的指导意义。

调查与研究 本辑选登了最高人民法院国际商事专家委员会第三届研讨会暨首批专家委员续聘活动上部分专家委员、嘉宾的发言，发言围绕"国际商事法庭的最新发展趋势及热点前沿问题"及"'一站式'国际商事纠纷多元化解决机制的功能发挥"两个议题进行了热烈研讨。

信息与资料 本辑选登了最高人民法院国际商事专家委员会第三届研讨会暨首批专家委员续聘活动综述，对最高人民法院续聘第三批国际商事专家委员会专家委员及与各领域专家、嘉宾在研讨会上的精彩发言与交流活动进行了全面介绍与回顾。本辑还选登了最高人民法院沈红雨、孙祥壮、奚向阳等法官参加国际商事法院常设论坛第四届研讨会交流总结的报告，报告介绍了会议召开的基本情况、收获体会及工作建议。

目 录

【领导讲话】

在国际商事专家委员会第三届研讨会暨专家委员续聘活动
  闭幕式上的讲话
    （2022年8月25日）………………………… 陶凯元（1）
涉外商事海事审判服务高水平对外开放工作情况新闻发布稿
    （2022年9月27日）………………………… 王淑梅（5）

【司法文件】

最高人民法院
  关于人民法院涉外审判工作情况的报告
    ——2022年10月28日在第十三届全国人民代表大会常务委员会
      第三十七次会议上 ………………………………（11）
最高人民法院
  关于涉外民商事案件管辖若干问题的规定
    （2022年11月14日）………………………………（28）
中国海事审判（2018—2021）
    （2022年12月12日）………………………………（30）
最高人民法院
  关于发布第36批指导性案例的通知
    （2022年12月27日）………………………………（50）

浙江省高级人民法院涉外民商事审判实务指引（节选）……（69）

【请示与答复】

（一）申请确认仲裁协议效力案件

最高人民法院
 关于东莞市蓝某食品国际贸易有限公司与长某航贸有限公司
 航次租船合同纠纷管辖权异议一案请示的复函
  （2022年8月31）……………………………………（81）
 附：广东省高级人民法院关于上诉人东莞市蓝某食品国际贸
  易有限公司与被上诉人长某航贸有限公司航次租船合同
  纠纷管辖权异议一案的请示
  （2020年8月31日）………………………………（82）

最高人民法院
 关于申请人株洲时某新材料科技股份有限公司与被申请人
 唐某某申请确认仲裁协议效力一案的复函
  （2022年10月18日）……………………………（88）
 附：湖南省高级人民法院关于申请人株洲时某新材料科技股
  份有限公司与被申请人唐某某申请确认仲裁协议效力一
  案的报核报告
  （2022年4月27日）……………………………（89）

最高人民法院
 关于南某有限公司与道某粮油岳阳有限公司海上货物
 运输合同纠纷管辖权异议一案请示的复函
  （2022年12月12日）……………………………（93）
 附：江苏省高级人民法院关于上诉人南某有限公司与被上诉人
  道某粮油岳阳有限公司海上货物运输合同纠纷管辖权异议
  一案的请示
  （2022年9月9日）………………………………（94）

最高人民法院

关于福建元某豆业有限公司与平某船舶有限责任公司海上货物运输合同纠纷一案仲裁条款效力问题的复函

（2022年12月12日）……………………………（99）

附：福建省高级人民法院关于原告福建元某豆业有限公司与被告平某船舶有限责任公司海上货物运输合同纠纷一案仲裁条款效力问题的请示

（2022年8月31日）……………………………（100）

（二）申请撤销内地仲裁裁决案件

最高人民法院

关于福建环某矿泉有限公司申请撤销仲裁裁决请示一案的复函

（2022年9月27日）……………………………（104）

附：山东省高级人民法院关于福建环某矿泉有限公司申请撤销仲裁裁决一案的请示

（2022年5月30日）……………………………（106）

最高人民法院

关于温州多某地产集团有限公司申请撤销仲裁裁决一案请示的复函

（2022年12月13日）……………………………（116）

附：浙江省高级人民法院关于申请人温州多某地产集团有限公司与被申请人郑某某、王某某申请撤销仲裁裁决纠纷一案的报核报告

（2022年9月6日）……………………………（117）

(三) 申请认可和执行港澳仲裁裁决案件

最高人民法院

关于申请人英某投资（开曼）公司、英某投资公司、德国电某股份有限公司与被申请人黄某某申请认可和执行香港仲裁裁决一案的复函

(2022年11月10日) ……………………………………（132）

附：湖北省高级人民法院关于申请人英某投资（开曼）公司、申请人英某投资公司、申请人德国电某股份有限公司与被申请人黄某某申请认可和执行香港仲裁裁决一案的请示

(2022年12月29日) ……………………………………（133）

(四) 申请承认和执行外国法院判决案件

最高人民法院

关于苏某申请承认和执行大韩民国商事判决案请示的复函

(2022年12月9日) ……………………………………（149）

附：山东省高级人民法院关于苏某申请承认和执行大韩民国商事判决一案的请示

(2022年6月13日) ……………………………………（150）

最高人民法院

关于申请人宋某润与被申请人金某卫申请承认和执行外国法院民事判决案请示的复函

(2022年12月12日) ……………………………………（155）

附：浙江省高级人民法院关于申请人宋某润与被申请人金某卫申请承认和执行外国法院民事判决一案的报核报告

(2022年4月25日) ……………………………………（157）

【案例评析】

新某船务(香港)有限公司诉中国某财产保险股份有限公司
航运保险运营中心海上保险合同纠纷案
——对海上保险合同中的"付费条款"与"原木条款"
是否系格式条款的认定 ………………………… 马东旭（164）

中国某财产保险股份有限公司上海分公司诉交通运输部
南海救助局海上拖航合同纠纷案
——海上拖航合同"互撞免赔条款"的效力认定
………………………………………… 徐春龙　周田甜（167）

金某纸业(中国)投资有限公司申请撤销仲裁裁决案
——集团公司仲裁协议范围的审查 ……… 李海跃　陆迪春（181）

【调查与研究】

国际商事法庭在中国的实践、创新和未来展望
——在最高人民法院国际商事专家委员会第三届
研讨会上的主题发言 ………………………… 周汉民（192）

国际商事争端预防与国际商事争端解决的融合发展
——在最高人民法院国际商事专家委员会第三届
研讨会上的主题发言 ………………………… 黄　进（197）

中国国际商事法庭：迈向国际商事争端"融解决"体系
——在最高人民法院国际商事专家委员会第三届
研讨会上的主题发言 ………………… 单文华　冯韵雅（202）

【信息与资料】

最高人民法院国际商事专家委员会第三届研讨会暨首批
专家委员续聘活动综述 ……………………………………（225）

关于参加国际商事法院常设论坛第四届研讨会交流总结的报告
………………………… 沈红雨　孙祥壮　奚向阳等（234）

【领导讲话】

在国际商事专家委员会第三届研讨会暨专家委员续聘活动闭幕式上的讲话

陶凯元[*]

（2022 年 8 月 25 日）

尊敬的各位领导、嘉宾，

各位专家委员，

女士们、先生们、朋友们：

为期两天的中华人民共和国最高人民法院国际商事专家委员会第三届研讨会暨专家委员续聘活动，经过全体与会代表的共同努力，已圆满完成各项议程，即将落下帷幕。在此，我代表中华人民共和国最高人民法院，对会议的成功举办表示热烈祝贺！对与会外交部、发展改革委、商务部、贸促会的各位领导，全国人大代表陈福利、全国政协委员李大进，最高人民法院国际商事专家委员会委员，国际商事法庭法官，"一站式"国际商事纠纷解决机制各仲裁机构和调解机构的负责人，特邀嘉宾香港特别行政区律政司前司长郑若骅、阿斯塔纳国际金融中心和国际仲裁中心首席执行官坎贝尔·霍尔特、迪拜国际金融中心法院主簿努尔·海内迪，以及院内各有关部门负责人对会议作出的重要贡献表示衷心感谢！

这是一次国际商事法律界的盛会。本次活动邀请了来自 20 多个国家和地区的 40 多位国际商事专家委员以线上线下的方式参加，新加坡最高

---

[*] 中华人民共和国二级大法官、最高人民法院副院长。

法院、阿斯塔纳国际金融中心和国际仲裁中心、迪拜国际金融中心法院给予大力支持，参会代表层次高、参会规模范围广，各位与会代表就"跨境商事诉讼的发展、挑战与对策"这一主题进行了广泛深入的讨论，凸显了国际化、开放性的特色。

这是一届务实高效、富有成果的盛会。与会代表积极建言献策、坦诚交流，围绕会议主题提交了近40篇论文，共商共议国际商事法庭的发展、复杂商事争议的解决、"一站式"国际商事纠纷多元化解决机制的功能发挥、国际司法协助的趋势与挑战等前沿问题，提出了很多富于前瞻性、建设性的意见建议，给各国司法机关共同应对世纪疫情、公正高效解决跨境商事纠纷、促进投资贸易自由化便利化带来很多有益启示。会后我们将进一步吸收、利用好各位与会代表的智慧成果，继续推动跨境商事争议解决制度的发展创新。

这是一届继往开来、加深友谊的聚会。本次活动续聘了第一批23名国际商事专家委员。几年来，国际商事专家委员为中国国际商事法庭建设作出了重要的贡献。各位专家委员积极在中国国际商事法庭受理的案件中查明域外法并提供专家意见，主动为最高人民法院司法解释的制定和修改建言献策，在国际交流中宣传介绍中国国际商事法庭建设情况，有关国际商事法庭管辖权、"一站式"多元化纠纷解决机制完善等问题的研究成果也逐步转化为中国国际商事法庭的运行机制。在此，再次对国际商事专家委员的贡献表示衷心感谢！本次会议中，各位专家、各位嘉宾深厚的理论素养、开放的胸怀理念、丰富的实践经验、严谨的学术作风给我留下了十分深刻的印象，相信大家和我有同样的感觉。我们不仅从会议中汲取了宝贵经验，而且增进了法治互信、加深了彼此理解，跨越国界、跨越山河的友谊正在不断焕发新的生机活力。

当前，世界面临严峻全球性挑战，国际商事专家委员应有以天下为己任的担当精神，积极作行动派，共同应对挑战，继续发挥各自专业优势和丰富经验，踊跃参与"一带一路"国际商事纠纷解决机制的建设。

第一，坚持公正合理，推动跨境商事争议解决机制的创新发展。近年来，跨境商事争议解决机制得到快速发展，论坛中与会专家介绍了国际商事仲裁管辖权和争议解决条款签订的最新实践，提出国际条约的善意理解和适用、国际商事海事规则的统一、国际法透明度规则适用等建议，对解决复杂商事争议具有重要的启发作用。近年来，为推动复杂商事争议解决，中国出台民法典、修订民事诉讼法、完善证据规则、推动审判工作信息化和智能化，并在域外法查明、外国专家证人出庭作证等方面进行司法实践的创新。当前全球热点问题此起彼伏、持续不断，基础设施建设、国际货物销售和运输等传统法律问题与跨境信息流动、虚拟交易等非传统法律问题相互交织。面对保护主义抬头，各国法律制度发展不平衡是全球治理面临的重要问题，我们建议各国司法机关坚持协同联动，共同打造"平衡普惠"的商事争议解决新模式，共同推动公正合理的争议解决制度发展，共同打造市场化法治化国际化营商环境。

第二，坚持互利共赢，推动多元化纠纷解决机制的融合发展。当前，国际商事诉讼、仲裁和调解制度相互吸收借鉴的融合发展成为趋势。本次论坛中，与会专家提出诉讼、仲裁和调解之间形成了良好的互动，同时国际商事诉讼制度逐步吸收借鉴仲裁和调解制度的优点，形成以当事人意思自治为主的灵活、快捷、一审终局等新发展。中国国际商事法庭"一站式"机构也在发言中提出了诸如加强信息互通、加大涉外法治人才培养等建议。2022年，中国国际商事法庭"一站式"多元化纠纷解决机制将香港国际仲裁中心等5家仲裁机构纳入"一站式"纠纷解决机制。截至目前，该机制已有10家国际商事仲裁机构和2家国际商事调解机构。下一步我们还将修改司法解释，进一步实现对仲裁和调解解决国际商事争议的支持。我们诚挚邀请国际商事专家委员积极参与跨境商事争议解决制度建设，为实现诉讼、仲裁和调解的相互支持，推动国际商事争议预防与解决的相互衔接，形成便利、快捷、低成本的争议解决机制贡献智慧。

第三，坚持互商互谅，推动实现国际商事法律合作协同发展。各国司法机关之间的司法协助在解决跨境商事争议中发挥重要作用。与会专家提出的《海牙取证公约》证据开示、视频连线取证、电子送达等最新发展趋势对疫情背景下跨境商事争议解决尤为重要。近年来，中国法院通过制定法律和司法解释、发布指导性案例等方式在外国法院判决的承认与执行、多渠道进行域外法查明、方便涉外送达和调查取证以及简化领事认证等方面作出努力，推动跨境商事争议公正高效地处理和化解。当前，国际竞争摩擦呈上升之势，跨境商事争议涉及不同国家、法域和司法制度，我们应充分利用论坛等对话协商机制，通过坦诚交流，加强不同司法文明之间的沟通对话，加深各司法制度之间的互相理解和彼此认同，实现国际商事争议解决的合作新模式。

第四，坚持开放合作，推动各国国际商事法庭不断发展。各国国际商事法庭在适用普通法、使用英语庭审、选任国际法官等方面作出了众多制度创新，这些创新让国际商事法庭作为独特的国际商事争端解决方式吸引了众多投资者的选择。论坛中，与会专家提出了国际商事法庭与其他争议解决方式的协同运作、接受灵活的协议管辖、支持世界各国执业律师的出庭权、通过司法对话加强国际商事法庭之间判决的承认与执行等建议，对中国国际商事法庭的发展具有重要的借鉴意义。中国国际商事法庭愿意继续推动各项诉讼制度改革，支持仲裁、调解等替代性争议解决机制发展，积极参与跨境商事诉讼相关条约的制定，构建公正、高效、便捷的国际商事争议解决机制。当前，逆全球化思潮正在发酵，各国国际商事法庭作为规则创新和制度融合的新生事物，应坚持开放合作的理念，发挥各国司法制度优势，共同打造富有活力的跨境商事争议解决方式；坚持协同联动，做好沟通各国司法制度的桥梁纽带，推动形成跨境商事争议解决机制的新发展。

各位领导、嘉宾，各位专家、代表，女士们、先生们、朋友们，国际商事专家委员会第三届研讨会暨专家委员续聘活动成功举办是"一带一路"国际商事争议解决机制建设的一个重要成果。最高人民法院愿同各位代表一道，进一步深化交流与合作，为国际商事争议解决机制建设作出更多的贡献。在此，我提议，让我们对各位嘉宾、代表积极参与研讨、分享智慧表示衷心感谢！对外交部、发展改革委、商务部、贸促会的支持表示衷心感谢！对最高人民法院各部门、全体工作人员、新闻媒体朋友们的辛勤工作，表示衷心感谢！

祝各位代表工作愉快、身体健康！谢谢大家！

涉外商事海事审判服务高水平对外开放工作情况新闻发布稿

王淑梅[*]

（2022年9月27日）

各位媒体朋友们：

大家好！

党的十八大以来，以习近平同志为核心的党中央高度重视涉外法治工作，坚持统筹国内国际两个大局，明确提出统筹推进国内法治和涉外法治，我国涉外法治建设取得历史性成就、发生根本性变革。人民法院涉外商事海事审判工作是涉外法治建设的重要组成部分，是中国司法的对外窗口，是展示中国法治形象、讲好中国法治故事、传播中国法治声音的重要平台。涉外商事海事审判工作的健康发展，对于营造市场化法治化国际化营商环境，建设更高水平开放型经济新体制，维护国家主权、安全、发展利益，推动构建相互尊重、公平正义、合作共赢的新型国际关系具有十分重要的意义。

人民法院坚持以习近平新时代中国特色社会主义思想为指导，深入贯彻习近平法治思想、习近平外交思想，认真落实统筹推进国内法治和涉外法治要求，加快推进涉外审判体系和审判能力现代化建设，涉外商

---

[*] 最高人民法院审判委员会副部级专职委员（时任最高人民法院审判委员会委员、民事审判第四庭庭长）。

事海事审判的国际公信力和影响力持续提升。在此，我用"八个新"，向大家介绍新时代涉外商事海事审判工作取得的主要成效。

一、司法服务保障对外开放重大战略开创新局面

党的十八大以来，以习近平同志为核心的党中央坚定不移推进高水平对外开放，形成全方位、多层次、宽领域的全面开放新格局。最高人民法院深入贯彻国家对外开放各项重大战略部署，相继发布服务保障"一带一路"、自由贸易试验区、上海临港新片区、海南自由贸易港、北京"两区"建设等10余个司法指导意见，对涉外审判的重点领域、重点工作进行全面部署，指导各级法院深度融入、积极参与各地具体实践。最高人民法院2022年首批发布10个服务保障自由贸易试验区建设典型案例和12项亮点举措，集中展现了人民法院服务保障自由贸易试验区建设的丰硕成果，发挥了良好示范作用。多地法院出台为自由贸易试验区、构建全面开放新格局、中国—上海合作组织地方经贸合作示范区等国家重大战略提供司法服务和保障的地方司法文件，设立自由贸易试验区法院、法庭或巡回法庭，各项务实举措成效突出，有力保障了国家重大战略的实施。

二、外商投资权益司法保护步入新阶段

最高人民法院全面贯彻党中央关于平等保护外商投资合法权益的精神，及时制定、修改了外商投资配套司法解释，与外商投资法同步实施，外商投资纠纷审判进入以"一法一条例两解释"为主干规范体系的新阶段。对外商投资纠纷案件实行专业化审判，由各级法院涉外审判庭归口办理，公正高效审结纽鑫达公司股东资格确认纠纷案、如皋金鼎公司股东资格确认纠纷案等为代表的一批外商投资企业纠纷案件，全面落实准入前国民待遇加负面清单制度，平等保护中外当事人合法权益，营造稳定、公平、透明、可预期的法治化营商环境。

三、涉外审判精品战略实施取得新成效

最高人民法院将实施精品战略作为提升涉外商事海事审判质效和公信力的重要抓手，强调以精取胜，注重品牌效应，实现案件办理精品化、人员素质精英化、法官视野国际化、体制机制创新化，推动形成以"特定管辖法院、专门审判机构、专业审判人员"为特征的专业化涉外审判格局。2013年至2022年6月，各级法院审结一审涉外民商事和海事案件29.5万件。最高人民法院制定涉外商事海事审判司法解释31个、规范性文件9个，发布指导性案例12件、典型案例137件，印发涉外商事海事审判工作座谈会会议纪要，对涉外审判中的111个疑难问题作出明确规定，规范审判程序、统一裁判标准，推动涉外商事海事案件法律适用规则体系建设取得显著成效。疫情期间，发布的《最高人民法院关于依法妥善审理涉新冠肺炎疫情民事案件若干问题的指导意见（三）》，聚焦受疫情影响较大的涉外商事海事案件，平等保护中外投资者权益，服务保障稳外资、稳外贸、稳产业链供应链，被收录至联合国贸法会法规判例法数据库。准确适用国际条约、国际惯例和准据法审结一批具有规则意义、国际影响重大、推动法治进程的典型案例。如最高人民法院审理的德国蒂森克虏伯冶金公司国际货物买卖合同纠纷案清晰阐明《联合国国际货物销售合同公约》与准据法的关系，新加坡中华环保公司股东出资纠纷案准确适用新加坡法认定外方股东民事权利能力和行为能力。涉外司法的国际公信力显著提升，我国司法案例成为丰富国际法实践的重要来源，已有36件司法案例被联合国贸法会法规判例法数据库收录。

四、涉外审判机制创新有了新突破

长期以来，域外送达难、外国法查明难等问题一直是困扰涉外审判的难点问题。最高人民法院修改涉外民商事案件司法文书送达司法解释，进一步明确涉外送达规则、规范涉外送达行为；启用全国法院司法协助管理平台，与司法部民商事司法协助系统联网，实现送达案件跨部门在线办理，有效缩短涉外送达周期。多地法院制定涉外民商事案件送达指

引,在不违反所在国法律的前提下,探索电子送达、当事人转交送达,以及委托律师、公证机构、海外侨团送达机制,有效提升涉外送达质效。最高人民法院汇集5家域外法查明机构和国际商事专家委员资源,设立域外法查明统一平台,开展域外法律和案例资源库建设,着力破解域外法查明难问题。为方便跨境当事人参与诉讼,最高人民法院发布为跨境诉讼当事人提供立案服务的规定,为跨境诉讼当事人开通网上立案、委托见证、查询等服务。多地法院为外籍当事人提供英、葡、日等多语言诉讼服务。广东法院推广"AOL授权见证通",已经为近2000名境外当事人在线办理委托见证手续,大幅降低了当事人诉讼成本。

五、国际海事司法中心建设实现新发展

各海事法院立足服务海洋强国建设,充分发挥海事审判职能,围绕海洋权益维护、海洋生态保护和海洋经济发展等目标任务,努力将我国建设成为具有较高国际影响力的国际海事司法中心。新设南京海事法院,形成包括11家海事法院、42个派出法庭在内的全国海事审判组织体系,我国已成为世界上海事审判机构最齐全、受理海事案件最多的国家。最高人民法院先后制定海事诉讼管辖、海事法院受理案件范围和审理发生在我国管辖海域案件系列司法解释,不断完善海事司法管辖规定,为依法管海治海护海提供制度支持。制定海洋环境司法保护、审理涉船员纠纷等多个司法解释,保障了法律的统一、规范适用。公正高效审理"康菲"溢油事故系列案、"加百利"轮海难救助案、"天使力量"轮船员劳务合同案等一批有影响力的案件,维护航运商贸秩序、支持船舶产业升级、保障船员合法权益、促进海洋生态环境保护,不断拓展服务海洋经济发展的广度和深度。青岛海事法院妥善化解外籍"尼莉莎"轮扣押案,外国当事人特意将船舶更名为"尊重"(RESPECT),向中国法治致敬。越来越多国家的当事人在案涉争议与我国没有连结点的情况下,主动选择中国海事法院管辖,充分体现了对中国海事司法的信任。常态化发布中英文版海事审判白皮书、上线中国海事审判网,充分展示真实、立体、全面的中国海事司法,助力海事审判高质量发展。

六、国际商事纠纷解决机制建设展现新优势

最高人民法院认真贯彻党中央关于建立"一带一路"国际商事争端解决机制和机构的重大决策部署,在深圳、西安分别设立第一、第二国际商事法庭。截至目前已受理案件27件、审结11件。国际商事法庭网站作为展示国际商事法庭动态、提供在线诉讼服务的门户网站广受关注,总访问量已突破401万人次,覆盖全球149个国家和地区。组建国际商事专家委员会,聘任来自22个国家及我国港澳台地区的47名专家委员,着力打造国际一流法律智库。建立诉讼与仲裁、调解有机衔接的"一站式"国际商事纠纷多元化解决机制和平台,广泛吸纳国际商事仲裁机构和调解组织加入,为中外当事人提供多元化的纠纷解决服务。

七、参与国际规则制定实现新跨越

2013年以来,最高人民法院积极参加多项国际公约的履约审议,多项国际公约、示范法、双边及多边司法协助协定的谈判,增强我国在国际司法领域的话语权和影响力。在海牙承认与执行外国民商事判决公约制定中提出中国建议。积极参与海牙国际私法会议管辖权项目谈判,探索国际平行诉讼解决方案。参与联合国贸法会投资仲裁透明度、快速仲裁与国际和解协议、铁路运单议题以及船舶司法出售国际效力公约草案(北京草案)等国际公约、示范法和交易示范规则的磋商,为国际投资、贸易、航运规则的完善贡献中国智慧。举办三届国际商事专家委员会研讨会,参加中新法律和司法圆桌会议、中英司法圆桌会议、中法国际商事纠纷解决研讨会、国际商事法院常设论坛等多项国际会议,深化法治交流、增进法治共识。首次与新加坡最高法院共同编纂《中国—新加坡"一带一路"国际商事审判案例选》,开创案例交流合作新模式。

八、涉外审判人才培养迈上新台阶

坚持把党的政治建设摆在首位,引导广大干警旗帜鲜明讲政治,不断提高政治判断力、政治领悟力、政治执行力。适应涉外商事海事审判

工作面临的新形势新要求，健全涉外审判人才引进、选拔、使用、管理和交流机制，加大贸易、投资、海洋等领域高层次审判人才培养力度。举办全国涉外审判实务培训班以及国际商事专家大讲堂，提升法官国际法研究和运用能力。各级法院积极选拔优秀涉外审判人员，组建专业化审判团队，通过开展专题培训、挂职锻炼、港航调研实习、业务交流等举措，不断提升涉外商事海事司法能力。越来越多的优秀涉外审判人才走上国际舞台，1名法官获聘担任联合国国际劳工组织行政法庭法官，填补了我国在国际劳工组织内部行政司法系统任职的"空白"，多名法官担任国际统一私法协会观察员、中国贸促会联合国贸法会观察员专家团成员、亚洲商法协会理事等职，充分展现了中国涉外司法的水平和形象。

  立足新起点、启航新征程。人民法院将更加紧密地团结在以习近平同志为核心的党中央周围，坚定信念、强化担当、积极作为，在服务高水平对外开放的新征程上奋力谱写涉外商事海事审判工作的新篇章，以实际行动迎接党的二十大胜利召开！

【司法文件】

最高人民法院
关于人民法院涉外审判工作情况的报告
——2022年10月28日在第十三届全国人民代表大会
常务委员会第三十七次会议上

  党的十八大以来，以习近平同志为核心的党中央高度重视涉外法治工作。习近平总书记对加强涉外法治工作发表一系列重要讲话，明确提出统筹推进国内法治和涉外法治，为全面加强新时代涉外法治工作指明了方向、提供了根本遵循，推动我国涉外法治建设取得历史性成就。我国涉外法律法规体系不断健全，涉外执法司法质效持续提升，涉外法治保障和法律服务工作成效明显，涉外法治人才队伍日益壮大，开创了新时代涉外法治建设新局面，为维护国家主权、安全、发展利益提供了坚实法治保障。

  人民法院涉外审判工作是涉外法治工作的重要组成部分，主要审理当事人、标的物、法律事实等具有涉外因素的案件，涵盖刑事、民商事、海事、知识产权、行政等各审判领域，以及外国法院判决、外国仲裁裁决的承认和执行等国际司法协助案件。因涉港澳台案件一般参照涉外审判程序处理，故这次一并报告有关工作情况。涉外审判工作的健康发展，对于维护国家主权、安全、发展利益，营造市场化法治化国际化营商环境，建设更高水平开放型经济新体制，推动构建相互尊重、公平正义、合作共赢的新型国际关系，推进国家治理体系和治理能力现代化具有十分重要的意义。

党的十八大以来，伴随我国高水平对外开放的持续推进，涉外审判工作呈现以下新特点：一是案件数量大幅攀升。全国法院受理的一审涉外民商事案件从2013年的1.48万件，增长到2021年的2.73万件。二是新类型案件不断涌现。随着经济发展、科技进步、国际分工日益深化，涉跨境电商、跨境破产、企业和资产跨境并购、金融衍生产品投资、中欧班列运单等新类型纠纷不断涌现，亟须明晰交易规则、规范行为界限、平衡各方权益。三是案件审理难度加大。因同一争议涉及多国平行诉讼而产生的管辖权国际冲突案件增多，案件审理涉及国际条约、国际惯例和准据法适用的情形增多，司法管辖权和法律适用等问题愈加复杂。四是案件影响力日益提升。涉及当事人已覆盖全球100多个国家和地区，国内国际关注度显著上升，对我外交工作大局和国际形象塑造发挥着重要作用。人民法院认真落实统筹推进国内法治和涉外法治要求，坚定不移贯彻对外开放的基本国策，加快推进涉外审判体系和审判能力现代化，我国涉外审判覆盖的国家和地区范围不断扩大，境外当事人主动选择中国法院管辖的案件日益增多，我国法院判决得到越来越多国家的承认和执行，在参与国际规则制定中发挥的作用更加凸显，涉外司法国际公信力和影响力持续提升，有力传递出新时代中国改革不停顿、开放不止步的坚定决心，在向第二个百年奋斗目标迈进的新征程中承担着越来越重要的历史使命。

一、党的十八大以来涉外审判工作情况及成效

在以习近平同志为核心的党中央坚强领导下，在全国人大及其常委会有力监督下，人民法院坚持以习近平新时代中国特色社会主义思想为指导，深入贯彻习近平法治思想，深刻领悟"两个确立"的决定性意义，增强"四个意识"、坚定"四个自信"、做到"两个维护"，牢牢坚持党对司法工作的绝对领导，坚定不移走中国特色社会主义法治道路，紧紧围绕"努力让人民群众在每一个司法案件中感受到公平正义"目标，坚持服务大局、司法为民、公正司法，依法公正高效审理各类涉外案件，深入推进涉外审判机制改革，加强涉外审判队伍建设，不断提升涉外审

判质效。2013 年至 2022 年 6 月，各级法院审结各类涉外、涉港澳台案件 38.4 万件。通过充分发挥涉外审判职能作用，为加快构建新发展格局、实现更高水平对外开放提供司法服务。

（一）全面贯彻总体国家安全观，切实维护国家主权、安全、发展利益

将涉外审判工作置于统筹国内国际两个大局、办好发展安全两件大事中谋划和推进，坚决维护国家主权、安全、发展利益。

依法严惩涉外犯罪。严厉打击敌对势力渗透、破坏、颠覆、分裂活动，依法严惩颠覆国家政权、煽动分裂国家等犯罪，坚决维护国家政治安全特别是政权安全、制度安全。严厉打击跨国跨境毒品、电信网络诈骗、偷运人口、赌博和洗钱等犯罪。积极配合做好境外追逃追赃，出台司法解释完善犯罪嫌疑人、被告人逃匿、死亡案件违法所得没收程序，让腐败分子无处藏身、违法所得无处隐匿。严格规范涉外刑事审判工作，实行外籍被告人律师辩护全覆盖，切实加强人权司法保障。

依法保护我海外投资利益。依法审理我国"走出去"企业在基础设施建设、经贸往来、产业投资、货物运输等方面涉外民商事案件，准确界定当事人权利义务，服务应对海外利益风险挑战。制定审理独立保函纠纷案件的司法解释，统一独立保函交易规则，保障我国金融机构和企业有序参与国际经济合作。

（二）积极营造市场化法治化国际化营商环境，服务更高水平对外开放

始终做改革开放的坚决拥护者和坚定践行者，坚持依法平等保护原则，确保中外当事人诉讼地位和诉讼权利平等、法律适用和法律保护平等，积极营造市场化法治化国际化营商环境。

依法平等保护中外投资者合法权益。全面贯彻外商投资法及其实施条例，制定完善配套司法解释，外商投资企业纠纷审理进入以"一法一条例两解释"为主干规范体系的新阶段。建立外商投资企业纠纷集中审

理机制,以专业化促进审判质效提升。依法审理涉股东资格确认纠纷等外商投资企业纠纷案件,全面落实准入前国民待遇加负面清单制度,助力稳定中外投资者市场预期。

服务自由贸易试验区、自由贸易港建设。制定服务保障进一步扩大对外开放和自由贸易试验区、海南自由贸易港、上海临港新片区、北京"两区"建设等意见,发布10个服务保障自由贸易试验区建设典型案例和12项亮点举措,优化自由贸易试验区、海南自由贸易港法治环境。各地法院积极探索设立自由贸易试验区专门审判机构或审判组织,推出多项改革创新成果。福建平潭法院"企业送达信息共享机制"、重庆两江新区(自贸区)法院"创新涉外商事诉讼、仲裁与调解'一站式'纠纷解决机制"分别入选国务院自贸试验区改革试点经验和"最佳实践案例",北京法院"金融纠纷一站式、一体化、全链条多元化解机制"入选商务部国家服务业扩大开放综合试点示范最佳实践案例。

维护公平竞争的市场秩序。出台适用企业破产法的规定、为改善营商环境提供司法保障的意见、全国法院民商事审判工作会议纪要等司法解释和规范性文件,统一法律适用标准,增强司法透明度和可预期性。高起点高标准设立上海金融法院、北京金融法院、成渝金融法院,提高金融审判专业化水平。贯彻新证券法域外适用条款规定,对在境外上市公司及境外其他金融产品和金融服务提供者损害境内投资者合法权益的证券、期货纠纷及其他金融纠纷实行跨区域集中管辖。

服务统筹经济发展和疫情防控。发布审理涉疫情涉外商事海事案件指导意见,服务稳外贸、稳外资、产业链供应链安全稳定和航运市场健康发展,被联合国贸法会法规判例法数据库收录。南京海事法院开通立案和调解"绿色通道",用时27天在线成功调解一起持续5年的国际船舶建造合同纠纷。大连海事法院运用海事强制令帮助数百家进口冷链企业解决清关难题,降低疫情对进出口贸易的影响。多地海事法院在扣押拍卖外籍船舶过程中,对外籍船员开展人道主义援助并安全、高效遣返,为妥善处置疫情期间全球性海员换班或遣返难题、助力航运企业复工复产提供中国方案。

恪守国际条约、尊重国际惯例。制定审理涉外民商事案件适用国际条约和国际惯例的司法解释，准确适用国际条约和国际惯例审结一批具有规则意义、国际影响重大、推动法治进程的典型案例。最高人民法院在德国蒂森克虏伯冶金公司国际货物买卖合同纠纷案中清晰阐明《联合国国际货物销售合同公约》与准据法的关系，在"加百利"轮海难救助案中首次明确《1989年国际救助公约》及相关国内法条款的适用，在哥斯达黎加东方置业公司保函欺诈纠纷再审案中准确适用《见索即付保函统一规则》。我国司法案例已经成为丰富国际法实践的重要来源，联合国贸法会法规判例法数据库已收录我国司法案例36件。

准确适用准据法。坚持尊重当事人意思自治，严格依照涉外民事关系法律适用法确定准据法。2013年以来，人民法院在542件案件中准确适用域外法，涉及六大洲40余个国家和地区。最高人民法院审理的新加坡中华环保公司股东出资纠纷案，准确适用新加坡法律认定外方股东民事权利能力和民事行为能力，助力优化外商投资法治环境。江苏苏州中院审理的中钢钢铁有限公司股权代持纠纷案适用埃塞俄比亚法律认定股权变更登记事项，青岛海事法院审理的大宇株式会社船舶抵押合同纠纷案适用巴拿马法律认定船舶抵押权效力，北京海淀法院审理的沃尔特股权转让纠纷案适用芬兰法律认定预约合同效力。上海金融法院审理的马来西亚联昌银行新加坡分行涉外担保纠纷案，在查明新加坡法律的基础上，通过调解实现一揽子解决纠纷的多赢效果。

推进判决的跨境承认和执行。2013年以来，全国法院共审结申请承认与执行外国法院民商事判决案件7313件，涉及英国、美国、意大利、澳大利亚等近40个国家。第二届中国—东盟大法官论坛通过《南宁声明》，就中方倡导的"推定互惠"达成共识，实质推动区域内各国民商事判决相互承认和执行。江苏南京中院审理的高尔集团案首次适用互惠原则承认和执行新加坡法院商事判决，有力促进"一带一路"沿线国开展相关领域司法合作。我国涉外民商事判决得到德国、美国、新加坡、以色列、韩国等多国法院的承认和执行，浙江海宁法院作出的尖山光电公司破产重整裁定效力得到美国法院承认，使在美1.5亿元资产纳入中国法院破产重整程序。

（三）充分发挥海事司法职能作用，服务海洋强国战略实施

我国是海洋大国、贸易大国、航运大国，海事审判工作直接服务于外贸航运、海洋开发，事关维护国家司法主权、海洋权益。

切实维护国家海洋权益。制定海事诉讼管辖、海事法院受理案件范围和审理发生在我国管辖海域案件系列司法解释，对我国管辖海域全面行使司法管辖权。

服务海洋生态环境保护和海洋经济发展。制定扣押与拍卖船舶、审理海洋自然资源与生态环境损害赔偿纠纷案件、审理涉船员纠纷案件等司法解释，会同最高人民检察院出台办理海洋自然资源与生态环境公益诉讼案件的规定，发布海事审判典型案例89件，促进统一裁判尺度。天津、青岛、大连海事法院依法妥善审理1743件"康菲"溢油事故系列案，切实维护我国海洋权益和人民群众合法权益。上海海事法院依法扣押日本商船三井株式会社货轮，促使其履行我国法院生效判决，顺利执结国内外广泛关注的"中威"执行案，为这起跨世纪的涉外纠纷画上圆满句号。青岛海事法院妥善化解外籍"尼莉莎"轮扣押案，避免涉事各方巨额损失，外国当事人特意将船舶更名为"尊重"，向中国法治致敬。

大力推进国际海事司法中心建设。新设南京海事法院，形成包括11家海事法院、42个派出法庭在内的全国海事审判组织体系，我国已成为世界上海事审判机构最齐全、受理海事案件最多的国家。常态化发布中英文版海事审判白皮书，上线中国海事审判网，服务海事审判工作发展，满足人民群众司法需求，传播中国法治声音。与高等院校、科研机构共建国际海事司法研究基地，推动海事司法理论与实务深度融合。朝鲜、韩国两国货船在非我国管辖海域发生碰撞后协议选择上海海事法院管辖，德国、瑞典等国当事人向青岛海事法院申请扣押利比里亚籍"狮子"轮并提起诉讼。越来越多与我国没有管辖连接点的案件当事人主动选择中国海事法院管辖，充分彰显了我国海事司法国际公信力与影响力。

(四) 不断完善国际商事纠纷解决机制，服务共建"一带一路"高质量发展

认真落实党中央重大决策部署，积极探索国际商事争端解决机制和机构建设新路径，为高质量共建"一带一路"提供司法服务。

扎实推进国际商事法庭建设。最高人民法院在深圳、西安分别设立第一、第二国际商事法庭，上线国际商事法庭中英文双语网站，总访问量已突破378万人次，覆盖全球149个国家和地区。首创国际商事专家委员会制度，聘任来自22个国家及我国港澳台地区的47名专家委员，着力建设国际一流法律智库。出台2个服务保障"一带一路"建设意见，发布3批28件涉"一带一路"建设典型案例，完善相关法律适用规则。在苏州、北京、成都、长春、泉州、厦门、无锡、南宁等地法院设立国际商事法庭，努力建设国际商事纠纷解决新高地。

创新"一站式"国际商事纠纷多元化解决机制。建立诉讼与仲裁、调解有机衔接的"一站式"国际商事纠纷多元化解决机制，建成立案、调解、证据交换等全流程线上纠纷解决服务平台，为中外当事人提供便捷、高效、低成本的法律服务。先后分两批确定10家国际商事仲裁机构和2家国际商事调解机构加入平台，首次实现与境外仲裁机构的机制衔接。北京四中院、苏州国际商事法庭、深圳前海法院等探索建设各具特色的纠纷多元化解决平台，完善诉讼与调解、仲裁对接机制，努力满足中外当事人司法需求。

促进仲裁健康发展。出台审理仲裁司法审查案件、办理仲裁裁决执行案件等司法解释，建立仲裁司法审查案件归口办理机制和报核制度，发布商事仲裁司法审查年度报告，规范司法审查程序，促进仲裁健康发展。2013年以来，全国法院审理司法审查案件超过11万件，依法审结一批具有规则意义和重大影响的案件。广东广州中院在审理美国布兰特伍德公司申请承认和执行国际商会仲裁院仲裁裁决案中，首次将境外仲裁机构在我国内地作出的仲裁裁决认定为我国涉外仲裁裁决，对于我国仲裁业务的对外开放和仲裁国际化发展具有标志意义。

充分发挥多元调解机制独特优势。会同中国侨联发布加快推进涉侨纠纷在线诉调对接工作的通知，建立"总对总"在线多元解纷机制，999家侨联调解组织、1712名调解员入驻人民法院调解平台。浙江青田法院立足侨情县情，构建"海内海外联动调解、线上线下多元共治"的涉侨纠纷多元化解格局。云南法院探索建立"国门调解"机制，设立14个国门诉讼服务站，配备双语法官192人，聘请双语调解员585人，推动简易涉侨纠纷就地化解。新疆高院积极推进中哈霍尔果斯国际边境合作中心多元化纠纷化解平台建设。广西高院、海南一中院与中国国际贸易促进委员会调解中心签署合作备忘录，完善涉外商事纠纷联动调解机制。

（五）切实维护港澳台同胞合法权益，助力港澳融入国家发展大局和两岸融合发展

贯彻"一国两制"方针，充分发挥审判职能作用，切实维护港澳台同胞合法权益，为保持香港澳门长期繁荣稳定、推动两岸关系和平发展提供司法服务。

依法妥善审理涉港澳台案件。依法审理涉教育、就业、医疗、养老、住房、交通、旅游等领域案件，推动落实便利港澳台居民在内地学习、创业、就业、生活等各项政策制度，切实增进港澳台同胞获得感、幸福感和安全感。出台为深化两岸融合发展提供司法服务的36条措施，发布台胞权益保障十大典型案例，依法全面平等保护台湾同胞合法权益。广东高院发布4批80件粤港澳大湾区跨境纠纷典型案例，积极服务港澳融入国家发展大局。福建漳州中院设立涉台案件审判庭，成立台胞权益保障法官工作室，充分发挥台胞陪审员、台胞调解员、台企司法联络员作用，及时调处化解涉台纠纷，生动践行"两岸一家亲"理念。

深化区际司法协助互助。与香港、澳门签署13项司法协助安排和1项司法协助文件，健全区际民商事司法协助体系。其中，与香港就判决相互认可和执行签署3项司法协助安排，实现90%以上民商事判决得到相互认可和执行。与澳门建立司法协助网络互通平台，实现民商事案件送达取证全流程在线完成。与香港、澳门分别建立仲裁程序相互协助保

全机制，与香港签署相互执行仲裁裁决的补充安排，发布10件相互执行仲裁裁决典型案例。出台司法解释认可和执行台湾地区法院民事判决、仲裁裁决，推进两岸生效判决与仲裁裁决的相互认可和执行。

服务港澳融入粤港澳大湾区建设。发布服务保障粤港澳大湾区、深圳建设社会主义先行示范区、横琴粤澳深度合作区建设和深化前海深港现代服务业合作区改革开放等意见，推进司法规则衔接、机制对接，积极助力粤港澳大湾区建设。广东高院以"清单+台账"方式推动46项服务保障粤港澳大湾区建设改革措施落地见效，为港澳企业、居民在粤创新创业提供优质司法服务。支持港澳律师内地执业，广东深圳福田法院依法审理香港律师内地执业代理的首起案件。

完善涉港澳台纠纷多元化解机制。发布人民法院在线调解规则，明确符合条件的港澳台地区居民可以入驻人民法院调解平台，参与调解涉港澳台民商事纠纷。与国台办共建"总对总"涉台纠纷在线诉调对接机制，充分发挥一站式多元纠纷解决和诉讼服务体系成果优势，为台湾同胞提供普惠均等、便捷高效、智能精准的解纷服务。广东法院立足粤港澳大湾区"一国两制三法域"特点，聘任90名粤港澳资深退休法官、商事律师、法学专家等作为特邀调解员，全面参与跨境商事纠纷调解。支持香港建设亚太区国际法律及争议解决服务中心，推进粤港澳大湾区国际法律服务中心和国际商事争议解决中心建设。

深化海峡两岸暨港澳司法交流合作。健全海峡两岸暨香港澳门司法高层论坛、互访等交流机制，创设粤港澳大湾区案例研究基地、司法案例研讨会等合作新平台，深化司法交流互鉴。与香港、澳门分别签署加强交流合作的会谈纪要，统筹推进内地与港澳司法深度合作。持续推进国家法官学院与港澳高校合作办学项目，加强跨境法律人才培养培训。探索选任港澳台同胞、海外侨胞担任人民陪审员，支持港澳台同胞参与国家法治实践。设立港澳法律生内地实习项目，举办粤港澳大湾区青年法律人才研修班，推动港澳青年积极融入国家法治建设。

(六) 深入实施涉外审判精品战略,加快推进涉外审判体系和审判能力现代化

坚持以改革破解难题,深入实施涉外审判精品战略,创新完善涉外审判机制,不断提高涉外审判质效和司法公信力。

优化涉外民商事案件管辖机制。发布第一审涉外民商事案件级别管辖标准及归口办理的通知,推动大部分涉外民商事案件下沉至中级、基层法院,由涉外审判庭或专门合议庭审理,形成以"特定管辖法院、专门审判机构、专业审判人员"为特征的专业化涉外审判格局。北京、海南等地法院根据当地实际建立涉外商事案件集中审理机制。广西南宁法院、北海海事法院设立涉东盟案件审判合议庭,集中审理涉东盟贸易纠纷和海事海商案件,积极服务构建更为紧密的中国—东盟命运共同体。

创新涉外送达机制。修改涉外民商事案件司法文书送达司法解释,进一步明确涉外送达规则,规范涉外送达工作。启用全国法院司法协助管理平台,与司法部民商事司法协助系统联网,实现送达案件跨部门在线转递、审查、查询功能,有效缩短涉外送达周期。多地法院制定涉外民商事案件送达指引,在不违反所在国法律的前提下,探索电子送达、当事人转交送达和委托律师、公证机构、海外侨团送达机制,有效提升涉外送达质效。

健全域外法查明机制。设立域外法查明统一平台,汇集5家域外法查明机构和国际商事专家委员资源,着力破解涉外审判实践中的域外法查明难问题。疫情期间,组织梳理全球60多个主要国家和地区不可抗力规则及案例,形成并发布7期研究报告。多地法院设立域外法查明专家库,推动域外法律库案例库建设,积极探索域外法查明有效路径。广东广州中院上线"域外法查明通",深圳前海法院搭建"法院依法自主查明+香港地区陪审员和外籍、港澳地区调解员参与查明+社会化专业力量协助查明"的立体化查明模式。重庆两江新区(自贸区)法院与中国—东盟法律研究中心联合发布《陆海新通道沿线国家法律查明机制指引》。

完善跨境诉讼服务机制。发布为跨境诉讼当事人提供网上立案服务

规定,依托人民法院在线服务平台,为跨境诉讼当事人提供网上立案指引、查询、委托见证、登记立案等服务。多地法院结合实际需要,探索为外籍当事人提供英、葡、日等多语言诉讼服务。广东法院推广"AOL授权见证通",为15个国家和地区的1743件案件境外当事人在线办理委托见证手续,大幅降低当事人诉讼成本。福建福州中院通过"云法院智慧庭审系统"实现境内外五地连线,开庭审理一起跨国跨省、涉外涉侨民间借贷纠纷。

健全涉外审判人才培养机制。始终把党的政治建设摆在首位,坚持以党建带队建促审判,引导广大干警旗帜鲜明讲政治,不断提高政治判断力、政治领悟力、政治执行力,推进涉外审判队伍革命化、正规化、专业化、职业化建设。各地法院通过开展专题培训、挂职轮岗、业务交流等方式,大力培养选拔优秀涉外审判人才。积极推荐优秀涉外审判人才到国际组织和有关国家司法机构任职,1名法官获聘联合国国际劳工组织行政法庭法官,填补了我国在国际劳工组织内部行政司法系统的任职"空白"。

(七)落实统筹推进国内法治和涉外法治要求,积极参与涉外法律规范体系建设

立足司法职能积极参与涉外立法工作,助力建设系统完备、衔接配套的涉外法律规范体系。

积极配合涉外立法。按照全国人大常委会部署,起草民事诉讼法涉外编草稿。向全国人大常委会报送建议修改海事诉讼特别程序法的报告,参与海商法修订工作,就海警法制定、海上交通安全法修订提出建议,推动完善特色鲜明、科学合理的海事法律体系。

健全涉外法律适用规则体系。高度重视统一涉外法律适用标准,2013年以来制定涉外审判司法解释31个、规范性文件9个,发布指导性案例12件、典型案例137件。发布全国法院涉外商事海事审判工作座谈会会议纪要,对管辖、诉讼当事人、送达等涉外审判中的111个疑难问题作出明确规定,有效促进裁判尺度统一。福建法院依法妥善审理追索

流失海外文物第一案"章公祖师"案，判令外籍被告人返还因被盗而流失海外的宋代肉身佛像，树立了通过司法途径追索流失海外文物的范例。

加强涉外法治研究。深入开展"一带一路"司法保障、企业"走出去"风险防范、自由贸易试验区建设司法保障、国际商事法庭建设等重大涉外法治课题研究，为服务国家重大战略实施提供智力支撑。围绕投资仲裁、跨境破产等问题加强研究并及时提出对策。设立最高人民法院"一带一路"司法研究中心，建立"一带一路"司法保障常态化调研指导机制。与高等院校、科研院所等合作，设立15家涉外司法研究基地，增强涉外法治研究的实效性。

（八）深化国际司法交流合作，服务推动构建人类命运共同体

坚持共商共建共享原则，深入开展国际司法交流合作，坚定维护以联合国为核心的国际体系、以国际法为基础的国际秩序、以联合国宪章宗旨和原则为基础的国际关系基本准则，不断提高我国在全球治理体系变革中的话语权和影响力。

加强国际司法交流。与140多个国家和地区的司法机构及20多个国际或区域性组织建立友好交往关系，签署70多个合作协议或备忘录，先后有60余位外国最高法院院长、首席大法官到访中国法院。举办上合组织成员国最高法院院长会议、金砖国家首席大法官论坛、中国—东盟大法官论坛、中国—中东欧国家最高法院院长会议、中国与葡萄牙语国家最高法院院长会议、世界执行大会、世界互联网法治论坛、世界环境司法大会、数字经济法治论坛、丝绸之路（敦煌）司法合作国际论坛、海上丝绸之路（泉州）司法合作国际论坛等大型国际司法会议，推动形成多份成果性文件，有力促进司法交流合作，广泛凝聚法治共识。

深化国际司法协助。我国与82个国家缔结170项双边司法协助类条约，加入包含司法协助、引渡等内容的近30项国际公约，合作范围覆盖130多个国家。完善司法协助工作规范，2016年以来办结司法协助案件2.8万件。积极开展国际刑事司法合作，加强调查取证、引渡、被判刑人移管及违法所得查封、扣押、没收、返还等领域国际合作，共同惩治和

预防跨国跨境犯罪。云南法院审理的湄公河中国船员遇害案，树立了国际刑事司法合作范例。

参与国际规则制定。积极参与国际法领域重要磋商谈判，2013年以来参加10项国际公约的履约审议、11项国际公约及示范法的谈判、40余项双边及多边司法协助协定的谈判。在海牙承认与执行外国民商事判决公约、联合国打击网络犯罪公约等国际公约制定中提出中国建议。积极参与海牙国际私法会议管辖权项目谈判，探索国际平行诉讼解决方案。参与联合国贸法会投资仲裁透明度、跨境破产、快速仲裁与国际和解协议、铁路运单议题以及司法出售船舶国际承认公约草案（"北京草案"）等国际公约、示范法和交易示范规则的磋商，为国际经贸规则完善贡献中国智慧。

讲好中国法治故事。举办国际商事专家委员会研讨会、中新法律和司法圆桌会议、中英司法圆桌会议、中法国际商事审判交流研讨会等专业会议，派员参加国际商事法院常设论坛、"一带一路"法治国际合作论坛等国际会议，讲好中国法治故事。与联合国开发计划署、环境规划署、世界知识产权组织、世界银行、欧盟等国际组织和德国、俄罗斯、巴西等国家深入开展司法项目合作，大力推进司法文明互学互鉴。与新加坡最高法院编纂出版《中国—新加坡"一带一路"国际商事审判案例选》，开展案例交流合作，凝聚共建"一带一路"共识。

总的看，党的十八大以来我国涉外审判工作取得显著成效，根本在于习近平总书记作为党中央的核心、全党的核心掌舵领航，在于习近平新时代中国特色社会主义思想科学指引。人民法院涉外审判工作积累了一些宝贵经验，主要是：一是坚持党的绝对领导。党的领导是我国涉外审判工作始终沿着正确方向前进的根本保证，涉外审判工作取得历史性发展，涉外法治建设开创新的局面，充分体现了党的领导的政治优势和体制优势。二是坚持服务"国之大者"。服务大局是涉外审判工作的职责使命，必须始终将涉外审判工作置于党和国家事业发展全局中谋划推进，落实依法平等保护原则，积极服务国家重大战略实施和高水平对外开放。三是坚持以人民为中心。以人民为中心是涉外审判工作的根本立场，必须坚持人民至上，始终把实现好、维护好、发展好最广大人民根本利益作为出发点和落脚点。四是坚持统筹发展和安全。统筹发展和安全是涉外审判工作的重要任务，必须树立底线思维，增强斗争精神，善于运用法治手段应对挑战、防范风险，维护和践行真正的多边主义，服务推动构建人类命运共同体。五是坚持改革创新。改革创新是涉外审判工作发展的不竭动力，必须秉持改革创新精神，深入实施精品战略，完善涉外法律适用规则体系，加快推进涉外审判体系和审判能力现代化。

二、当前涉外审判工作存在的问题和困难

结合全国人大监察和司法委员会调研报告反馈的问题，根据调研分析，当前涉外审判工作还存在以下问题和困难。

一是服务对外开放能力水平有待提升。当前，百年变局和世纪疫情交织，经济全球化遭遇逆流，世界进入新的动荡变革期，涉外法治工作面临的风险挑战增多。有的法院在贯彻新发展理念、服务构建新发展格局、推动高质量发展上思路不够开阔，服务对外工作大局的手段和方式还不够丰富。

二是涉外法律适用规则体系有待完善。对国际条约在国内法中的地位、跨境数据流动等国际法重大前沿问题，需要加强研究并及时提出立法建议。一些新类型案件裁判规则有待进一步确立，以统一法律适用标准。

三是涉外审判机制改革有待深化。涉外民商事案件管辖机制需要进一步完善。涉外案件在送达、域外调查取证、域外法查明、缩短审理周期等方面存在一些难题需要多措并举切实加以解决。目前涉港澳台案件参照涉外审判程序处理，导致港澳当事人在内地法院参与诉讼、涉港澳证据审查认定、港澳判决在内地的认可和执行等存在一定不便，不利于涉港澳纠纷的高效化解，制约了司法服务粤港澳大湾区建设作用发挥。

四是国际商事纠纷解决机制有待健全。国际商事专家委员职能作用还有很大发挥空间，"一站式"国际商事纠纷多元化解决机制还有待进一步健全。我国尚未制定商事调解法，在国内外有影响力的商事调解组织

较少，难以满足当事人多元解纷需求。

五是涉外审判人才培养有待加强。涉外审判人才选拔、培养长效机制还不健全，与涉外审判工作发展需要不适应，高素质专业化涉外审判队伍建设成为紧迫任务。有的法院对于如何培养、使用涉外审判人才缺乏整体规划，人才梯队储备不足。随着涉外新类型和疑难复杂案件不断涌现，一些干警应对新情况新问题的能力不足，复合型国际化涉外审判人才仍存在较大缺口。

三、下一步的举措和建议

刚刚胜利闭幕的党的二十大，是在全党全国各族人民迈上全面建设社会主义现代化国家新征程、向第二个百年奋斗目标进军的关键时刻召开的一次十分重要的大会，对鼓舞和动员全党全国各族人民全面建设社会主义现代化国家、全面推进中华民族伟大复兴，夺取中国特色社会主义新胜利具有重大意义。新时代新征程，人民法院将坚持以习近平新时代中国特色社会主义思想为指导，深入学习贯彻习近平法治思想，全面贯彻党的二十大精神，认真贯彻党中央关于统筹推进国内法治和涉外法治的决策部署，奋力推进涉外审判工作高质量发展，切实维护国家主权、安全、发展利益，更好服务高水平对外开放、推动构建人类命运共同体，为全面建设社会主义现代化国家提供更加有力的司法服务。

一是坚持党的领导，确保涉外审判工作正确政治方向。将学习宣传贯彻党的二十大精神作为当前和今后一个时期首要政治任务，深刻领悟"两个确立"的决定性意义，增强"四个意识"、坚定"四个自信"、做到"两个维护"，自觉站在党和国家工作全局的战略高度，在更高水平、更广领域、更深层次上谋划和推进涉外审判工作。认真贯彻《中国共产党政法工作条例》，牢牢坚持党对司法工作的绝对领导，坚定不移走中国特色社会主义法治道路，把党的领导贯穿涉外审判工作全过程各方面，不折不扣贯彻落实党中央决策部署，积极服务党和国家对外工作大局。贯彻落实全过程人民民主，更加自觉接受人大监督，及时报告工作情况，认真听取代表意见建议，不断加强和改进涉外审判工作。

二是坚持问题导向，推动完善涉外法律适用规则体系。深入研究我国法律域外适用条款等问题，健全相关司法解释和配套规则。加强国际法前沿热点问题研究，夯实涉外法治理论基础，推动完善涉外法律适用规则体系。

三是坚持改革创新，不断提升涉外审判质效。结合四级法院审级职能定位改革和各地法院涉外审判工作实际，进一步优化涉外民商事案件管辖机制。持续创新涉外送达、域外调查取证和域外法查明机制，切实提高涉外审判质效，依法保护当事人诉讼权利。推进涉外审判工作与智慧法院建设深度融合，加强大数据、区块链、人工智能等前沿技术应用，构建中国特色、世界领先的互联网司法模式，努力创造更高水平的数字正义。

四是坚持目标引领，健全国际商事纠纷解决机制。细化国际商事专家委员会工作规则，充分发挥国际商事专家委员职能。坚持多元化、专业化、国际化的发展目标，健全"一站式"国际商事纠纷多元化解决机制，努力将我国建设成为国际商事纠纷解决的优选地。

五是实施人才强基计划，加强高素质专业化涉外审判队伍建设。立足长远、加强统筹，健全涉外审判人才引进、培养、选拔、使用、管理机制。建立新类型、疑难复杂涉外案件研讨机制和平台，促进提升涉外审判队伍整体能力水平。培养和储备一批既有大局观念又有国际视野，既通晓国内法律又熟悉国际法规则、善于处理涉外法律事务的优秀涉外审判人才。

六是坚持合作共赢，开创国际司法交流合作新局面。完善国际司法协助工作机制，提高信息化水平，不断提升国际司法协助质效。拓宽国际司法交流渠道，健全案例交换分享机制、法律适用交流机制、法官培养合作机制等，促进增进司法互信。拓展与有关国家及世界贸易组织、联合国国际贸易法委员会、国际法院等国际组织合作的广度和深度，积极参与全球治理体系改革和建设，推动构建更加公正合理的国际秩序。

针对当前涉外审判工作面临的问题和困难，提出以下建议：一是加快民事诉讼法涉外编的修法进程。适时将修订海事诉讼特别程序法纳入立法规划。修改全国人大常委会关于在沿海港口城市设立海事法院的决定，授权海事法院审理特定类型的海事刑事案件，有效维护我海洋权益。二是推动解决国际商事法庭运行中存在的瓶颈问题，促进提升我国国际商事争端解决机制和机构的国际竞争力。适时制定商事调解法，充分发挥调解机制优势，为我国国际商事争端解决机制蓬勃发展提供充分法律依据。三是授权广东等涉港澳案件集中的地方法院试行简化涉港澳民事诉讼程序，简化港澳诉讼主体证明手续及授权委托手续。四是推动建立健全立法机关、执法机关、司法机关、高等院校、科研院所、法律服务机构以及国际组织之间的涉外法治人才交流机制，加大复合型国际化涉外审判人才培养力度。

委员长、各位副委员长、秘书长、各位委员、列席会议的各位代表，全国人大常委会专门听取和审议人民法院关于涉外审判工作情况的报告，充分体现了对涉外审判的高度重视，全国法院和广大干警深受鼓舞。我们将在以习近平同志为核心的党中央坚强领导下，在全国人大及其常委会有力监督下，深入学习贯彻党的二十大精神，坚决执行全国人大及其常委会决定、决议，认真落实本次会议审议意见，进一步提高涉外审判工作水平，为实现中国式现代化、全面建设社会主义现代化国家提供有力司法服务。

最高人民法院
关于涉外民商事案件管辖若干问题的规定

法释〔2022〕18号

(2022年8月16日最高人民法院审判委员会第1872次会议通过
2022年11月14日最高人民法院公告公布
自2023年1月1日起施行)

为依法保护中外当事人合法权益，便利当事人诉讼，进一步提升涉外民商事审判质效，根据《中华人民共和国民事诉讼法》的规定，结合审判实践，制定本规定。

第一条 基层人民法院管辖第一审涉外民商事案件，法律、司法解释另有规定的除外。

第二条 中级人民法院管辖下列第一审涉外民商事案件：

（一）争议标的额大的涉外民商事案件。

北京、天津、上海、江苏、浙江、福建、山东、广东、重庆辖区中级人民法院，管辖诉讼标的额人民币4000万元以上（包含本数）的涉外民商事案件；

河北、山西、内蒙古、辽宁、吉林、黑龙江、安徽、江西、河南、湖北、湖南、广西、海南、四川、贵州、云南、西藏、陕西、甘肃、青海、宁夏、新疆辖区中级人民法院，解放军各战区、总直属军事法院，新疆维吾尔自治区高级人民法院生产建设兵团分院所辖各中级人民法院，管辖诉讼标的额人民币2000万元以上（包含本数）的涉外民商事案件。

(二) 案情复杂或者一方当事人人数众多的涉外民商事案件。

(三) 其他在本辖区有重大影响的涉外民商事案件。

法律、司法解释对中级人民法院管辖第一审涉外民商事案件另有规定的，依照相关规定办理。

第三条 高级人民法院管辖诉讼标的额人民币 50 亿元以上（包含本数）或者其他在本辖区有重大影响的第一审涉外民商事案件。

第四条 高级人民法院根据本辖区的实际情况，认为确有必要的，经报最高人民法院批准，可以指定一个或数个基层人民法院、中级人民法院分别对本规定第一条、第二条规定的第一审涉外民商事案件实行跨区域集中管辖。

依据前款规定实行跨区域集中管辖的，高级人民法院应及时向社会公布该基层人民法院、中级人民法院相应的管辖区域。

第五条 涉外民商事案件由专门的审判庭或合议庭审理。

第六条 涉外海事海商纠纷案件、涉外知识产权纠纷案件、涉外生态环境损害赔偿纠纷案件以及涉外环境民事公益诉讼案件，不适用本规定。

第七条 涉及香港、澳门特别行政区和台湾地区的民商事案件参照适用本规定。

第八条 本规定自 2023 年 1 月 1 日起施行。本规定施行后受理的案件适用本规定。

第九条 本院以前发布的司法解释与本规定不一致的，以本规定为准。

中国海事审判（2018—2021）

（2022年12月12日）

前言

蓝色而广阔的海洋承载着人类长久的梦想。坚持陆海统筹，加快建设海洋强国，是实现中华民族伟大复兴的重大战略任务。海事审判依法保障海洋强国建设，在维护国家海洋权益、保护海洋生态环境、促进海洋经济高质量发展方面肩负重要责任。

自海事法院设立以来，中国海事审判日益发展。我国已经建成亚太海事司法中心，正向着建设国际海事司法中心的目标迈进。

2018年至2021年，全球贸易局势复杂多变，世界航运经济波动加剧，世纪疫情影响深远，百年未有之大变局加速演进。全国海事审判三级法院坚持以习近平新时代中国特色社会主义思想为指导，深入学习贯彻习近平法治思想，坚守初心、勇担使命，服务和保障党和国家工作大局，充分发挥海事审判职能作用，各方面工作取得新的进展，国际影响力进一步扩大。中国海事审判向着建设国际海事司法中心的目标，凝心聚力，砥砺前行，在蓝天碧海之间书写新的篇章。

一、全国海事审判与执行基本情况

（一）总体情况

2018年至2021年，全国海事审判三级法院受理各类海事海商、海事行政、海事刑事以及海事执行案件132633件,审执结133309件(见图1、图2)。

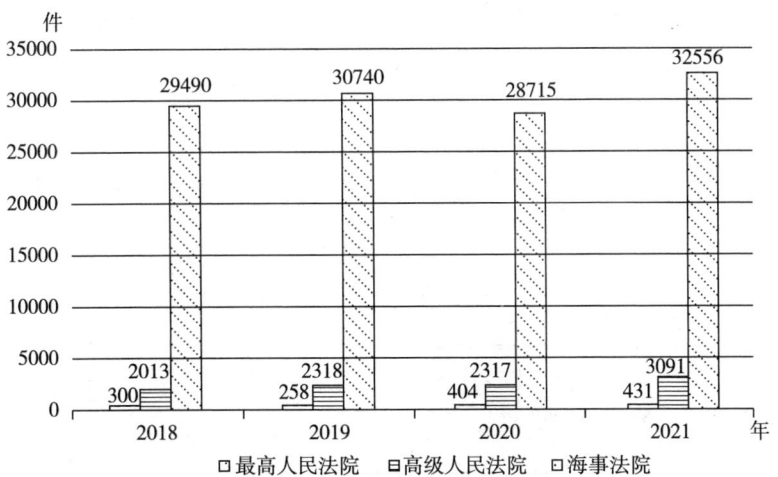

图1 2018—2021年全国海事审判与执行收案情况

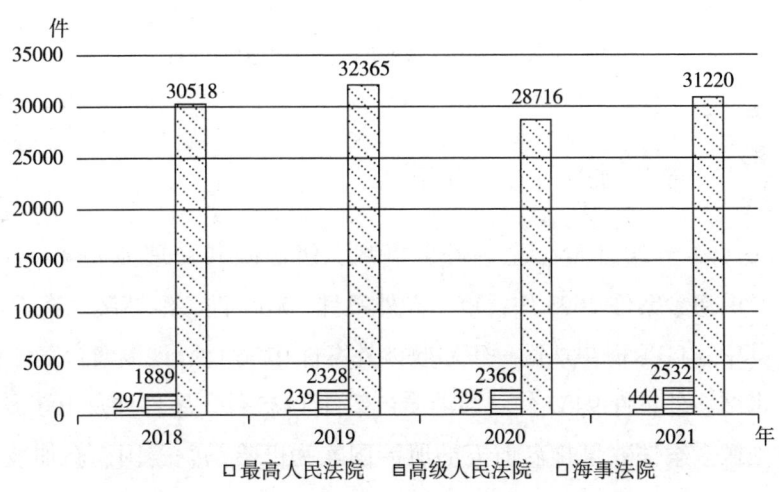

图2 2018—2021年全国海事审判与执行结案情况

(二)各类海事案件概况

2018年至2021年,全国海事审判三级法院受理海事海商案件89384件,结案88764件(海商案件占比60.78%,海事诉讼特别程序案件占比

16.7%,海事案件占比 7.67%,其他海事海商案件占比 14.85%);受理海事行政案件 4339 件,结案 4227 件。海事法院试点受理海事刑事案件 45 件(不含指定管辖案件、请示案件),其中,宁波海事法院 41 件,海口海事法院 4 件(见图 3、图 4)。

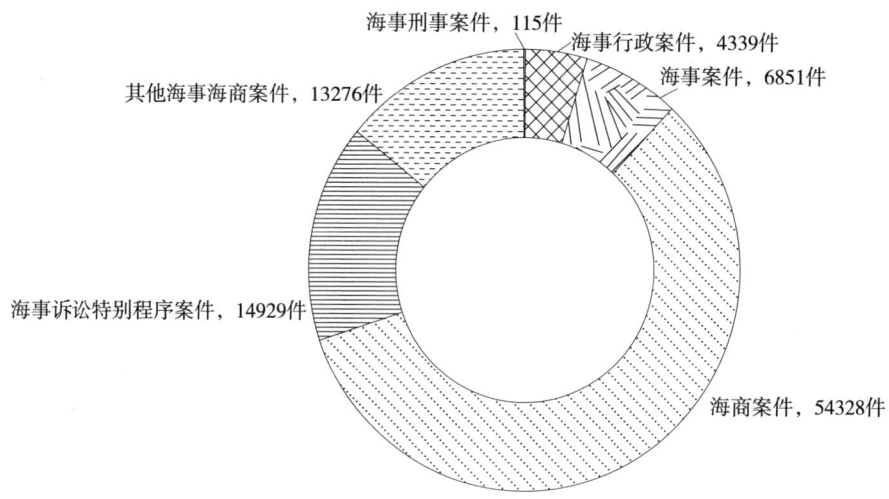

图 3　2018—2021 年全国海事案件类型分布

(三) 涉外涉港澳台案件情况

2018 年至 2021 年,全国海事审判三级法院共受理涉外案件 10397 件、涉港澳台案件 2693 件;审结涉外案件 10611 件、涉港澳台案件 2782 件。其中,11 家海事法院一审新收涉外案件 9226 件、涉港澳台案件 1410 件;审结涉外案件 9437 件、涉港澳台案件 1435 件。案件涉及 100 多个国家和地区。案件数量排名前五的所涉国家为巴哈马、美国、新加坡、德国、丹麦。

(四) 扣押、拍卖船舶情况

2018 年至 2021 年,11 家海事法院扣押船舶 2717 艘,其中,外籍船舶 105 艘,港澳台籍船舶 24 艘。拍卖船舶 1252 艘,其中,外籍船舶 30

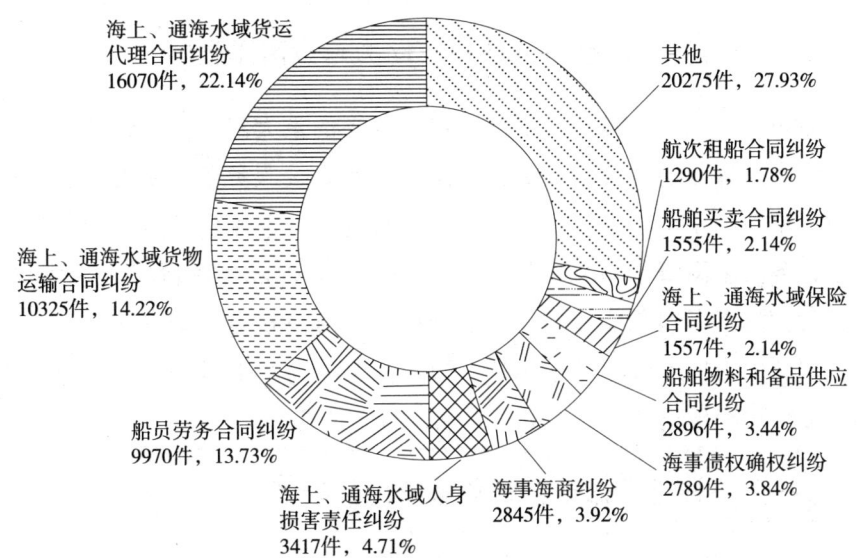

图 4　2018—2021 年全国海事案件案由分布

艘,港澳台籍船舶 9 艘。被扣押外籍船舶数量前五的船旗国依次为俄罗斯、巴拿马、利比里亚、马绍尔群岛、越南。被拍卖外籍船舶数量前五的船旗国依次为利比里亚、巴拿马、马绍尔群岛、伯利兹、新加坡。

(五) 执行情况

2018 年至 2021 年,11 家海事法院受理海事执行案件 38795 件,结案 39897 件(见图 5)。

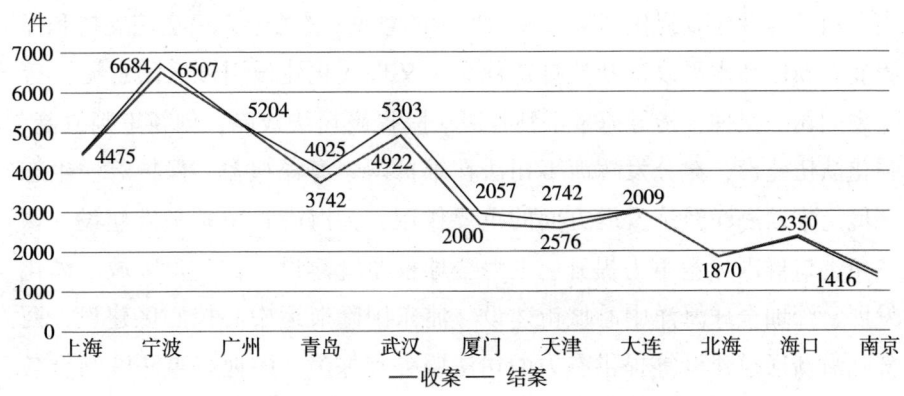

图 5　2018—2021 年全国海事执行案件收结案对比

二、充分发挥海事审判职能,助力建设海洋强国

建设海洋强国是实现中华民族伟大复兴的重大战略任务,是中国特色社会主义事业的重要组成部分。海事审判直接服务于外贸航运、海洋开发,事关国家司法主权、海洋权益,肩负着服务保障海洋强国建设的重要任务。全国海事审判三级法院主动服务和保障党和国家工作大局,充分发挥海事审判职能作用,坚定维护国家海洋权益,有力促进海洋经济发展,大力推进海洋生态保护,为服务保障高水平对外开放和海洋强国建设作出积极贡献,取得了令人瞩目的优异成绩。

(一)坚持科学谋划,服务保障国家战略

为充分发挥海事审判服务保障国家重大战略、推动构建新发展格局的重要作用,最高人民法院围绕服务保障高水平对外开放和加快建设海洋强国,深化顶层设计、鼓励对接地方,2018年至2021年,先后出台《关于为海南全面深化改革开放提供司法服务和保障的意见》《关于为粤港澳大湾区建设提供司法服务和保障的意见》《关于人民法院进一步为"一带一路"建设提供司法服务和保障的意见》《关于人民法院为中国(上海)自由贸易试验区临港新片区建设提供司法服务和保障的意见》《关于人民法院服务保障进一步扩大对外开放的指导意见》《关于支持和保障深圳建设中国特色社会主义先行示范区的意见》《关于人民法院为海南自由贸易港建设提供司法服务和保障的意见》《关于人民法院支持和保障浦东新区高水平改革开放打造社会主义现代化建设引领区的意见》等一系列司法文件,指导海事审判各级法院提高司法效能、创新审判机制、强化队伍建设,充分发挥海事司法在维护国家海洋权益、保护海洋生态环境、推动海洋经济发展方面的重要作用,为海南自由贸易港建设、珠三角港口群国际竞争力提升、上海全球枢纽港建设、长三角区域一体化发展、深圳全球海洋中心城市建设、浦东国际航运中心核心区建设、西部陆海新通道建设等提供有力的司法服务和保障。各地海事法院结合各自区位优势,主动对接当地海事司法新需求,制定相应的实施意见,就

海事司法服务保障高水平对外开放、京津冀协同发展、中国（上海）自贸试验区建设、长江三角洲区域一体化发展、长江经济带高质量发展等国家战略实施，发布情况通报及典型案例，各项务实举措成效突出。

（二）依法行使海事司法管辖权，维护国家海洋权益

海事法院对我国管辖海域依法行使司法管辖权，平等保护中外当事人合法权益，维护我海洋权益。2018年5月，厦门海事法院审理的陈某某、詹某某诉阿利兹航运公司船舶碰撞损害责任纠纷案公开宣判，各方当事人均服判息诉。该案是我国海事法院受理的第二起发生在钓鱼岛海域的案件，充分彰显了人民法院依法持续对我国管辖海域实施有效司法管辖。2020年10月，最高人民法院指定海口海事法院作为海事刑事案件管辖试点法院，审理外籍渔民文某非法捕捞水产品刑事附带环境民事公益诉讼案。海口海事法院于2021年3月3日公开宣判，以被告人文某非法捕捞水产品罪判处其有期徒刑并处驱逐出境，没收作案工具和非法所得，承担生态修复费用和生态评估费用。被告人文某表示服判不上诉。该案系发生在南海的外籍人员非法进入我国领海进行水产品捕捞的海事刑事案件，是我国海事司法加强海洋生态环境保护、打击海上违法犯罪活动，对我国管辖海域依法行使司法管辖权的典型案例，凸显了海事司法在维护国家海洋权益和海上安全方面的重要作用。

海事法院创新保障海洋权益的机制体系，充分发挥海事审判职能作用。海口海事法院出台《海上巡回法庭及岛屿审判点工作制度》，成立海上巡回法庭，开展海上巡回审判和法治宣传。同时，在西沙晋卿岛挂牌成立岛屿审判点，在三沙法庭驻地永兴岛开展常态化轮值办公。海事法院在我国管辖海域以多种形式加大海事司法管辖力度，彰显了坚决维护国家海洋权益的态度、责任和担当。

（三）加大海洋环境司法保护力度，保障海洋生态文明建设

保护海洋自然资源和生态环境是加快建设海洋强国、实现人海和谐共生的根本要求和基础保障，迫切需要不断加大海洋环境司法保护力度，

为促进海洋生态文明建设提供强有力的服务与保障。海事司法作为海洋生态环境保护的重要力量之一，积极探索开展海洋生态环境的司法保护实践，构建守护碧海蓝天的有力司法防线。

不断完善配套规则体系。2018年1月15日起施行的《最高人民法院关于审理海洋自然资源与生态环境损害赔偿纠纷案件若干问题的规定》，明确该类诉讼的性质、索赔主体，完善损失认定的一般规则与替代方法，对规范统一裁判尺度，全面加强海洋环境司法保护发挥重要作用。2020年修正的《最高人民法院关于审理船舶油污损害赔偿纠纷案件若干问题的规定》，厘清了该类纠纷的案件管辖、责任限制、保险人或者财务保证人的抗辩及赔偿范围等问题，充分体现了中国加入的国际油污损害民事责任公约等国际公约的精神，为保护海洋环境提供了有力依据。海事司法实践中明确的裁判规则丰富和发展了海洋生态环境司法规则体系。海口海事法院审理的海南临高盈海船务有限公司诉三沙市渔政支队行政处罚案，通过正确适用相关法律和司法解释，对《濒危野生动植物种国际贸易公约》附录中的珊瑚、砗磲依法予以同等保护，维护三沙海域生态环境安全。北海海事法院审理的北海市乃志海洋科技有限公司诉北海市海洋与渔业局行政处罚案，明确了非法围填海的主体、共同违法行为的认定及海洋行政处罚裁量权的行使规则，对于维护国家海岸线安全、维系海域生态平衡具有积极意义。上述两案均入选最高人民法院第31批生物多样性保护专题指导性案例，确立了同类案件的裁判标准和裁判方法。

有序开展专业化审判实践。全国海事审判三级法院不断强化海洋环境司法的专业化审判机制，确保案件的高质量审理，加大海洋环境司法保护力度。最高人民法院在交通运输部上海打捞局与普罗旺斯船东2008-1有限公司、法国达飞轮船有限公司、罗克韦尔航运有限公司船舶污染损害责任纠纷再审案中，厘清了有关国内法与国际条约的调整边界，明确了船舶碰撞事故中非漏油船一方的油污损害赔偿责任及其相关的责任限制与责任限制基金分配规则，合理平衡了主权国家海洋环境利益与航运经营者商业利益之间的关系，展现了中国海洋生态司法保护的专业化水平。厦门海事法院审理的巴拿马籍"正利洛杉矶"轮燃油泄漏导致海洋污染损害责任纠纷案,邀请生态环境技术专家参与调解,发挥专业人士作用促成当事人达成调解协议,并将案件的受理情况和调解协议内容予以公告,保障了公众对海洋环境治理的参与和监督。海口海事法院审理首起由检察机关提起的海洋行政公益诉讼案件,责令海洋环境监督管理部门限期履职,履行了有效督促行政部门依法履职,保护海洋自然资源和生态环境的职责。海口海事法院发布海洋环境资源审判白皮书(2018—2020),总结海洋环境资源审判工作经验,提炼相关法律问题及解决建议,打造海洋环境资源保护亮点品牌。上海海事法院组建海洋环境保护专业审判团队,聘任专家陪审员和特邀咨询员,设置专业鉴定机构名录,不断完善专业化审判机制。专业化的审判实践,为确保海洋环境审判的高水准、高质效奠定了坚实基础。

建立高效司法保护合作机制。各海事法院牢固树立生态环境一体化发展理念,唱好"大合唱",打造海洋生态司法协作的高水平样板。广州、海口、北海海事法院共建共享海洋环保司法合作平台,打造"北部湾—琼州海峡"海洋环境资源保护"朋友圈",借助线上调解、线下协同工作模式,成功跨域调解海洋环境公益诉讼案件。天津、大连、青岛海事法院签署框架协议,建立联席会议机制,开展渤海生态环境司法保护协调联动和深度合作。各海事法院积极参加当地党委领导或政府主导下的多部门会商机制,加强与检察、公安、司法行政机关的协调配合。北海海事法院与海事局、海警局、海洋局等建立沟通会商、信息共享、工作交流机制,共同维护北部湾海洋生态环境和海域安全。

(四)深入实施海事审判精品战略,护航海洋经济高质量发展

全国海事审判三级法院紧紧围绕服务对外开放与海洋开发利用、外贸与航运经济发展、国际与地区航运中心建设等经济社会发展大局,优化审判资源配置,强化精品审判意识,全面提升海事审判公信力和影响力,拓展服务海洋经济发展的广度和深度。

维护航运商贸秩序。一是依法审结涉及货物运输、综合物流、船舶碰撞等各类海事案件,保障航运安全,维护国际物流供应链的稳定,引

导航运市场规范有序健康运行,服务航运经济发展。厦门海事法院在福建元某豆业有限公司与复兴航运有限公司海上财产损害责任纠纷一案中,明确货物等级和品质指标不属于承运人提单批注义务的范围,为海运实务操作提供指引,维护提单在国际贸易中的流通性,保障交易安全和资金融通。宁波海事法院在蒋某某与林某某船舶碰撞损害责任纠纷案件中,准确解读船员无证驾驶与船舶所有人丧失海事赔偿责任限制的关系,对进一步规范水上交通秩序、维护船舶航行安全具有积极意义。武汉海事法院审理的中国科学院水生生物研究所与润航船务有限公司船舶触碰损害责任纠纷案件,判决船舶所有人和经营人对造成的养殖设施和珍稀鱼类物种损害承担连带赔偿责任,对加强船舶经营管理、维护长江航行秩序、促进长江经济带绿色可持续发展,具有积极的引领和规范作用。大连海事法院灵活运用海事强制令,帮助数百家进口冷链企业解决清关难题,加速疫情期间滞港集装箱及所载货物的流转,将船货双方的损失降至最低,促成海上货物运输、国际贸易和生产加工等一系列合同的顺利履行,为疫情下企业复工复产提供强大助力。二是加强对船舶修造、航运融资、航运保险等涉船舶先进制造业、现代服务业发展案件的审理,促进海事金融产业活跃增长,推动船舶产业转型升级,拓展航运服务产业链,助力优化航运发展软环境。上海海事法院审理的启东市顺丰远洋渔业公司与上海振华重工启东海洋工程股份有限公司船舶建造合同纠纷案件,综合双方当事人履约情况,准确认定违约责任,在国家大力推进远洋渔业发展背景下,对妥善化解因履行周期长、变更次数多、涉及金额高而引发的类似船舶建造合同纠纷,支持远洋渔业规范发展具有一定的参考意义。厦门海事法院审结标的额 1.4 亿元的厦船重工股份有限公司申请实现海事担保物权纠纷案,单个案件标的额创年度新高。天津海事法院于 2018 年发布船舶融资租赁案件审判白皮书及典型案例,做好相关法律问题解读和风险提示,积极为海事金融改革创新保驾护航。2021 年 5 月,上海海事法院发布中英文《服务保障船舶产业发展审判情况通报》,梳理相关工作举措、问题建议和典型案例,充分体现了海事司法为推动船舶产业持续健康发展、提升国际竞争力发挥的重要作用。

促进海洋经济发展。一是依法审理港口作业、码头建设、港口疏浚等纠纷，助力沿海沿江港口转型升级、推动港口资源优化整合，服务和保障门户港建设。北海海事法院审理中交天津航道局有限公司与防城港务集团有限公司建设工程施工合同纠纷案件，准确把握众多涉案方的利益诉求，依法认定各方责任，一审判决后各方当事人均服判息诉，充分体现了海事审判对港航新基建和海洋开发的支持，为海洋产业体系建设提供了有力支撑。南京、天津等海事法院紧密关注港口航运领域新科技发展动态，及时出台绿色港口、智慧港口建设服务保障措施，为加快建设世界一流港口提供司法助力。宁波海事法院于2020年发布《港口码头等水域工程建设纠纷审判情况报告》，结合纠纷特点提出精准法律建议，为深化实施涉海涉港领域供给侧结构性改革，继续打造浙江省"一体两翼多联"港口发展格局提供司法服务保障。二是妥善审理涉及海洋工程、邮轮旅游、海洋开发利用等案件，发挥海事司法在化解海洋经济矛盾纠纷、促进海洋经济要素运行方面的重要职能作用，促进海洋的科学开发利用，为海洋优势产业和新兴产业发展提供司法支持。厦门海事法院圆满审结以总投资近50亿元的海上风电场工程施工养殖损害赔偿纠纷等为代表的一批海洋工程、海洋新产业和新业态案件，为助力我国海洋工程设备创新、保障海洋经济发展提供有力司法保障。青岛海事法院和山东省高级人民法院审理我国首个全潜式深海养殖装备"深蓝一号"建造合同纠纷案，合理划分双方的责任、确定损失的数额，既注意保护出资方的合法权益，也注意保护研制建造单位的创新积极性，并积极探索判后调解模式，促成双方当事人在判决基础上达成和解并自动履行完毕，成为保障国产深远海渔业规模化养殖成功，助力我国海洋网箱养殖规模化和科技含量不断提高的新类型典型案例。上海海事法院审理羊某某与英国嘉年华邮轮有限公司海上人身损害责任纠纷案件，准确适用我国加入的《1974年海上旅客及其行李运输雅典公约》作出裁判，为推进邮轮旅游发展示范区和上海国际航运中心软实力建设持续升级提供司法指引。被告在判决后不仅及时履行赔偿义务，还针对判决认定采取积极的改进措施。该案被新加坡国立大学海商法数据库收录。

营造市场化法治化国际化营商环境。全国海事审判三级法院依法行使管辖权，恪守国际条约义务，尊重意思自治，准确适用准据法，妥善审理涉外涉港澳台案件，平等保护中外当事人合法权益，不断提高海事审判的国际公信力和影响力，为优化营商环境、服务高水平对外开放发挥司法护航作用。厦门海事法院在益利船务有限公司与施某某等光船租赁担保合同纠纷案件中，认定非对称管辖权条款有效，体现了对当事人意思自治的充分尊重，符合国际商事海事交往的发展趋势和实践需求。南京海事法院在审理挪威籍船东 BOA BARGES AS 与南京奕淳船舶制造有限公司船舶建造合同纠纷一案中，双方当事人主动协商变更原先的伦敦仲裁和适用英国法的约定，选择在南京海事法院提起诉讼并适用中国法，法院用时 27 天化解持续 5 年的纠纷，展示海事司法的中国速度。青岛海事法院在依法扣押马绍尔群岛籍"尼莉莎"轮案中，外方当事人放弃伦敦仲裁，在法院促成下达成和解协议，新船东特意将船舶更名为"尊重"，致敬中国法治。上海海事法院准确适用英国判例法审理胜船海事公司船舶建造佣金合同纠纷案，双方当事人均服判息诉，实现准确适用外国法定分止争的良好效果，为涉外商事海事审判中外国判例法的查明与适用提供了实践样本，该案例刊载于英国知名出版社 INFORMA PLC. 出版的《中国海事商事法律报告》(*Chinese Maritime and Commercial Law Reports*) 并收录于其电子数据库。朝鲜籍船舶"秃鲁峰3"轮与韩国籍货船"海霓"轮在非我国管辖海域发生碰撞，双方当事人合意选择由上海海事法院行使管辖权并适用中国法。该案以及宁波、海口等海事法院审理的多起国际海事纠纷均系与中国没有连结点的外方当事人主动选择在中国海事法院提起诉讼，体现了对我国海事司法的信任，彰显了海事审判服务国家对外开放，营造稳定、公平、透明、可预期营商环境取得显著成效。

(五) 维护船员合法权益，促进航运业健康稳定发展

依法维护船员合法权益，对保障海上交通安全、维护航运业健康稳定发展具有重要意义。2020 年最高人民法院制定《关于审理涉船员纠纷

案件若干问题的规定》，对涉船员纠纷的船员劳动合同与劳务合同、居间合同等不同法律关系的认定及解决路径、船舶优先权、船员工资报酬的法律保护等问题作出规定，并在 2020 年 6 月 25 日"世界海员日"来临之际发布维护船员合法权益典型案例 8 件，涉及船舶优先权的具体认定、人身损害赔偿消除城乡差别、保护垫付费用第三方取得的船舶优先权等法律问题，体现诚实守信的社会主义核心价值观，为弥补立法缺位以及法规、规章规定较为原则的不足，提供明确的裁判指引，彰显了海事司法对维护船员合法权益，规范引导船员市场和航运市场秩序，促进船员服务行业高质量健康发展的重要作用。

各海事法院创新司法举措，全方位保护船员合法权益。一是制定船员人身损害纠纷、劳务纠纷简案快审操作规程，开通绿色通道，做到"快立、快保、快审、快执"，缩短船员合法权益实现的周期。二是构建"诉前联动纠纷解决"机制，与政府部门建立协作机制，快速高效化解纠纷。三是加大司法救助力度。积极申请司法救助金，保证疫情防控期间因案致困致贫船员维持基本生活。四是为国际船员的遣返提供人道主义援助。青岛海事法院审理的利比里亚籍"狮子"轮、广州海事法院审理的希腊籍"天使力量"轮等船员劳务合同纠纷案件中，各海事法院在依法扣押拍卖外轮过程中，安全、高效遣返外籍船员，赢得外国外交机构和外方当事人的高度评价，为妥善处置疫情期间全球性海员遣返难题、帮助航运企业复工复产提供了"中国方案"。五是大连、厦门等海事法院专门发布涉船员纠纷审判情况专项报告，通报基本情况、工作亮点、审判观点和意见建议，延伸海事司法服务，不断提升船员的幸福感、安全感和获得感，促进了航运业的良性发展。

三、持续强化审判体系和能力建设，推进国际海事司法中心建设

随着"一带一路"建设的不断推进，国际航运中心继续向亚太地区和我国转移。海事司法是国际航运中心软实力的重要组成部分，中国航运贸易持续增长为海事审判提供了更加广阔的空间，进一步提升我国海

事司法的国际地位和影响力,已是紧迫的现实需求、历史的必然选择以及大国的应有担当。

(一) 完善涉海法律体系建设,提供海事审判制度保障

随着航运贸易实践的发展、相关法律的修改,海商法、海事诉讼特别程序法在实施过程中逐渐出现了很多与实践不相适应的问题,进一步提升和完善特色鲜明、科学合理的海事法律制度迫在眉睫。2018年9月,修改海商法作为"需要抓紧工作、条件成熟时提请审议"的第二类项目,列入十三届全国人大常委会发布的立法项目。该项工作由交通运输部负责牵头,最高人民法院深度参与海商法修法工作,组织全国资深海事法官进行研讨,结合审判实践提出修改意见,为海商法的修订贡献司法实践智慧。2019年7月,为了不断完善中国特色海事诉讼制度体系,推进建设国际海事司法中心,最高人民法院成立工作专班,针对修改海事诉讼特别程序法的必要性和可行性进行深入研究,在广泛征求意见的基础上,于2021年11月向全国人大常委会报送《关于建议修改〈中华人民共和国海事诉讼特别程序法〉的报告》,推动海事诉讼特别程序法修改纳入立法规划,并对重点修改内容提出了具体建议。该报告得到全国人大常委会法工委的充分肯定,体现了最高人民法院科学总结海事诉讼30多年司法实践的成效和经验,与时俱进将海事诉讼法律制度逐步打造成为世界海事诉讼立法蓝本,向国际社会传播我国先进成熟的海事立法及司法经验的信心和决心。

2019年2月,最高人民法院审理的浙江隆达不锈钢有限公司诉A.P.穆勒—马士基有限公司海上货物运输合同纠纷案、阿昌格罗斯投资公司"加百利"轮海难救助案和阿斯特克有限公司申请设立海事赔偿责任限制基金案入选最高人民法院第21批指导性案例。2019年12月,天津市高级人民法院二审的吕某某等79人诉山海关船舶重工有限责任公司海上污染损害责任纠纷案入选最高人民法院第24批指导性案例。海事指导性案例归纳了具有普遍指导意义的法律适用规则,积极回应海事司法实践中反复出现但仍有争议的法律问题或者新类型案件的裁判规则,为同类案

件的裁判提供了具体、明确的指导和参照。

2020年6月，最高人民法院发布《关于依法妥善审理涉新冠肺炎疫情民事案件若干问题的指导意见（三）》，聚焦受疫情影响较大的运输合同、船舶建造、涉船员纠纷等案件的适用法律问题，提出解决方案，稳定中外当事人合理预期。该指导意见被联合国贸法会法规判例法数据库收录。2021年12月，最高人民法院发布《全国法院涉外商事海事审判工作座谈会会议纪要》，对涉及运输合同、船舶物权等海事案件，仲裁司法审查案件，涉外案件送达、法律适用等问题作出规定，统一裁判尺度，成为全国海事审判实践的指南。2018年至2021年，最高人民法院连续发布年度典型案例41件，充分展现了海事审判在提升海事司法理念、统一裁判尺度、提高诉讼服务水平等方面取得的成效，对完善和丰富新类型案件裁判规则，不断提升海事司法影响力和公信力具有重大意义。

（二）创新工作制度机制，完善海事审判体系

海事司法体系布局不断优化。为服务保障长江经济带发展和长三角区域一体化发展等国家战略，不断满足人民群众多元司法需求，对海事司法资源进行重要调整，2019年新设南京海事法院。为提供更便利的诉讼条件，武汉海事法院新设芜湖法庭，上海海事法院新设长兴岛法庭，宁波海事法院新设宁波自贸试验区法庭、筹备设立杭州法庭。海事法院派出法庭积极融入当地的国际与区域性航运中心、自贸试验区、"蓝色经济区"、中外工业园区建设等重点工作，受到地方党政机关的充分肯定。目前，全国11个海事法院共设立42个派出法庭和多个巡回审判点，以适应海事法院管辖区域线长面广的特点，增强海事审判的服务保障能力，极大方便了当事人诉讼。

海事行政诉讼审理机制更加成熟。海事行政审判支持监督海事行政机关依法行政，促进行政执法尺度统一，维护行政相对人合法权益，对助力涉海法治环境、营商环境、生态环境改善优化发挥了重要作用。宁波海事法院审理不服行政机关对"三无"船舶的行政处罚决定纠纷案件，体现了海事司法为依法开展海上执法活动，维护海运秩序，保护海上生

命、财产和海洋生态环境安全提供的有力支持和监督。厦门海事法院审理福建省泉州海丝船舶评估咨询有限公司诉福鼎市海洋与渔业局滥用行政权力限制竞争案件,对规制、监督超越职权、滥用职权等违法行政行为,促进涉海行政机关提升依法行政水平和维护公开公平公正的市场竞争秩序,具有积极的导向意义。天津海事法院审理天津至臻化工科技发展有限公司诉北疆海事局、天津海事局行政处罚案件,对规范危险化学品的管理和运输具有良好指引作用。各地海事法院注重与行政机关的沟通协调,府院联动机制不断完善。宁波海事法院与浙江省司法厅联合设立浙江省海事行政争议调解中心,海事行政争议实质性化解工作成效明显。大连、天津、厦门、宁波等海事法院发布海事行政审判白皮书及典型案例,从司法角度对行政机关依法行政提出合理建议。

海事刑事案件试点稳步推进。最高人民法院有序推进海事法院试点管辖海事刑事案件,继 2017 年 2 月指定宁波海事法院试点管辖海事刑事案件之后,又指定海口海事法院试点受理了 2 件被告人非法捕捞水产品案,并授权海南省高级人民法院指定海口海事法院试点管辖特定类型海事刑事案件。宁波、海口海事法院作为海事刑事案件管辖试点法院,积极与侦查、公诉机关建立协作工作机制,加强海事刑事案件的程序衔接。海南省高级人民法院与海南省人民检察院联合印发《关于建立海上刑事案件个案指定管辖工作机制的意见(试行)》,规范对海事刑事案件的移送、起诉等程序。宁波海事法院与舟山市人民检察院签署《关于加强协作配合推动海事审判与海洋检察工作高质量发展的纪要》,并在浙江省高级人民法院支持下持续加强与侦查机关、公诉机关以及其他有关政府部门的协作共商,探索建立相关工作机制。

(三)推进诉讼服务体系建设,打造海事纠纷解决优选地

提升司法服务水平。2019 年 8 月 30 日,全国海事法院在全国范围内率先实现跨域立案,当事人可在全国任一海事法院立案窗口办理所有海事法院的立案手续。各地海事法院还陆续实现跨域材料转递、跨域卷宗查阅、跨域领取文书等诉讼服务功能,通过互联网为中外当事人提供诉

讼指南、案件查询等服务，彻底打破管辖区域的地理限制。各海事法院持续深入渔村、码头等边远地区开展巡回收案、纠纷调处和法律宣传，打通海事司法服务最后一公里；与港航、商贸企业建立常态化交流机制，了解司法需求，提供司法服务，帮助企业防范化解法律风险，海事司法影响力和辐射力显著提升。上海、南京、武汉、宁波海事法院积极回应长三角一体化发展司法需求和司法关切，主动服务和融入长三角一体化发展，加强跨域司法协作，共同打造海事法院司法合作标杆示范。为提升涉外审判便利化程度，上海海事法院探索推广海事诉讼代理概括性授权司法认可机制，认可境外当事人授权我国境内的律师事务所、律师或者其在我国境内的分支机构对一定时期、一定范围内的诉讼案件进行代理，化解因办理授权委托公证认证手续导致涉外案件审判周期过长的问题，极大提升办案效率。10个海事法院设立英文门户网站，向全世界传播中国海事司法的声音。辽宁省高级人民法院为涉外海事审判配备同声传译室，实现庭审的多语种同声传译；厦门海事法院为部分民事裁判文书提供英文参考译本；上海海事法院推出中英文双语海事诉讼指南；广州、宁波等海事法院为外国当事人提供多语种诉讼服务。海事法院多语种应用走在中国法院的前列，在为当事人提供诉讼服务便利的同时，用海内外看得到、听得懂的方式讲述中国海事司法故事，增强海事司法的国际传播力。

推动海事纠纷多元化解决。各海事法院坚持源头化解，靠前服务，把非诉讼纠纷解决机制挺在前面，大力推进"两个一站式"建设，形成矛盾纠纷化解的"多车道"。南京海事法院在案源多发地设立水上交通事故、港口、涉渔纠纷一站式解纷中心，倡导诉前化解案件。天津海事法院设立京津冀货运代理纠纷调解中心，精准服务海运货运代理行业。上海、广州、武汉、天津等多家海事法院与中国海事仲裁委员会建立海事案件委托仲裁调解机制，上海海事法院与中国海事仲裁委员会共同发布海事案件委托调解白皮书，充分发挥仲裁机构的优势，纠纷化解成功率不断上升。大连海事法院在院本部和派出法庭设立诉调对接中心，以优质高效的解纷服务助力市场化法治化国际化营商环境建设。青岛海事法院与荣成海洋与渔业局、潍坊渔业协会等单位就诉前调解、渔船燃油补贴等事项达成协议，畅通诉调对接渠道。宁波海事法院发布海上枫桥经验白皮书，及时总结推广经验。海事法院一站式多元解纷机制和一站式诉讼服务中心建设特色突出，收获累累成果。

增强海事司法透明度。各海事法院积极拓展司法公开渠道，增强公开效果，构建开放、动态、透明、便民的阳光海事司法机制。2018年至2021年，各海事法院连续发布中英文年度海事审判白皮书、专题审判报告55件，涉及海事法院全面工作，以及海上货物运输合同、船舶碰撞、船舶共有、海洋渔业、海事执行等多个法律专题，全方位多角度公开审判执行数据、工作亮点、问题建议和典型案例等，在全国法院系统独具特色，展示真实、立体、全面的中国海事司法，不断提升透明度，扩大国内国际影响力。2020年大连海事法院裁判文书上网率、依托中国审判流程信息公开网实现审判流程有效公开率均居所在省中级法院第1位。中国社会科学院法学研究所持续关注中国海事法院司法公开状况，连续发布中国海事司法透明度指数报告，对海事法院典型案例发布、外文网站建设等司法公开化举措给予积极评价。

（四）注重强化队伍建设，增强海事司法能力

加强培训调研。一是强化实务培训。最高人民法院和相关高级人民法院定期开展海事审判实务培训和进行针对性授课指导，提升海事审判队伍整体业务能力。二是开展法治研究。最高人民法院充分发挥先后在上海海事法院、浙江省高级人民法院和广州海事法院设立的国际海事司法基地的作用，密切关注海事司法理论和实务前沿热点和新情况、新问题，加强前瞻性调查研究，切实增强司法调研的针对性和时效性，为建设国际海事司法中心，助力构建海洋命运共同体进行理论和实践探索。三是深化学术研讨。各海事法院积极设立各类学术交流平台，鼓励审判人员提升学术研究能力。由宁波、广州、厦门海事法院先后承办的全国海事审判研讨会，紧贴国家发展战略和海事审判实务工作需要开展研讨，不断推动海事审判理论研究走深走实。广州海事法院举办的广州海法论

坛、武汉海事法院依托长江海商法学会举办的学会年会等平台已初步成为规格较高、全国知名的海事海商法研讨学术盛会。海事法官活跃在中国海洋法高端论坛、东亚海法论坛、各地海商法学研究会年会上,为各类海事海商学术研究贡献智慧,展示海事法官的风采。不断强化的培训调研,为提升海事审判水平和能力,打造高素质的海事审判专业队伍奠定了坚实基础。

扩大国际交流。最高人民法院于2021年10月举办海上丝绸之路(泉州)司法合作国际论坛,与来自巴西、俄罗斯、新加坡、南非等21个国家和国际海事组织、国际海底管理局等国际组织代表,围绕海洋自然资源与生态环境保护法律问题、船舶司法出售的国际承认问题、疫情下船员权益的保护等海事热点问题进行深入讨论,广泛凝聚各国对共建"一带一路"和构建海洋命运共同体理念的共识,有力促进与会各方在司法领域的互学互鉴与交流合作。最高人民法院持续派员积极参与联合国船舶司法出售国际效力公约草案(北京草案)的制定,为推动草案的公约化进程发挥重要作用,不断提升中国司法的国际话语权和影响力。从海事法院选拔优秀人才参加中英、中法、中新、中非等多个国际法治论坛、研讨活动以及可转让多式联运单证法律问题研究等国际会议,更多中国法官登上国际舞台,诠释中国法治经验,为国际规则的形成和制定贡献"中国智慧"。广州海事法院和大连海事大学法学院联合举办东亚海法论坛,为海事法官提供与来自日本、韩国的海商法学者、海事律师和航运界人士交流的平台。不断深入的国际交流,为培养具有国际视野、通晓国际海事法律、熟悉国际航运实务的复合型海事审判专业队伍创造了实践平台。

(五)强化现代科技支撑,提升海事审判信息化水平

建设全新中国海事审判网。2021年最高人民法院规划中国海事审判网,打造一体化智能平台,由广东省高级人民法院支持、广州海事法院承建。网站并存中、英文两种界面,设置内外网两个平台,覆盖全国11家海事法院及其上诉审高级人民法院和最高人民法院的海事审判业务,

面向中外当事人提供网上立案、线上庭审、云端执行等在线诉讼服务，打造全能化数字海事诉讼新模式；面向社会公众和专家学者发布权威海事司法信息、展示海事司法成就，拓展海事司法的公众传播力；面向海事法官提供辅助办案、科学管理的智慧支撑，满足海事审判工作需求。网站打通、链接、融合人民法院各类信息化平台，通过信息共建共享共用，实现"智服、智宣、智审、智管"多重功能，推动海事审判与智慧法院建设深度融合，促进提升海事审判智能化水平。网站设置的法官说法、船舶扣押拍卖、船舶数据分析系统、船舶评估系统、海事司法案例库等具有海事特色的栏目和功能，对于便利当事人诉讼、提升海事审判质效、展示海事审判成就、提高海事司法影响力、推动海事审判高质量发展具有重要意义。

推动智慧海事法院特色化发展。各地海事法院依托信息化、大数据科技成果，积极开发各具特色的审判辅助工具，提升海事审判信息化水平。广州海事法院开发的船舶评估系统，根据船舶价值评估方法构建系统数据模型，可以快速、准确地免费评估船舶价值，为当事人节省传统评估所需的时间和费用，为案件调解、船舶拍卖提供绿色、环保、低碳的专业数据参考。上海海事法院开发的船货港数据一体化智能辅助系统，具备船舶实时查询、轨迹查询、船舶碰撞模拟和船舶预警追踪四大功能，通过大数据为海上侵权纠纷的碰撞事实、碰撞紧迫局面成因等提供智能化分析，为审理案件提供信息化支撑。宁波海事法院依托最高人民法院国际海事司法浙江基地打造的海事司法案例库，系全国首个深度融合海事法律专业知识服务和案例大数据智推的互联网海事法律服务平台。截至2021年底，案例库的海事裁判栏目收录122115条裁判文书数据，涵盖海事法官办案所需的各类海事专业数据资源，为类案、关联案件强制检索机制的有效运行提供可靠保障，有助于规范法院裁量权、统一裁判尺度。海事审判信息化、数字化、智能化建设全面推进，司法与数字科技融合，线下诉讼与线上诉讼融合，推动了诉讼模式变革。疫情期间，各海事法院依托智慧法院建设成果，有效克服疫情对正常诉讼活动的影响，切实为中外当事人提供全方位全流程"无接触式"在线诉讼服务，实现

"审判执行不停摆、公平正义不止步",科技赋能海事司法展现广阔前景。

后记

党的二十大报告指出,"推进高水平对外开放""发展海洋经济,保护海洋生态环境,加快建设海洋强国"。《中华人民共和国国民经济和社会发展第十四个五年规划和2035年远景目标纲要》提出,"坚持陆海统筹、人海和谐、合作共赢,协同推进海洋生态保护、海洋经济发展和海洋权益维护,加快建设海洋强国""加强海事司法建设,坚决维护国家海洋权益"。面对新形势新任务,全国海事审判三级法院将继续坚持以习近平新时代中国特色社会主义思想为指导,深入践行习近平法治思想,认真学习贯彻党的二十大精神,充分发挥海事审判职能作用,向海图强,奋发有为,努力为建设现代海洋产业体系、打造可持续海洋生态环境、深度参与全球海洋治理贡献司法智慧和力量。滴水穿石,涓流成河。中国海事审判正沿着建设国际海事司法中心、参与构建海洋命运共同体的航道加速前行。

最高人民法院
关于发布第 36 批指导性案例的通知

2022 年 12 月 27 日　　　　　　　　法〔2022〕267 号

各省、自治区、直辖市高级人民法院，解放军军事法院，新疆维吾尔自治区高级人民法院生产建设兵团分院：

经最高人民法院审判委员会讨论决定，现将运裕有限公司与深圳市中苑城商业投资控股有限公司申请确认仲裁协议效力案等六个案例（指导性案例 196—201 号），作为第 36 批指导性案例发布，供审判类似案件时参照。

指导性案例 196 号

运裕有限公司与深圳市中苑城商业投资控股有限公司申请确认仲裁协议效力案

（最高人民法院审判委员会讨论通过　2022 年 12 月 27 日发布）

关键词　民事　申请确认仲裁协议效力　仲裁条款成立

裁判要点

1. 当事人以仲裁条款未成立为由请求确认仲裁协议不存在的，人民法院应当按照申请确认仲裁协议效力案件予以审查。

2. 仲裁条款独立存在，其成立、效力与合同其他条款是独立、可分的。当事人在订立合同时对仲裁条款进行磋商并就提交仲裁达成合意的，合同成立与否不影响仲裁条款的成立、效力。

相关法条

《中华人民共和国仲裁法》第十六条、第十九条、第二十条第一款

基本案情

中国旅游集团有限公司（以下简称中旅公司），原名为中国旅游集团公司、中国港中旅集团公司，是国有独资公司。香港中旅（集团）有限公司（以下简称香港中旅公司）是中旅公司的全资子公司，注册于香港。运裕有限公司（以下简称运裕公司）是香港中旅公司的全资子公司，注册于英属维尔京群岛。新劲公司是运裕公司的全资子公司，亦注册于英属维尔京群岛。

2016年3月24日，中旅公司作出《关于同意挂牌转让NEWPOWER ENTERPRISES INC.100%股权的批复》，同意运裕公司依法合规转让其所持有的新劲公司100%的股权。2017年3月29日，运裕公司通过北交所公开挂牌转让其持有的新劲公司100%的股权。深圳市中苑城商业投资控股有限公司（以下简称中苑城公司）作为意向受让人与运裕公司等就签订案涉项目的产权交易合同等事宜开展磋商。

2017年5月9日，港中旅酒店有限公司（中旅公司的全资子公司）投资管理部经理张欣发送电子邮件给深圳市泰隆金融控股集团有限公司（中苑城公司的上级集团公司）风控法务张某瑞。电子邮件的附件《产权交易合同》，系北交所提供的标准文本，载明甲方为运裕公司，乙方为中苑城公司，双方根据合同法和《企业国有产权转让管理暂行办法》等相关法律、法规、规章的规定，就运裕公司向中苑城公司转让其拥有的新劲公司100%股权签订《产权交易合同》。合同第十六条管辖及争议解决方式载明："16.1 本合同及产权交易中的行为均适用中华人民共和国法律；16.2 有关本合同的解释或履行，当事人之间发生争议的，应由双方协商解决；协商解决不成的，提交北京仲裁委员会仲裁。"上述电子邮件的附件《债权清偿协议》第十二条约定：本协议适用中华人民共和国法律。有关本协议的解释或履行，当事人之间发生争议的，应由各方协商

解决；协商解决不成的，任何一方均有权提交北京仲裁委员会以仲裁方式解决。

2017年5月10日，张某瑞发送电子邮件给张某、刘某，内容为："附件为我们公司对合同的一个修改意见，请贵公司在基于平等、公平的原则及合同签订后的有效原则慎重考虑加以确认"。在该邮件的附件中，《产权交易合同》文本第十六条"管辖及争议解决方式"修改为"16.1 本合同及产权交易中的行为均适用中华人民共和国法律。16.2 有关本合同的解释或履行，当事人之间发生争议的，应由双方协商解决；协商解决不成的，提交深圳国际仲裁院仲裁"；《债权清偿协议》文本第十二条修改为"本协议适用中华人民共和国法律。有关本协议的解释或履行，当事人之间发生争议的，应由各方协商解决；协商解决不成的，任何一方均有权提交深圳国际仲裁院以仲裁方式解决"。

2017年5月11日13时42分，张某发送电子邮件给张某瑞和中苑城公司高级管理人员李某，针对中苑城公司对两个合同文本提出的修改意见进行了回应，并表示"现将修订后的合同草签版发送给贵司，请接到附件内容后尽快回复意见。贵方与我司确认后的合同将被提交至北交所及我司内部审批流程，经北交所及我司集团公司最终确认后方可签署（如有修改我司会再与贵司确认）"。该邮件附件《产权交易合同》（草签版）第十六条"管辖及争议解决方式"与《债权清偿协议》（草签版）第十二条和上述5月10日张某瑞发送给张某、刘某的电子邮件附件中的有关内容相同。同日18时39分，张某瑞发送电子邮件给张某，内容为"附件为我司签署完毕的《产权交易合同》（草签版）及《债权清偿协议》（草签版）、项目签约说明函等扫描件，请查收并回复"。该邮件附件《产权交易合同》（草签版）和《债权清偿协议》（草签版）的管辖及争议解决方式的内容与张某在同日发送电子邮件附件中的有关内容相同。中苑城公司在合同上盖章，并将该文本送达运裕公司。

2017年5月17日，张某发送电子邮件给李某，载明："深圳项目我司集团最终审批流程目前正进行中，如审批顺利计划可在本周五上午在北京维景国际大酒店举办签约仪式，具体情况待我司确认后通知贵司。

现将《产权交易合同》及《债权清偿协议》拟签署版本提前发送给贵司以便核对。"该邮件附件1为《股权转让项目产权交易合同》（拟签署版），附件2为《股权转让项目债权清偿协议》（拟签署版）。上述两个合同文本中的仲裁条款仍与草签版相同。

2017年10月27日，运裕公司发函中苑城公司取消交易。2018年4月4日，中苑城公司根据《产权交易合同》（草签版）第16.2条及《债权清偿协议》（草签版）第十二条的约定，向深圳国际仲裁院提出仲裁申请，将运裕公司等列为共同被申请人。在仲裁庭开庭前，运裕公司等分别向广东省深圳市中级人民法院提起诉讼，申请确认仲裁协议不存在。该院于2018年9月11日立案，形成了本案和另外两个关联案件。在该院审查期间，最高人民法院认为，本案及关联案件有重大法律意义，由国际商事法庭审查有利于统一适用法律，且有利于提高纠纷解决效率，故依照民事诉讼法第三十八条第一款、《最高人民法院关于设立国际商事法庭若干问题的规定》第二条第五项之规定，裁定本案由最高人民法院第一国际商事法庭审查。

裁判结果

最高人民法院于2019年9月18日作出（2019）最高法民特1号民事裁定，驳回运裕有限公司的申请。

裁判理由

最高人民法院认为：运裕公司在中苑城公司申请仲裁后，以仲裁条款未成立为由，向人民法院申请确认双方之间不存在有效的仲裁条款。虽然这不同于要求确认仲裁协议无效，但是仲裁协议是否存在与是否有效同样直接影响到纠纷解决方式，同样属于需要解决的先决问题，因而要求确认当事人之间不存在仲裁协议也属于广义的对仲裁协议效力的异议。仲裁法第二十条第一款规定："当事人对仲裁协议的效力有异议的，可以请求仲裁委员会作出决定或者请求人民法院作出裁定。据此，当事人以仲裁条款未成立为由要求确认仲裁协议不存在的，属于申请确认仲裁协议效力案件，人民法院应予立案审查。"

在确认仲裁协议效力时，首先要确定准据法。涉外民事关系法律适用法第十八条规定："当事人可以协议选择仲裁协议适用的法律。当事人没有选择的,适用仲裁机构所在地法律或者仲裁地法律。"在法庭询问时,各方当事人均明确表示同意适用中华人民共和国法律确定案涉仲裁协议效力。因此,本案仲裁协议适用中华人民共和国法律。

仲裁法第十六条第一款规定:"仲裁协议包括合同中订立的仲裁条款和以其他书面方式在纠纷发生前或者纠纷发生后达成的请求仲裁的协议。"可见,合同中的仲裁条款和独立的仲裁协议这两种类型,都属于仲裁协议,仲裁条款的成立和效力的认定也适用关于仲裁协议的法律规定。

仲裁协议独立性是广泛认可的一项基本法律原则,是指仲裁协议与主合同是可分的,互相独立,它们的存在与效力,以及适用于它们的准据法都是可分的。由于仲裁条款是仲裁协议的主要类型,仲裁条款与合同其他条款出现在同一文件中,赋予仲裁条款独立性,比强调独立的仲裁协议具有独立性更有实践意义,甚至可以说仲裁协议独立性主要是指仲裁条款和主合同是可分的。对于仲裁协议的独立性,中华人民共和国法律和司法解释均有规定。仲裁法第十九条第一款规定:"仲裁协议独立存在,合同的变更、解除、终止或者无效,不影响仲裁协议的效力。"从上下文关系看,该条是在仲裁法第十六条明确了仲裁条款属于仲裁协议之后,规定了仲裁协议的独立性。因此,仲裁条款独立于合同。对于仲裁条款能否完全独立于合同而成立,仲裁法的规定似乎不是特别清晰,不如已成立合同的变更、解除、终止或者无效不影响仲裁协议效力的规定那么明确。在司法实践中,合同是否成立与其中的仲裁条款是否成立这两个问题常常纠缠不清。但是,仲裁法第十九条第一款开头部分"仲裁协议独立存在",是概括性、总领性的表述,应当涵盖仲裁协议是否存在即是否成立的问题,之后的表述则是进一步强调列举的几类情形也不能影响仲裁协议的效力。《最高人民法院关于适用〈中华人民共和国仲裁法〉若干问题的解释》第十条第二款进一步明确:"当事人在订立合同时就争议达成仲裁协议的,合同未成立不影响仲裁协议的效力。"因此,在确定仲裁条款效力包括仲裁条款是否成立时,可以先行确定仲裁条款本身的效力;在确有必要时,才考虑对整个合同的效力包括合同是否成立进行认定。本案亦依此规则，先根据本案具体情况来确定仲裁条款是否成立。

仲裁条款是否成立，主要是指当事人双方是否有将争议提交仲裁的合意，即是否达成了仲裁协议。仲裁协议是一种合同，判断双方是否就仲裁达成合意，应适用合同法关于要约、承诺的规定。从本案磋商情况看，当事人双方一直共同认可将争议提交仲裁解决。本案最早的《产权交易合同》，系北交所提供的标准文本，连同《债权清偿协议》由运裕公司等一方发给中苑城公司，两份合同均包含将争议提交北京仲裁委员会仲裁的条款。之后，当事人就仲裁机构进行了磋商。运裕公司等一方发出的合同草签版的仲裁条款，已将仲裁机构确定为深圳国际仲裁院。就仲裁条款而言，这是运裕公司等发出的要约。中苑城公司在合同草签版上盖章，表示同意，并于2017年5月11日将盖章合同文本送达运裕公司，这是中苑城公司的承诺。根据合同法第二十五条、第二十六条相关规定，承诺通知到达要约人时生效，承诺生效时合同成立。因此，《产权交易合同》《债权清偿协议》中的仲裁条款于2017年5月11日分别在两个合同的各方当事人之间成立。之后，当事人就合同某些其他事项进行交涉，但从未对仲裁条款有过争议。鉴于运裕公司等并未主张仲裁条款存在法定无效情形，故应当认定双方当事人之间存在有效的仲裁条款，双方争议应由深圳国际仲裁院进行仲裁。虽然运裕公司等没有在最后的合同文本上盖章，其法定代表人也未在文本上签字，不符合合同经双方法定代表人或授权代表签字并盖章后生效的要求，但根据《最高人民法院关于适用〈中华人民共和国仲裁法〉若干问题的解释》第十条第二款的规定，即使合同未成立，仲裁条款的效力也不受影响。在当事人已达成仲裁协议的情况下，对于本案合同是否成立的问题无须再行认定，该问题应在仲裁中解决。综上，运裕公司的理由和请求不能成立，人民法院驳回其申请。

（生效裁判审判人员：张勇健、高晓力、奚向阳、沈红雨）

指导性案例 197 号

深圳市实正共盈投资控股有限公司与深圳市交通运输局申请确认仲裁协议效力案

（最高人民法院审判委员会讨论通过 2022年12月27日发布）

关键词 民事 申请确认仲裁协议效力 首次开庭 重新仲裁

裁判要点

当事人未在仲裁庭首次开庭前对仲裁协议的效力提出异议的，应当认定当事人接受仲裁庭对案件的管辖权。虽然案件重新进入仲裁程序，但仍是对同一纠纷进行的仲裁程序，当事人在重新仲裁开庭前对仲裁协议效力提出异议的，不属于《中华人民共和国仲裁法》第二十条第二款规定的"在仲裁庭首次开庭前提出"的情形。

相关法条

《中华人民共和国仲裁法》第二十条第二款

基本案情

深圳市实正共盈投资控股有限公司（以下简称实正共盈公司）诉称：实正共盈公司与深圳市交通运输局的纠纷由深圳国际仲裁院于2020年2月20日作出重新裁决的决定，该案目前尚未重新组庭，处于首次开庭前的阶段。两个案件程序相互独立，现在提起确认仲裁协议的效力时间应当被认定为首次开庭前，一审裁定依据《最高人民法院关于适用〈中华人民共和国仲裁法〉若干问题的解释》第十三条规定属于法律适用错误。

广东省深圳市交通运输局辩称：案涉仲裁案件于2017年8月18日首次开庭审理，庭审过程中，实正共盈公司当庭确认其对仲裁庭已经进行的程序没有异议，实正共盈公司已认可深圳国际仲裁院对案涉仲裁案件的管辖，其无权因案件进入重新仲裁程序而获得之前放弃的权利。一审裁定适用法律正确。

法院经审理查明：华南国际经济贸易仲裁委员会（又名深圳国际仲

裁院，曾名中国国际经济贸易仲裁委员会华南分会、中国国际经济贸易仲裁委员会深圳分会）于 2016 年受理本案所涉仲裁案件。2017 年 8 月 18 日，仲裁庭进行开庭审理，在仲裁申请人陈述和固定仲裁请求依据的事实和理由前，仲裁庭询问"双方当事人对本案已经进行的程序，是否有异议"，本案申请人回答"没有异议"；在庭审结束时，本案申请人表示，"截至目前对于已经进行的仲裁程序"没有异议。2018 年 3 月 29 日，华南国际经济贸易仲裁委员会作出裁决书。该裁决作出后，实正共盈公司向深圳市中级人民法院申请不予执行该仲裁裁决。法院经审查认为，可以由仲裁庭重新仲裁，由于仲裁庭在法院指定的期限内已同意重新仲裁，故不予执行仲裁裁决的审查程序应予终结。2020 年 2 月 26 日，法院裁定终结该案审查程序。

裁判结果

广东省深圳市中级人民法院于 2020 年 6 月 3 日作出（2020）粤 03 民特 249 号民事裁定，驳回申请人实正共盈公司的申请。实正共盈公司不服，向广东省高级人民法院提起上诉。广东省高级人民法院于 2020 年 9 月 18 日作出（2020）粤民终 2212 号民事裁定，驳回上诉，维持原裁定。

裁判理由

法院生效裁判认为：《中华人民共和国仲裁法》第二十条第二款规定："当事人对仲裁协议的效力有异议，应当在仲裁庭首次开庭前提出"，当事人未在仲裁庭首次开庭前对仲裁协议的效力提出异议的，视为当事人接受仲裁庭对案件的管辖权。本案虽然进入重新仲裁程序，但仍为同一纠纷，实正共盈公司在仲裁过程中未对仲裁协议效力提出异议并确认对仲裁程序无异议，其行为在重新仲裁过程中仍具有效力。根据《最高人民法院关于适用〈中华人民共和国仲裁法〉若干问题的解释》第十三条"依照仲裁法第二十条第二款的规定，当事人在仲裁庭首次开庭前没有对仲裁协议的效力提出异议，而后向人民法院申请确认仲裁协议无效的，人民法院不予受理"的规定，一审法院不应受理实正共盈公司提出的确认仲裁协议效力申请。一审法院受理本案后，根据《最高人民法院审理仲裁司法审查案件若干问题的规定》第八条第一款"人民法院立案后发现不符合受理条件的，裁定驳回申请"的规定，裁定驳回实正共盈公司的申请，并无不当。

（生效裁判审判人员：辜恩臻、潘晓璇、贺伟）

指导性案例 198 号

中国工商银行股份有限公司岳阳分行与
刘某良申请撤销仲裁裁决案

（最高人民法院审判委员会讨论通过　2022 年 12 月 27 日发布）

关键词　民事　申请撤销仲裁裁决　仲裁协议　实际施工人

裁判要点

实际施工人并非发包人与承包人签订的施工合同的当事人，亦未与发包人、承包人订立有效仲裁协议，不应受发包人与承包人的仲裁协议约束。实际施工人依据发包人与承包人的仲裁协议申请仲裁，仲裁机构作出仲裁裁决后，发包人请求撤销仲裁裁决的，人民法院应予支持。

相关法条

《中华人民共和国仲裁法》第五十八条

基本案情

2012 年 8 月 30 日，中国工商银行股份有限公司岳阳分行（以下简称工行岳阳分行）与湖南巴陵建设有限公司（以下简称巴陵公司）签订《装修工程施工合同》，工行岳阳分行将其办公大楼整体装修改造内部装饰项目发包给巴陵公司，同时在合同第 15.11 条约定"本合同发生争议时，先由双方协商解决，协商不成时，向岳阳仲裁委员会申请仲裁解决"。2012 年 9 月 10 日，巴陵公司与刘某良签订《内部项目责任承包合同书》，巴陵公司将工行岳阳分行办公大楼整体装修改造内部装饰项目的工程内容及保修以大包干方式承包给刘某良，并收取一定的管理费及相关保证金。2013 年 7 月 23 日，工行岳阳分行与巴陵公司又签订了《装饰安装工程施工补充合同》，工行岳阳分行将其八楼主机房碳纤维加固、防水、基层装饰、外屏管道整修、室内拆旧及未进入决算的相关工程发包给巴陵公司。由于工行岳阳分行未能按照约定支付工程款，2017 年 7 月 4 日，刘某良以工行岳阳分行为被申请人向岳阳仲裁委员会申请仲裁。2017 年 8 月 7 日，工行岳阳分行以其与刘某良未达成仲裁协议为由提出仲裁管辖异议。2017 年 8 月 8 日，岳阳仲裁委员会以岳仲决字〔2017〕8 号决定驳回了工行岳阳分行的仲裁管辖异议。2017 年 12 月 22 日，岳阳仲裁委员会作出岳仲决字〔2017〕696 号裁决，裁定工行岳阳分行向刘某良支付到期应付工程价款及违约金。工行岳阳分行遂向湖南省岳阳市中级人民法院申请撤销该仲裁裁决。

裁判结果

湖南省岳阳市中级人民法院于 2018 年 11 月 12 日作出（2018）湘 06 民特 1 号民事裁定，撤销岳阳仲裁委员会岳仲决字〔2017〕696 号裁决。

裁判理由

法院生效裁判认为，仲裁协议是当事人达成的自愿将他们之间业已产生或可能产生的有关特定的无论是契约性还是非契约性的法律争议的全部或特定争议提交仲裁的合意。仲裁协议是仲裁机构取得管辖权的依据，是仲裁合法性、正当性的基础，其集中体现了仲裁自愿原则和协议仲裁制度。本案中，工行岳阳分行与巴陵公司签订的《装修工程施工合同》第 15.11 条约定"本合同发生争议时，先由双方协商解决，协商不成时，向岳阳仲裁委员会申请仲裁"，故工行岳阳分行与巴陵公司之间因工程款结算及支付引起的争议应当通过仲裁解决。但刘某良作为实际施工人，其并非工行岳阳分行与巴陵公司签订的《装修工程施工合同》的当事人，刘某良与工行岳阳分行及巴陵公司之间均未达成仲裁合意，不受该合同中仲裁条款的约束。除非另有约定，刘某良无权援引工行岳阳分行与巴陵公司之间《装修工程施工合同》中的仲裁条款向合同当事方主张权利。刘某良以巴陵公司的名义施工，巴陵公司作为《装修工程施工合同》的主体仍然存在并承担相应的权利义务，案件当事人之间并未构成《最高人民法院关于适用〈中华人民共和国仲裁法〉若干问题的解释》第八条规定的合同仲裁条款"承继"情形，亦不构成上述解释第九条规定的合同主体变更情形。2004年《最高人民法院关于审理建设工程施工合同纠纷案件适用法律问题的解释》第二十六条虽然规定实际施工人可以发包人为被告主张权利且发包人只在欠付工程款的范围内对实际施工人承担责任，但上述内容仅规定了实际施工人对发包人的诉权以及发包人承担责任的范围，不应视为实际施工人援引《装修工程施工合同》中仲裁条款的依据。综上，工行岳阳分行与刘某良之间不存在仲裁协议，岳阳仲裁委员会基于刘某良的申请以仲裁方式解决工行岳阳分行与刘某良之间的工程款争议无法律依据。实际施工人依据发包人与承包人的仲裁协议申请仲裁，仲裁机构作出仲裁裁决后，发包人请求撤销仲裁裁决的，人民法院应予支持。

（生效裁判审判人员：间开海、宋红燕、苏洁）

指导性案例 199 号

高某宇与深圳市云丝路创新发展基金企业、李某申请撤销仲裁裁决案

（最高人民法院审判委员会讨论通过 2022年12月27日发布）

关键词 民事 申请撤销仲裁裁决 比特币 社会公共利益

裁判要点

仲裁裁决裁定被申请人赔偿与比特币等值的美元，再将美元折算成人民币，属于变相支持比特币与法定货币之间的兑付交易，违反了国家对虚拟货币金融监管的规定，违背了社会公共利益，人民法院应当裁定撤销仲裁裁决。

相关法条

《中华人民共和国仲裁法》第五十八条

基本案情

2017年12月2日,深圳市云丝路创新发展基金企业(以下简称云丝路企业)、高某宇、李某签订了《股权转让协议》,根据该协议约定,云丝路企业将其持有的深圳极驱科技有限公司(以下简称极驱公司)5%股权以55万元转让给高某宇;李某同意代替高某宇向云丝路企业支付30万元股权转让款,高某宇直接向云丝路企业支付25万元股权转让款,同时高某宇将李某委托其进行理财的比特币全部归还至李某的电子钱包。该协议签订后,高某宇未履行合同义务。

云丝路企业、李某向深圳仲裁委员会申请仲裁,主要请求为:变更云丝路企业持有的极驱公司5%股权到高某宇名下,高某宇向云丝路企业支付股权款25万元,高某宇向李某归还与比特币资产相等价值的美金493158.40美元及利息,高某宇支付李某违约金10万元。

仲裁庭经审理认为,高某宇未依照案涉合同的约定交付双方共同约定并视为有财产意义的比特币等,构成违约,应予赔偿。仲裁庭参考李某提供的okcoin.com网站公布的合同约定履行时点有关比特币收盘价的公开信息,估算应赔偿的财产损失为401780美元。仲裁庭裁决,变更云丝路企业持有的极驱公司5%股权至高某宇名下;高某宇向云丝路企业支付股权转让款25万元;高某宇向李某支付401780美元(按裁决作出之日的美元兑人民币汇率结算为人民币);高某宇向李某支付违约金10万元。

高某宇认为该仲裁裁决违背社会公共利益,请求人民法院予以撤销。

裁判结果

广东省深圳市中级人民法院于2020年4月26日作出(2018)粤03民特719号民事裁定,撤销深圳仲裁委员会(2018)深仲裁字第64号仲裁裁决。

裁判理由

法院生效裁判认为:《中国人民银行、工业和信息化部、中国银行业监督管理委员会、中国证券监督管理委员会、中国保险监督管理委员会关于防范比特币风险的通知》（银发〔2013〕289号）明确规定，比特币不具有与货币等同的法律地位，不能且不应作为货币在市场上流通使用。2017年中国人民银行等七部委联合发布关于防范代币发行融资风险的公告，重申了上述规定，同时从防范金融风险的角度，进一步提出任何所谓的代币融资交易平台不得从事法定货币与代币、虚拟货币相互之间的兑换业务，不得买卖或作为中央对手方买卖代币或虚拟货币，不得为代币或虚拟货币提供定价、信息中介等服务。上述文件实质上禁止了比特币的兑付、交易及流通，炒作比特币等行为涉嫌从事非法金融活动，扰乱金融秩序，影响金融稳定。涉案仲裁裁决高某宇赔偿李某与比特币等值的美元，再将美元折算成人民币，实质上是变相支持了比特币与法定货币之间的兑付、交易，与上述文件精神不符，违背了社会公共利益，该仲裁裁决应予撤销。

（生效裁判审判人员：朱萍、梁乐乐、赵雪琳）

指导性案例 200 号

斯万斯克蜂蜜加工公司申请承认和
执行外国仲裁裁决案

（最高人民法院审判委员会讨论通过 2022年12月27日发布）

关键词 民事 申请承认和执行外国仲裁裁决 快速仲裁 临时仲裁

裁判要点

仲裁协议仅约定通过快速仲裁解决争议，未明确约定仲裁机构的，由临时仲裁庭作出裁决，不属于《承认及执行外国仲裁裁决公约》第五条第一款规定的情形，被申请人以采用临时仲裁不符合仲裁协议约定为由，主张不予承认和执行该临时仲裁裁决的，人民法院不予支持。

相关法条

1.《中华人民共和国民事诉讼法》第二百九十条（本案适用的是 2017 年 6 月 27 日修正的《中华人民共和国民事诉讼法》第二百八十三条）

2.《承认及执行外国仲裁裁决公约》第五条

基本案情

2013 年 5 月 17 日，卖方南京常力蜂业有限公司（以下简称常力蜂业公司）与买方斯万斯克蜂蜜加工公司（Svensk Honungsfora-dling AB）（以下简称斯万斯克公司）签订了编号为 NJRS13001 的英文版蜂蜜销售合同，约定的争议解决条款为"in case of disputes governed by Swedish law and that disputes should be settled by Expedited Arbitration in Sweden."（中文直译为："在受瑞典法律管辖的情况下，争议应在瑞典通过快速仲裁解决。"）另合同约定了相应的质量标准：蜂蜜其他参数符合欧洲（2001/112/EC，2001 年 12 月 20 日），无美国污仔病、微粒子虫、瓦螨病等。

在合同履行过程中，双方因蜂蜜品质问题发生纠纷。2015 年 2 月 23 日，斯万斯克公司以常力蜂业公司为被申请人就案涉合同向瑞典斯德哥尔摩商会仲裁院申请仲裁，请求常力蜂业公司赔偿。该仲裁院于 2015 年 12 月 18 日以其无管辖权为由作出 SCCF2015/023 仲裁裁决，驳回了斯万斯克公司的申请。

2016 年 3 月 22 日，斯万斯克公司再次以常力蜂业公司为被申请人就案涉合同在瑞典申请临时仲裁。在仲裁审查期间，临时仲裁庭及斯德哥尔摩地方法院向常力蜂业公司及该公司法定代表人邮寄了相应材料，但截至 2017 年 5 月 4 日，临时仲裁庭除了收到常力蜂业公司关于陈述合同没有约定仲裁条款、不应适用瑞典法的两份电子邮件外，未收到其他任何意见。此后临时仲裁庭收到常力蜂业公司代理律师提交的关于反对仲裁庭管辖权及延长提交答辩书的意见书。2018 年 3 月 5 日、6 日，临时仲裁庭组织双方当事人进行了听证。听证中，常力蜂业公司的代理人对仲裁庭的管辖权不再持异议，常力蜂业公司的法定代表人赵上生也未提出相应异议。该临时仲裁庭于 2018 年 6 月 9 日依据瑞典仲裁法作出仲裁裁决：(1) 常力蜂业公司违反了合同约定，应向斯万斯克公司支付 286230 美元及相应利息；(2) 常力蜂业公司应向斯万斯克公司赔偿 781614 瑞典克朗、1021718.45 港元。

2018 年 11 月 22 日，斯万斯克公司向江苏省南京市中级人民法院申请承认和执行上述仲裁裁决。

法院审查期间，双方均认为应当按照瑞典法律来理解合同中的仲裁条款。斯万斯克公司认为争议解决条款的中文意思是"如发生任何争议，应适用瑞典法律并在瑞典通过快速仲裁解决"。而常力蜂业公司则认为上述条款的中文意思是"为瑞典法律管辖下的争议在瑞典进行快速仲裁解决"。

裁判结果

江苏省南京市中级人民法院于 2019 年 7 月 15 日作出（2018）苏 01 协外认 8 号民事裁定，承认和执行由 Peter Thorp、Sture Larsson 和 Nils Eliasson 组成的临时仲裁庭于 2018 年 6 月 9 日针对斯万斯克公司与常力蜂业公司关于 NJRS13001 合同作出的仲裁裁决。

裁判理由

法院生效裁判认为：依据查明及认定的事实，由 Peter Thorp、Sture Larsson 和 Nils Eliasson 组成的临时仲裁庭作出的案涉仲裁裁决不具有《承认及执行外国仲裁裁决公约》第五条第一款乙、丙、丁项规定的不予承认和执行的情形，也不违反我国加入该公约时所作出的保留性声明条款，或违反我国公共政策或争议事项不能以仲裁解决的情形，故对该裁决应当予以承认和执行。

关于临时仲裁裁决的程序是否存在与仲裁协议不符的情形。该项争议系双方对合同约定的争议解决条款"in case of disputes governed by Swedish law and that disputes should be settled by Expedited Arbitration in Sweden."的理解问题。从双方对该条款中文意思的表述看，双方对在瑞典通过快速仲裁解决争端并无异议，仅对快速仲裁是否可以通过临时仲裁解决发生争议。快速仲裁相对于普通仲裁而言，更加高效、便捷、经济，其核心在于简化了仲裁程序、缩短了仲裁时间、降低了仲裁费用等，从而使当事人的争议以较为高效和经济的方式得到解决。而临时仲裁庭相对于常设的仲裁机构而言，也具有高效、便捷、经济的特点。具体到本案，双方同意通过快速仲裁的方式解决争议，但该快速仲裁并未排除通过临时仲裁的方式解决，当事人在仲裁听证过程中也没有对临时仲裁提出异议，在此情形下，由临时仲裁庭作出裁决，符合双方当事人的合意。故应认定案涉争议通过临时仲裁庭处理，并不存在与仲裁协议不符的情形。

（生效裁判审判人员：姜欣、蔡晓文、吴勇）

指导性案例 201 号

德某奇诉上海恩渥餐饮管理有限公司、吕某劳务合同纠纷案

（最高人民法院审判委员会讨论通过　2022 年 12 月 27 日发布）

关键词　民事　劳务合同　《承认及执行外国仲裁裁决公约》　国际单项体育组织　仲裁协议效力

裁判要点

1. 国际单项体育组织内部纠纷解决机构作出的纠纷处理决定不属于《承认及执行外国仲裁裁决公约》项下的外国仲裁裁决。

2. 当事人约定，发生纠纷后提交国际单项体育组织解决，如果国际单项体育组织没有管辖权则提交国际体育仲裁院仲裁，该约定不存在准据法规定的无效情形的，应认定该约定有效。国际单项体育组织实际行使了管辖权，涉案争议不符合当事人约定的提起仲裁条件的，人民法院对涉案争议依法享有司法管辖权。

相关法条

1. 《中华人民共和国涉外民事关系法律适用法》第十八条
2. 《承认及执行外国仲裁裁决公约》第一条第一款、第二款

基本案情

2017 年 1 月 23 日，上海聚运动足球俱乐部有限公司（以下简称聚运

动公司）与原告塞尔维亚籍教练员德某奇签订《职业教练工作合同》，约定德某奇作为职业教练为聚运动公司名下的足球俱乐部提供教练方面的劳务。2017年7月1日，双方签订《解除合同协议》，约定《职业教练工作合同》自当日终止，聚运动公司向德某奇支付剩余工资等款项。关于争议解决，《解除合同协议》第5.1条约定："与本解除合同协议相关，或由此产生的任何争议或诉讼，应当受限于国际足联球员身份委员（FIFA Players' Status Committee，以下简称球员身份委员会）或任何其他国际足联有权机构的管理。"第5.2条约定："如果国际足联对于任何争议不享有司法管辖权的，协议方应当将上述争议提交至国际体育仲裁院，根据《与体育相关的仲裁规则》予以受理。相关仲裁程序应当在瑞士洛桑举行。"

因聚运动公司未按照约定支付相应款项，德某奇向球员身份委员会申请解决涉案争议。球员身份委员会于2018年6月5日作出《单一法官裁决》，要求聚运动公司自收到该裁决通知之日起30日内向德某奇支付剩余工资等款项。《单一法官裁决》另载明，如果当事人对裁决结果有异议，应当按照规定程序向国际体育仲裁院提起上诉，否则《单一法官裁决》将成为终局性、具有约束力的裁决。后双方均未就《单一法官裁决》向国际体育仲裁院提起上诉。

之后，聚运动公司变更为上海恩渥餐饮管理有限公司（以下简称恩渥公司），吕某为其独资股东及法定代表人。因恩渥公司未按照《单一法官裁决》支付款项，且因聚运动俱乐部已解散并不再在中国足球协会注册，上述裁决无法通过足球行业自治机制获得执行，德某奇向上海市徐汇区人民法院提起诉讼，请求法院判令：（1）恩渥公司向德某奇支付剩余工资等款项；（2）吕某就上述债务承担连带责任。恩渥公司和吕某在提交答辩状期间对人民法院受理该案提出异议，认为根据《解除合同协议》第5.2条约定，案涉争议应当提交国际体育仲裁院仲裁，人民法院无管辖权，请求裁定对德某奇的起诉不予受理。

裁判结果

上海市徐汇区人民法院于2020年1月21日作出（2020）沪0104民

初1814号民事裁定，驳回德某奇的起诉。德某奇不服一审裁定，提起上诉。上海市第一中级人民法院经审理，并依据《最高人民法院关于仲裁司法审查案件报核问题的有关规定》第八条规定层报上海市高级人民法院、最高人民法院审核，于2022年6月29日作出（2020）沪01民终3346号民事裁定：（1）撤销上海市徐汇区人民法院（2020）沪0104民初1814号民事裁定；（2）本案指令上海市徐汇区人民法院审理。

裁判理由

法院生效裁判认为：本案争议焦点包括两个方面：第一，球员身份委员会作出的《单一法官裁决》是否属于《承认及执行外国仲裁裁决公约》规定的外国仲裁裁决；第二，案涉仲裁条款是否可以排除人民法院的管辖权。

首先，球员身份委员会作出的涉案《单一法官裁决》不属于《承认及执行外国仲裁裁决公约》项下的外国仲裁裁决。根据《承认及执行外国仲裁裁决公约》的目的、宗旨及规定，《承认及执行外国仲裁裁决公约》项下的仲裁裁决是指常设仲裁机关或专案仲裁庭基于当事人的仲裁协议，对当事人提交的争议作出的终局性、有约束力的裁决，而球员身份委员会作出的《单一法官裁决》与上述界定并不相符。国际足联球员身份委员会的决定程序并非仲裁程序，而是行业自治解决纠纷的内部程序。第一，球员身份委员会系依据内部条例和规则受理并处理争议的国际单项体育组织内设的自治纠纷解决机构，并非具有独立性的仲裁机构；第二，球员身份委员会仅就其会员单位和成员之间的争议进行调处，其作出的《单一法官裁决》，系国际单项体育组织的内部决定，主要依靠行业内部自治机制获得执行，不具有普遍、严格的约束力，故不符合仲裁裁决的本质特征；第三，依据国际足联《球员身份和转会管理条例》第二十二条、第二十三条第四款之规定，国际足联处理相关争议并不影响球员或俱乐部就该争议向法院寻求救济的权利，当事人亦可就球员身份委员会作出的处理决定向国际体育仲裁院提起上诉。上述规定明确了国际足联的处理决定不具有终局性，不排除当事人寻求司法救济的权利。综上，球员身份委员会作出的《单一法官裁决》与《承认及执行外国仲裁裁决公约》项下"仲裁裁决"的界定不符，不宜认定为外国仲裁裁决。

其次，案涉仲裁条款不能排除人民法院对本案行使管辖权。案涉当事人在《解除合同协议》第五条约定，发生纠纷后应当首先提交球员身份委员会或者国际足联的其他内设机构解决，如果国际足联没有管辖权则提交国际体育仲裁院仲裁。既已明确球员身份委员会及国际足联其他内设机构的纠纷解决程序不属于仲裁程序，则相关约定不影响人民法院对本案行使管辖权。但当事人约定应将争议提交至国际体育仲裁院进行仲裁，本质系有关仲裁主管的约定，故需进一步审查仲裁协议的效力及其是否排除人民法院的管辖权。

因案涉协议中的仲裁条款并未明确约定相应的准据法，根据《中华人民共和国涉外民事关系法律适用法》第十八条之规定，有关案涉仲裁条款效力的准据法应为瑞士法。最高人民法院在依据《最高人民法院关于仲裁司法审查案件报核问题的有关规定》第八条规定审核案涉仲裁协议效力问题期间查明，瑞士关于仲裁协议效力的法律规定为《瑞士联邦国际私法》第178条。该条就仲裁协议效力规定如下："（一）在形式上，仲裁协议如果是通过书写、电报、电传、传真或其他可构成书面证明的通讯方式作出，即为有效。（二）在实质上，仲裁协议如果符合当事人所选择的法律或支配争议标的的法律尤其是适用于主合同的法律或瑞士的法律所规定的条件，即为有效。（三）对仲裁协议的有效性不得以主合同可能无效或仲裁协议是针对尚未发生的争议为理由而提出异议。"结合查明的事实分析，《解除合同协议》第5.2条的约定符合上述瑞士法律的规定，故该仲裁条款合法有效。但依据该仲裁条款约定，只有在满足"国际足联不享有司法管辖权"的情形下，才可将案涉争议提交国际体育仲裁院进行仲裁。现球员身份委员会已经受理案涉争议并作出《单一法官裁决》，即本案争议已由国际足联行使了管辖权。因此，本案不符合案涉仲裁条款所约定的将争议提交国际体育仲裁院进行仲裁的条件，该仲裁条款不适用于本案，不能排除一审法院作为被告住所地人民法院行使管辖权。

（生效裁判审判人员：乔林、赵鹃、侯晓燕）

浙江省高级人民法院涉外民商事审判实务指引

（节选）

第四章 证 据

法律法规和文件制度：

1. 《中华人民共和国民事诉讼法》第六章（2021 年修订）

2. 《最高人民法院关于适用〈中华人民共和国民事诉讼法〉的解释》第四部分 法释〔2015〕5 号（2022 年修正）

3. 《全国法院涉外商事海事审判工作座谈会会议纪要》（2021 年 12 月）

4. 《最高人民法院关于民事诉讼证据的若干规定》法释〔2001〕33 号（2019 年修正）

5. 《最高人民法院涉外商事海事审判实务问题解答（一）》

6. 《第二次全国涉外商事海事审判工作会议纪要》法发〔2005〕26 号

一、涉外、涉港澳台民商事案件的证据种类

涉外、涉港澳台民商事案件的证据种类与普通民商事诉讼的证据种类相同，根据《中华人民共和国民事诉讼法》第六十六条，包括当事人的陈述、书证、物证、视听资料、电子数据、证人证言、鉴定意见、勘验笔录八种证据形式。

二、涉外、涉港澳台民商事案件举证责任的法律适用

举证责任是指当事人对自己提出的主张有提供证据进行证明的责任，属于程序问题。涉外、涉港澳台商事案件审判中，即使当事人在合同中约定了合同争议应适用的法律，即准据法，但根据国际私法的基本原则，举证责任分配及法律后果均应适用法院地法，而不应适用当事人约定的合同准据法。

三、涉外、涉港澳台民商事案件证据的公证、认证或其他证明手续

（一）区分情形判断

对当事人提供的在我国领域外形成的证据材料，应根据不同情况分别审核是否需要办理公证、认证或其他证明手续。

1. 必须办理的情形。

（1）对于证明诉讼主体资格的证据材料，除了外国公民依照《最高人民法院关于适用〈中华人民共和国民事诉讼法〉的解释》第五百二十一条第一款规定，向人民法院直接提交护照等证明自己身份的证件外，以下情况应当履行相关的公证、认证或者其他证明手续。

①外国企业或者组织参加诉讼，向人民法院提交的身份证明文件，应当经所在国公证机关公证，并经中华人民共和国驻该国使领馆认证，或者履行中华人民共和国与该所在国订立的有关条约中规定的证明手续。

②代表外国企业或者组织参加诉讼的人，应当向人民法院提交其有权作为代表人参加诉讼的证明，该证明应当经所在国公证机关公证，并经中华人民共和国驻该国使领馆认证，或者履行中华人民共和国与该所在国订立的有关条约中规定的证明手续。

③在中华人民共和国领域内没有住所的外国人、无国籍人、外国企业和组织委托中华人民共和国律师或者其他人代理诉讼，从中华人民共和国领域外寄交或者托交的授权委托书，应当经所在国公证机关证明，

并经中华人民共和国驻该国使领馆认证，或者履行中华人民共和国与该所在国订立的有关条约中规定的证明手续。

代理人便宜行事情形：外国人、外国企业或者组织的代表人在人民法院法官的见证下签署授权委托书，委托代理人进行民事诉讼的，人民法院应予认可。

（2）公文书证。公文书证包括外国法院作出的判决、裁定，外国行政机关出具的文件，外国公共机构出具的商事登记、出生及死亡证明、婚姻状况证明等文件，但不包括外国鉴定机构等私人机构出具的文件。

当事人向人民法院提供的公文书证系在中华人民共和国领域外形成的，该证据应当经所在国公证机关予以证明，并经中华人民共和国驻该国使领馆予以认证，或者履行中华人民共和国与该所在国订立的有关条约中规定的证明手续，但是可以通过互联网方式核查公文书证的真实性或者双方当事人对公文书证的真实性均无异议的除外。

2. 可选择办理的情形。对除证明诉讼主体资格以外的其他证据，由提供证据的一方当事人选择是否办理相关的公证、认证或者其他证明手续。如当事人选择不办理公证、认证或其他证明手续的，应当承担该证据材料可能不被采信的诉讼风险。

人民法院认为真实性无法确认而须办理公证认证，当事人不办理的，按照其举证不能处理。

3. 无须办理的情形。根据司法实践，当事人提交的在我国领域外形成的下列证据，无须办理公证、认证或者其他证明手续：

（1）我国驻外使领馆取得的证据；通过双边司法协助协定或者外交途径取得的证据；

（2）可以通过互联网或其他方式核查真实性的公文书证；

（3）双方当事人对真实性均无异议的公文书证；

（4）用于国际流通的商业票据，如信用证、提单等；

（5）私文书证，如双方当事人订立的合同、有关的传真及往来函件等。

提示点：

【质证、认证问题】 我国使领馆认证一般是对证据所在国公证机关印章及公证员签名属实的确认，仅是形式审查，对当事人提交的在我国领域外形成的证据，即使已办理公证、认证或者其他证明手续，法院亦应组织当事人质证，并结合当事人的质证意见综合认定证据的"三性"。实践中应当特别注意的是，公证、认证等手续解决的仅是证据材料的形式真实性问题，并不等同该证据材料的内容真实，故对于已经办理公证、认证或者其他证明手续的证据材料，仍应组织质证，并结合其他证据材料综合认定该证据材料的证明力。

【不能直接作为证据认定事实的情形】 一方当事人将外国法院作出的发生法律效力的判决、裁定或者外国仲裁机构作出的仲裁裁决作为证据提交，如该判决、裁定或仲裁裁决未经人民法院承认，在我国不发生法律效力，人民法院应当组织双方当事人质证后综合审查认定；判决、裁定或者仲裁裁决认定的事实，不属于《最高人民法院关于适用〈中华人民共和国民事诉讼法〉的解释》第九十三条第一款规定的当事人无须举证证明的事实。一方当事人仅以该判决、裁定或者仲裁裁决未经人民法院承认为由主张不能作为证据使用的，人民法院不予支持。

（二）对在我国领域外形成的证据的公证、认证或其他证明手续的形式审查

1. 当事人所在国与我国存在外交关系的，对当事人提供的在我国境外形成的应履行相关公证、认证或者其他证明手续的证据，应当经所在国公证机关公证，并经我国驻该国使领馆认证，或者履行我国与该所在国订立的有关条约中规定的证明手续。

2. 当事人所在国与我国没有外交关系的，对当事人提供的在我国境外形成的应履行相关公证、认证或者其他证明手续的证据，应先经该国公证机关公证，再经与我国有外交关系的第三国驻该国使领馆认证，再

转由我国驻该第三国使领馆认证。

提示点：

【公证认证形式完整的审查】 当事人应当提供已经公证认证且形式上保持完整的证据原件，尤其要注意蜡封、火漆封的完整性。

【可行使认证职能的部门】 我国驻外使领馆包括大使馆、总领事馆、领事馆和代办处等均可行使涉外公证的认证职能，具体行使该职能的部门是领事部，其他部门（如教育处、文化处、商务处等）无权出具涉外公证认证文书。对我国驻外使领馆领事部以外的其他部门出具的涉外公证认证文书，应告知当事人另行办理有效的公证、认证或其他证明手续。

（三）对在港澳台形成的证据的公证或其他证明手续的形式审查

当事人向人民法院提供的证据材料是在香港特别行政区、澳门特别行政区或台湾地区形成的，人民法院应审查证据材料的相关公证或其他证明手续。

1. 在香港特别行政区形成的证据材料，应当履行相关的证明手续，即按照委托公证人制度由我国司法部委托的香港律师公证、出具有关公证文书，并由中国法律服务（香港）有限公司加盖转递专用章。

2. 在澳门特别行政区形成的证据材料，应当履行相关的证明手续，即应经澳门政府公证部门或者内地认可的公证人公证、出具有关公证文书，并由中国法律服务（澳门）公司加盖核验专用章。

3. 在台湾地区形成的证据材料，应当履行相关的证明手续，即应经台湾地区公证机关（法院设立的公证处或者民间公证人）公证、出具公证文书，并应提交大陆省级公证员协会根据《海峡两岸公证书使用查证协议实施办法》的规定出具的台湾公证书正副本相符核验证明或者正副本核对专用章。必要时，可商有关内地公证员协会将该会收到的台湾海基会寄送的副本与当事人提交的公证书正本进行核验。

四、外文证据材料的翻译手续

当事人向人民法院提交的外文书证或者外文说明资料，除用于国际流通的商业票据如提单、信用证及背面的印刷条款以外，其他与案件基本事实或争议事实有关的内容，应当附有中文译本。当事人未附中文译本的，法院可以不作为证据使用。

提示点：

【外文书证的翻译手续】当事人提交的外文书证或者说明资料的中文译本，一般应由有资质的翻译机构进行翻译并加盖翻译章，浙江法院可以通过我省三级法院统一办案办公平台委托翻译（路径：办案办公平台→我的案件→选择具体个案→案件办理→菜单导航2→辅助功能→委托翻译）办理，但对方当事人对提供的中文译本无异议的除外。

【外文视听资料的翻译手续】当事人向人民法院提供外文视听资料的，应检查是否附有视听资料中所用语言的记录文本及中文译本。

【外国当事人或证人的出庭翻译】外国当事人或证人出庭要求提供翻译的，应告知其在开庭前提出书面申请。法院确定翻译人员后，开庭三日前，应将出庭通知送达该翻译人员。

【翻译费用】诉讼过程中翻译人员出庭产生的翻译费用，根据《诉讼费用交纳办法》第十二条第一款的规定，由主张翻译或者负有翻译义务的一方当事人直接预付给翻译机构，人民法院不得代收代付。

人民法院应当在裁判文书中载明翻译费用，并根据《诉讼费用交纳办法》第二十九条的规定确定由败诉方负担。部分胜诉、部分败诉的，人民法院根据案件的具体情况决定当事人各自负担的数额。

五、视听资料的审核

视听资料是指以录音、录像等设备所存储的信息证明案件真实情况的资料,范围限于录音资料和录像资料。当事人提交的有其他证据佐证并以合法手段取得的、无疑点的录音、录像资料,或者核对无误的复制件,法院可以认定其证明力。但存有疑点的录音、录像资料,法院不能单独作为认定案件事实的依据。

提示点:

【录音的合法性】录音的场所、手段与方法等应当不违反法律的有关规定。下列录音证据一般不应认定:采取欺诈、胁迫、利诱等恶意方式获取的录音证据;通过侵犯他人住宅权、人格权的非法手段获取的录音证据;录音证据存在违反社会公共利益或者社会公德、侵害他人隐私的其他情形。

【录音的完整性】录音应当完整、未经技术处理或伪造,且录音中对话人的身份可以确定。法院也可通过司法鉴定等程序甄别录音的完整性。

【内容的关联性】录音方提出的问题,应当明确、直接,相应的回答也应当明确、肯定。只有对话内容清楚地涉及录音方所主张的事实,录音才具有证据的关联性及证明力。

【录音的书面化】当事人提交的录音、录像资料,除告知当事人提交录音、录像资料保存的物理载体(比如磁带、磁盘、光盘)外,为方便当事人质证及法院审核录音证据,可要求当事人一并提供对录音、录像内容进行书面形式固定的记录文本。

六、电子数据的审核

电子数据是指通过电子邮件、电子数据交换、网上聊天记录、博客、微博客、手机短信、电子签名、域名等形成或者存储在电子介质中的信息。存储在电子介质中的录音资料和影像资料,适用电子数据的规定。

（一）电子证据原件的识别

与传统证据形式原件一般能够直接证明案件事实不同，电子证据由于是存储于电子介质中的电子数据信息，其在证明案件事实时需要将数据编码转化为人们可以识别的形式，因此，应当根据不同情况适用不同的判断标准。

1. 在调查收集证据的场合，电子证据的原件应当指最初生成的电子数据及其首先固定所在的各种存储介质，如果某一电子证据首先固定在某块计算机硬盘上，则该硬盘或其上的电子数据就是原件。

2. 在举证、质证和审核认定证据时，可以进行适当变通。在诉讼过程中的举证、质证和认证环节，电子证据的原始载体本身对于案件事实的证明并无重要意义，发挥事实证明作用的是其转换形成的可识别形式。在这一问题上，联合国国际贸易法委员会在《电子商务示范法》提出"功能等效法"，将具有最终完整性和可用性等功能的电子副本规定为原件，只要数据电文确实起到了在功能上等同或基本等同于书面原件的效果，便可视为一种合法有效的原件。

（二）手机短信的审核

1. 手机短信应当庭出示，并将短信内容、发（收）件人、发（收）时间、保存位置等相关信息予以书面摘录，作为庭审笔录的一部分。举证方也可自愿申请短信公证，并将公证文书作为证据出示。

2. 经过法院审查核实符合证据"三性"要求的手机短信，可以作为定案依据。但因手机短信存在易被删改的特征，一般情况下不宜单独作为认定案件事实的依据，应结合其他证据予以补强。

3. 对于当事人通过可靠"时间戳"、区块链等方式固定的电子证据，应当对其形式真实性予以确认，并通过庭审调查等对证据内容予以查证固定。

提示点：

【审查手机短信的注意点】要审查发件人、收件人（姓名及手机号码）以及发送、接收的时间；发件人、收件人与案件当事人之间的关系；手机短信的位置是否出现变动，发出（收到）的信息是否仍在发（收）件箱中；审查手机短信的内容是否完整，与其他证据是否有矛盾，与待证事实是否有关联。必要时可申请鉴定或向电信运营商作调查。

(三) 传真件的审核

当事人提交的传真件，属于明确的数据电文，可以作为证据使用。法院审查传真证据时，应注意以下内容。

1. 核实传真的收件人、发件人，以及发、收传真的号码、传真时间，以判断传真收件人、发件人与案件当事人之间的关系、传真过程与内容是否真实。

2. 存在多份传真件的，应审查各传真件之间的内容是否相互衔接，与其他证据能否印证，综合审查判断各传真件之间的连续性及关联性。

3. 传真件留有手写字迹的，可通过司法鉴定程序判断传真件之真实性。

4. 单一传真件是借助电信传输工具所形成的原始文件的复印件，其证明效力不及原始文件，不能单独作为认定案件事实的依据，可结合其他证据加以佐证。

(四) 电子邮件的审核

当事人提交的电子邮件，属于明确的数据电文，可以作为证据使用。法院在质证或庭审中审查当事人提交的电子邮件证据时，应当要求该当事人说明电子邮件的来源，包括发件人、收件人及邮件提供人，邮件的生成、接收时间及邮件内容。对方当事人无异议的，该当事人可直接出示邮件纸质件；对方当事人提出异议的，该当事人可申请将计算机接入国际互联网，当庭演示核查，并下载电子邮件打印成纸质件。法院对上述过程应当完整反映在庭审过程中或者记录在庭审笔录中。

当事人对电子邮件已作公证的，可直接将公证机关出具的公证文书作为证据出示。经过公证的电子邮件证据具有较强的证明力。

提示点:

法院审查电子邮件证据时,应当注意其数据电文的特性,着重核实以下内容。

【邮箱的取得方式】一般而言,从网络服务商处购买的电子邮箱,较免费注册的电子邮箱更加可靠。

【收件人、发件人的认定】法院需查清电子邮件的地址与收件人、发件人的关系,即收件人、发件人是否拥有合法的用户名及对应密码。另外,合法用户的资料在网络服务提供商 ISP 处均有电子备案,必要时,法院可以核对确认。

【邮件到达的确认】根据《中华人民共和国民法典》第一百三十七条的规定及电子商务实践,当邮件进入到目标邮箱时,即为收到,无论收件方是否查看其内容。

【邮件内容的认定】在确定了收件人、发件人之后,因电子邮件内容文本性质的限制(电子邮件基本上是后缀为.eml 的只读文件,拒绝修改),再加上邮件抬头反映的发件人、发件时间、发件路径等资料清楚无误,除非收件人有真实的书面证据予以抗辩,否则,可以认定所见的内容即为邮件的内容。要注意的是,对于当事人控制的内部服务器上的电子邮件,因技术上存在删改的可能性,故应结合其他证据综合认定此类电子邮件的真实性、完整性。

【经公证机关公证的电子邮件的审查】当事人提交的已经办理公证保全的电子邮件证据,具有较强的证明力。法院审查当事人提交的已经公证机关公证的电子邮件,应当注意以下内容。

申请保全的资质情况。即申请人主体资格是否符合法律规定;所需保全的邮箱是否为申请人注册或持有;申请保全事项是否属于该公证处管辖;参与保全证据的相关人员是否具有相应的资格。

保全过程是否合法。即公证人员在保全证据的实际操作时,是否客观反映了邮件发送者、邮件接收者的地址以及邮件的内容，是否采用实时打印并全程录像等方式保证公证程序的合法性、真实性。

(五) 互联网网页资料的审核

当事人提交的国际互联网上的有关网页资料，法院应审查其真实性、合法性与关联性，以确定可否作为证据采信。当事人已对相关网页办理公证的，可直接将公证机关出具的公证文书作为证据出示。经过公证的网页证据具有较强的证明力。

提示点：

【网页资料的审查方法】法院在质证或庭审中审查当事人提交的网页证据时，应当要求该当事人说明网页证据的网址及浏览时间，如对方无异议，该当事人可直接提交载明网址、浏览时间的该网页的纸质件。对方当事人提出异议的，该当事人可申请将计算机接入互联网，当庭演示核查网页、指明网页中与案件相关联的内容，并下载打印成纸质件。法院对上述过程应当完整反映在庭审过程中或者记录在庭审笔录中。

【庭审中网页证据的记录】当事人在质证或庭审中申请将计算机接入互联网，当庭演示网页证据的取得时，法官应对当庭演示过程进行完整、全面反映和记录，包括在笔录中指明网页证据的网址及浏览时间、网页中与案件相关联的内容，并下载打印成纸质件，交由双方当事人签字后存档。

(六) 即时在线聊天记录的审查

微信、淘宝、QQ 等在线即时聊天工具、电子商务平台上形成的聊天记录，属于数据电文。

1. 当事人提交此类证据时，除提交该记录本身，对方当事人对于聊天记录的介质本身或其内容完整性有异议的，应对该聊天记录的介质本身（如存储该聊天记录的手机）及聊天记录中的相对方的真实身份、时间、聊天中传输文件的完整文本等内容进行审核并查证固定，必要时可将相关内容单独展示并查证固定。

2. 当事人申请公证机关对现场网络交谈进行即时全程公证的，法院在可以确定相对方真实身份的情况下，应当认定公证机关出具的公证文书中的内容。但公证机关出具的公证书并非即时全程公证的，则因聊天记录的内容存在伪造或变造的可能，法院应当审慎认定。

【请示与答复】

（一）申请确认仲裁协议效力案件

最高人民法院

关于东莞市蓝某食品国际贸易有限公司与长某航贸有限公司航次租船合同纠纷管辖权异议一案请示的复函

2022 年 8 月 31 日　　　　　　　　　　（2021）最高法民他 33 号

广东省高级人民法院：

你院（2019）粤民辖终 327 号《关于上诉人东莞市蓝某食品国际贸易有限公司与被上诉人长某航贸有限公司航次租船合同纠纷管辖权异议一案的请示》收悉。经研究，答复如下：

长某航贸有限公司系在香港特别行政区登记成立的公司法人，因此本案所涉仲裁条款具有涉港因素。依据《最高人民法院关于适用〈中华人民共和国涉外民事关系法律适用法〉若干问题的解释（一）》第十九条的规定，涉港仲裁协议的法律适用参照《中华人民共和国涉外民事关系法律适用法》第十八条的规定确定，应首先适用当事人协议选择的法律，在缺乏上述约定的情况下适用仲裁地的法律予以审查。本案中，东莞市蓝某食品国际贸易有限公司与长某航贸有限公司并未协议选择确认仲裁协议效力适用的法律，但双方当事人在租船合同中约定"ARBITRATION, IF ANY, IN HONGKONG"，即仲裁地为香港，因此本案应适用仲裁地法律，即香港特别行政区法律对案涉仲裁协议的效力进行审查。

关于本案所涉仲裁协议的效力问题，香港特别行政区《仲裁条例》第十九条关于仲裁协议的定义和形式规定如下：（1）"仲裁协议"是指当事人同意将他们之间一项确定的契约性或非契约性的法律关系中已经发生或可能发生的一切争议或某些争议交付仲裁的协议，仲裁协议可以采取合同中的仲裁条款形式或单独的协议形式。（2）仲裁协议应为书面形式。（3）仲裁协议的内容以任何形式记录下来的，即为书面形式，无论该仲裁协议或合同是以口头方式、行为方式还是其他方式订立的。据此，根据香港特别行政区法律，仲裁协议在具有双方将争议提交仲裁的合意以及具备书面形式要件的情况下，该协议即为有效。本案仲裁协议约定"ARBITRATION, IF ANY, IN HONGKONG"，该约定具有双方当事人同意将争议交付仲裁的明确意思表示，内容和形式亦符合香港特别行政区《仲裁条例》关于仲裁协议的相关规定，故案涉仲裁协议根据香港特别行政区法律应为有效。

综上所述，同意你院少数意见。

此复

附：

广东省高级人民法院
关于上诉人东莞市蓝某食品国际贸易有限公司与被上诉人长某航贸有限公司航次租船合同纠纷管辖权异议一案的请示

2020 年 8 月 31 日　　　　　　　　（2019）粤民辖终 327 号

最高人民法院：

我院受理的上诉人东莞市蓝某食品国际贸易有限公司（以下简称蓝某公司）与被上诉人长某航贸有限公司（以下简称长某公司）航次租船

合同纠纷管辖权异议一案，该案具有涉港因素，涉及仲裁条款效力的认定问题。本院经审查认为案涉仲裁条款无效，拟裁定驳回蓝某公司的上诉。根据《最高人民法院关于仲裁司法审查案件报核问题的有关规定》（法释〔2017〕21号）第二条及第七条的规定，向钧院报核。

一、当事人的基本情况

上诉人（原审被告）：蓝某公司。住所地：广东省东莞市沙田镇阁西村沿河路×号。

被上诉人（原审原告）：长某公司。住所地：香港特别行政区柴湾祥利街29-31号国贸中心×室。

二、当事人诉辩情况

长某公司起诉请求：（1）蓝某公司赔偿因违约造成的损失147833.66美元，折合人民币933510.43元及利息人民币47294.86元；（2）蓝某公司承担诉讼费、保全费、公告费。事实和理由：2018年2月12日，长某公司与蓝某公司签订航次租船合同，约定由蓝某公司承租"LAN HA"轮用于1万公吨袋装糖的海上运输，装货港新加坡港，卸货港中国广东黄埔港。同日，为履行上述租船合同，长某公司与案外人越南远某运输联合股份公司（以下简称远某公司）签订背靠背航次租船合同，约定由长某公司承租远某公司所有的"LAN HA"轮。后"LAN HA"轮依约到达装货港，并发出装卸准备就绪通知书。2018年2月23日，蓝某公司因无法提供货物，通知长某公司解除租船合同。合同解除后，远某公司向长某公司索赔127833.66美元。蓝某公司未依约提供货物并取消合同，使得长某公司产生损失包括收益损失、滞期损失和位置损失，共计147833.66美元及利息。

蓝某公司在答辩期内提出管辖权异议，认为其与蓝某公司在航次租船合同中订立第十七条"ARBITRATION, IF ANY, IN HONGKONG AND ENGLISH LAW TO BE APPLIED"是仲裁条款，应解释为"如有任何争议，在香港仲裁，适用英国法"，该条款约定仲裁地为香港，仲裁适用程序法应为仲裁地法即香港法，仲裁适用的实体法为英国法，该条款是完全有效、可以实施的，应提交香港国际仲裁中心仲裁。故该仲裁条款排除法院管辖，请求裁定驳回长某公司的起诉。

长某公司对蓝某公司提出的管辖权异议答辩称，双方在航次租船合同中约定的"ARBITRATION, IF ANY"表达的是对争议解决方式选择性假设，该条文中文翻译为"如果提起仲裁，在香港适用英国法律"，并非双方唯一纠纷解决方式，未排除法院管辖。请求驳回蓝某公司的管辖权异议申请。

三、案件审查情况

长某公司是在香港特别行政区设立的公司。长某公司与蓝某公司于2018年2月12日签订的航次租船合同，为英文文本，长某公司是出租人，蓝某公司是承租人，约定蓝某公司承租船舶装运1公万吨袋装糖，装货港新加坡，卸货港中国广东黄埔。该合同第十七条载明"ARBITRATION, IF ANY, IN HONGKONG AND ENGLISH LAW TO BE APPLIED"。长某公司提供的中文译本将该条翻译为"如果提起仲裁，在香港适用英国法"。长某公司和远某公司也签订了航次租船合同，承租其"LAN HA"轮进行案涉货物运输。在"LAN HA"轮到达装货港后，蓝某公司向长某公司发出解约通知，后长某公司与远某公司也解除合同。远某公司对长某公司在香港国际仲裁中心提起了仲裁，目前尚未有仲裁结果。

四、广州海事法院的裁定意见

广州海事法院经审查形成不同意见，多数意见认为：本案航次租船合同第十七条载明"ARBITRATION, IF ANY, IN HONGKONG AND ENGLISH LAW TO BE APPLIED"，该约定是双方当事人对案涉纠纷提起仲裁时的仲裁地点和所适用法律作出的特别约定，不构成双方之间唯一的纠纷解决方式，并未排除诉讼管辖。本案系航次租船合同纠纷，货物运输是从新加坡到中国广东黄埔，运输目的地和被告住所地在广州海事法院管辖区域内，根据《中华人民共和国民事诉讼法》（2017年修正，下同）第二十七条的规定，广州海事法院对本案享有管辖权。

综上所述，经广州海事法院审判委员会讨论决定，依照《中华人民共和国民事诉讼法》第一百二十七条第一款的规定，裁定：驳回蓝某公司对本案管辖权提出的异议。

五、当事人上诉及答辩意见

蓝某公司提起上诉称：（1）一审裁定适用法律错误。案涉仲裁条款为涉外仲裁条款，且明确约定适用英国法。根据《最高人民法院关于适用〈中华人民共和国仲裁法〉若干问题的解释》第十六条的规定，其效力的审查应适用英国法。根据英国法，"ARBITRATION, IF ANY, IN HONGKONG AND ENGLISH LAW TO BE APPLIED"应理解为如有任何争议，在香港仲裁，适用英国法。结合国际租约中的交易习惯，如将上述条款理解为如果仲裁在香港适用英国法，明显不符合常理。（2）长某公司与案外人远某公司在另案纠纷中，亦涉及"ARBITRATION, IF ANY, IN HONGKONG AND ENGLISH LAW TO BE APPLIED"这一条款的理解。长某公司在该案中将该条款翻译成"航次租船合同中的仲裁条款规定在香港进行仲裁，并适用英国法律"。远某公司已在香港国际仲裁中心就该案提起仲裁，长某公司未对此提出异议。本案与另案涉及同一交易行为，长某公司对同一仲裁条款进行不同的解释，违反公平及诚信原则。（3）根据《最高人民法院关于人民法院处理与涉外仲裁及外国仲裁事项有关问题的通知》第一条规定，本案双方当事人在合同中订有涉外仲裁条款，若一审法院认为该仲裁条款无效、失效或者内容不明确无法执行的，在决定受理一方当事人起诉之前，必须报请本辖区所属高级人民法院进行审查。如果高级人民法院同意受理，应将其审查意见报最高人民法院。一审法院明知案涉合同存在涉外仲裁条款，却在没有逐级上报审查的情况下受理案件，程序违规。综上所述，请求撤销一审裁定，裁定驳回长某公司的起诉。

长某公司答辩称：（1）案涉航次租船合同第十七条是争议解决条款，从内容上看双方当事人没有明确选择仲裁的意思表示，且未排除法院管辖。第一，"ARBITRATION, IF ANY, IN HONGKONG AND ENGLISH LAW TO BE APPLIED"语义为"如有仲裁，在香港并且适用英国法"。

该条款表达的是对争议解决方式选择性的假设，仅是对案涉纠纷提起仲裁时的仲裁地点和所适用法律作出的特别约定，未构成双方之间唯一的纠纷解决方式。争议发生后，双方并没有就提起仲裁解决争议达成一致，未确定仲裁机构，也未确定适用的法律，故该条文系争议解决条款，并未排除法院管辖。第二，退一步讲，即使将该条款视为仲裁条款，本案也不应适用。根据《中华人民共和国仲裁法》第十八条规定，该条款因约定不明确且未达成补充协议而无效。若以此条款为涉外仲裁协议为由，通过法律适用规范指定所援用的法律。则按照《中华人民共和国涉外民事关系法律适用法》第十八条、《最高人民法院关于审理仲裁司法审查案件若干问题的规定》第十三条、第二十一条之规定，涉港案件当事人没有选择仲裁协议适用的法律的，可适用仲裁地法律审查。案涉仲裁条款效力可按照2011年6月1日生效的香港特别行政区《仲裁条例》（香港法律第609章）进行审查。该条例第十九条规定："'仲裁协议'是指当事人同意将他们之间一项确定的契约性或非契约性的法律关系中已经发生或可能发生的一切争议或某些争议交付仲裁的协议。"但本案争议解决条款并没有约定将全部争议交付仲裁，也未对某些争议作出明确的约定，仅是确定了如有仲裁时的仲裁地为香港。因此，案涉争议解决条款是双方当事人对纠纷提起仲裁时的仲裁地点和所适用法律作出的特别约定，不构成双方之间唯一的纠纷解决方式。从内容上看双方当事人没有明确选择仲裁的意思表示，并未排除诉讼管辖。争议发生后，双方也未就仲裁事宜达成一致，故即使是适用香港特别行政区《仲裁条例》进行审查，该条款仍未满足仲裁的条件。第三，航次租船合同与背靠背航次租船合同是两份相互独立的合同，就争议的解决，长某公司享有按照争议解决条款选择解决方式的权利。本争议解决条款是具选择性的，不存在同一交易背景下，长某公司区别性地解释同一条款。对争议解决的不同选择，正是长某公司试图高效率解决纠纷，践行诚实信用原则的体现。（2）在未排除法院管辖的情况下，广州海事法院对本案具有管辖权。长某公司以航次租船合同纠纷为案由起诉，根据《最高人民法院关于海事法院受理案件范围的规定》，海上、通海可航水域货物运输合同纠纷案件属于海事法院受案范围。又因蓝某公司的住所地为广东省东莞市，航次租船合同的运输目的地是广东省管广州市黄埔港，根据《中华人民共和国海事诉讼特别程序法》第六条与《中华人民共和国民事诉讼法》第二十七条的规定，广州海事法院对本案具有管辖权。（3）法院在处理案件时应秉承方便诉讼原则，保障并便利当事人行使诉讼权利。长某公司的主要办事机构位于福建省，蓝某公司的所在地为广东省东莞市，航次租船合同的运输目的地是广东省广州市黄埔港。根据最密切联系原则，诉讼管辖更有利于纠纷的解决。若裁定广州海事法院对本案无管辖权，会增加当事人的诉讼成本和诉累，也会因为必要程序时间的延长而侵害长某公司的合法权利。综上所述，请求驳回上诉，维持原裁定。

六、我院的处理意见

案涉航次租船合同为英文文本，其中第十七条约定，"ARBITRATION, IF ANY, IN HONGKONG AND ENGLISH LAW TO BE APPLIED"。

合议庭多数意见认为：该约定的含义应为如果提起仲裁，在香港适用英国法律。这一约定是双方当事人对案涉纠纷提起仲裁时的仲裁地点和所适用法律作出的特别约定，不构成双方之间唯一的纠纷解决方式，并未排除法院管辖。本案为航次租船合同纠纷，属于海事法院受案范围。因案涉货物运输目的地为广东省广州市，被告蓝某公司住所地为广东省东莞市，属广州海事法院管辖的行政区域，故广州海事法院对本案行使管辖权符合法律规定。

合议庭少数意见认为，本案中，当事人没有就仲裁协议准据法作出约定，但是该条款明确香港作为仲裁地。根据《最高人民法院关于适用〈中华人民共和国仲裁法〉若干问题的解释》第十六条，以及《最高人民法院关于适用〈中华人民共和国涉外民事关系法律适用法〉若干问题的解释（一）》第十四条的规定，确定本案仲裁协议效力的准据法应为香港法。根据查明的香港法，本案仲裁协议有效。故本案应根据香港法认定仲裁协议有效，裁定驳回原告起诉。

本院拟按照合议庭多数意见同意广州海事法院裁定意见，裁定驳回上诉，维持原裁定。

以上意见妥否，请批复。

最高人民法院
关于申请人株洲时某新材料科技股份有限公司与被申请人唐某某申请确认仲裁协议效力一案的复函

2022 年 10 月 18 日　　　　　　　　（2022）最高法民他 97 号

湖南省高级人民法院：

你院（2022）湘民他 31 号《湖南省高级人民法院关于申请人株洲时某新材料科技股份有限公司与被申请人唐某某申请确认仲裁协议效力一案的报核报告》收悉，经研究，答复如下：

根据你院请示报告查明的事实，尽管《备忘录》首部列明的主体只有 TANG Beteiligung GmbH 和株洲时某新材料科技股份有限公司（以下简称时某公司），但《备忘录》部分条款也对唐某某与时某公司之间的权利义务作出了约定。《备忘录》第十条对约定仲裁事项的表述是"因本协议产生的争议"，对应的英文表述为"Any disputes arising under this MoU（备忘录）"。时某公司签署《备忘录》时，并未将其与唐某某个人之间因《备忘录》产生的争议排除在仲裁事项之外，可以认定唐某某与时某公司之间达成了将二者之间因《备忘录》引起的纠纷提交仲裁的协议。综上所述，时某公司关于案涉《备忘录》中的仲裁条款对唐某某无效的申请理由，不能成立。

此复

附：

湖南省高级人民法院
关于申请人株洲时某新材料科技股份有限公司与被申请人唐某某申请确认仲裁协议效力一案的报核报告

2022 年 4 月 27 日　　　　　　　　　（2022）湘民他 31 号

最高人民法院：

原审申请人株洲时某新材料科技股份有限公司与被申请人唐某某申请确认仲裁协议效力纠纷一案，湖南省株洲市中级人民法院于 2021 年 10 月 11 日作出（2021）湘 02 民特 23 号民事裁定，但未依照《最高人民法院关于仲裁司法审查案件报核问题的有关规定》第二条规定向湖南省高级人民法院请示核准，程序不当。经湖南省株洲市中级人民法院审判委员会讨论决定，于 2021 年 10 月 17 日作出（2021）湘 02 民监 3 号民事裁定，决定再审本案。湖南省株洲市中级人民法院依法另行组成合议庭，立案后进行了审查，拟确认株洲时某新材料科技股份有限公司与 TANG Beteiligung GmbH 在 2017 年 4 月 28 日所签订的《备忘录》中的仲裁条款对唐某某无效，并向我院报核，我院经审查拟同意株洲市中级人民法院意见，根据《最高人民法院关于仲裁司法审查案件报核问题的有关规定》第二条第一款的规定，特向贵院请示报核。现将有关情况报告如下：

一、当事人基本情况

申请人：株洲时某新材料科技股份有限公司，住所地湖南省株洲市高新技术开发区黄河南路。

被申请人：唐某某，男，1974 年 6 月 3 日出生，德意志联邦共和国公民，住江苏省太仓市城厢镇南郊太和丽都 10 栋×室。

二、本案基本案情

株洲市中级人民法院经审理查明：TANG Beteiligung GmbH（以下简称 TBG），是一家依据德意志联邦共和国法律成立的有限责任公司，在德国不来梅市注册，住所地在德国不来梅市，具有独立法人资格。唐某某是该公司的总经理。TBG 为将其控股的子公司 Carbon Rotec 的全部股权转让给申请人，双方于 2017 年 4 月 28 日签订一份《备忘录》，该《备忘录》的首页载明："2017 年 4 月 28 日双方达成协议，TBG（甲方）、株洲时某新材料科技股份有限公司（乙方）；签名页落款：甲方 TBG，董事总经理唐某某；乙方株洲时某新材料科技股份有限公司（盖公章）。"《备忘录》前言 E 部分注明："本备忘录是为双方销售和购买控股公司而设定的购销原则协议，只是构成双方详细谈判文件的基础（此次交易）。"《备忘录》第 8.6 条中约定："客户激励：如果唐某某通过他的欧洲、美国关系网络在 2020 年前为乙方获利客户（特别是风电主机制造商），他将获得有关合同销售额的 1%~2% 的额外报酬，具体金额根据单个合同逐一确认。"《备忘录》的第 10 条约定："因本协议产生的争议，适用中华人民共和国法律，在中国国际贸易仲裁委员会（北京分会）根据当时有效的仲裁规则进行解决，仲裁语言英语。"

唐某某持 TBG 与株洲时某新材料科技股份有限公司签订的案涉《备忘录》的仲裁条款以株洲时某新材料科技股份有限公司为被申请人，向中国国际贸易仲裁委员会申请仲裁。中国国际贸易仲裁委员会仲裁院于 2021 年 7 月 1 日受理了该案。株洲时某新材料科技股份有限公司遂向株洲市中级人民法院请求：确认申请人与 TBG 于 2017 年 4 月 28 日签订的《备忘录》中的仲裁条款对被申请人唐某某无效。

株洲市中级人民法院经审查认为，本案争议焦点为：《备忘录》第 8.6 条是否属于双方仲裁条款即《备忘录》第 10 条约定的仲裁事项。且认为，案涉《备忘录》签约主体应认定为 TBG 和株洲时某新材料科技股份有限公司，唐某某个人不是合同主体，理由如下：（1）《备忘录》首页抬头即明确签约主体是 TBG（甲方）和株洲时某新材料科技股份有限公司（乙方）；（2）《备忘录》尾页落款处为"甲方 TBG，唐某某签名，Title（职务）：董事总经理"，说明唐某某是以 TBG 董事总经理身份签名，不是以个人身份签名，唐某某虽然在合同每页的右下角均签名，但株洲时某新材料科技股份有限公司在《备忘录》亦加盖了骑缝章。因此，被申请人主张唐某某在《备忘录》每页均有签名，其签名既代表 TBG 又代表其个人，唐某某为《备忘录》的签约主体之一，与事实不符，不予采纳。其次，申请人和被申请人签订《备忘录》的目的系销售和购买 TBG 的控股公司。案涉《备忘录》的前言 E 部分明确：《备忘录》是为双方（TBG 和株洲时某新材料科技股份有限公司）销售和购买控股公司而设定的购销原则协议，并未注明"中介、居间"字样，而销售和购买 TBG 的控股公司与唐某某个人无关。故《备忘录》第 8.6 条中约定的客户激励（关于居间服务及报酬）条款不属于合同主体 TBG 和株洲时某新材料科技股份有限公司约定的权利义务，系《备忘录》中一方株洲时某新材料科技股份有限公司与合同目的"销售和购买控股公司"无关的案外第三人唐某某个人设立的条款，不属于申请人和被申请人所签订的《备忘录》第 10 条仲裁条款约定的仲裁事项，非合同主体的唐某某个人无权依照申请人和被申请人所签订的《备忘录》第 10 条仲裁条款的约定就居间费向仲裁机构申请仲裁。依照《中华人民共和国仲裁法》第十八条规定，"仲裁协议对仲裁事项或者仲裁委员会没有约定或者约定不明确的，当事人可以补充协议；达不成补充协议的，仲裁协议无效"，唐某某因居间费申请仲裁，不属于《备忘录》中仲裁条款约定的仲裁事项。因此，该《备忘录》的仲裁条款依法对唐某某个人无效，申请人请求确认该《备忘录》中的仲裁条款对唐某某个人无效的理由成立，依照《中华人民共和国仲裁法》第十八条、第二十条规定，拟裁定：确认株洲时某新材料科技股份有限公司与 TBG 在 2017 年 4 月 28 日所签订的《备忘录》中的仲裁条款对唐某某无效。申请费 400 元，由被申请人唐某某负担。

三、我院审查意见及理由

我院另查明：案涉《备忘录》前言部分第 E 项载明："本备忘录的认

可不构成合同的邀约，本备忘录不会也不可能对甲方和乙方构成法律约束（第 8 部分至第 18 部分除外），本备忘录是为双方销售和购买控股公司而设定的购销原则协议，备忘录只是构成双方详细谈判文件的基础（此次交易）。"

  我院经审查认为：唐某某并非案涉《备忘录》的签约主体，且该《备忘录》第 8.6 条中约定的客户激励条款也是在该《备忘录》得到履行的基础上才产生，虽然唐某某提起仲裁的事项属于该《备忘录》所约定的仲裁事项之一，但唐某某并不能证明其与株洲时某新材料科技股份有限公司之间具有请求仲裁的意思表示，依据合同的相对性原则，唐某某并不属于提起该仲裁事项的适格主体。据此，依据《中华人民共和国仲裁法》第十六条的规定，株洲时某新材料科技股份有限公司与 TBG 在 2017 年 4 月 28 日所签订的涉案《备忘录》中的仲裁条款对唐某某不具约束力。

  以上意见妥否，请予审查。

最高人民法院
关于南某有限公司与道某粮油岳阳有限公司海上货物运输合同纠纷管辖权异议一案请示的复函

2022 年 12 月 12 日　　　　　　　　（2022）最高法民他 125 号

江苏省高级人民法院：

你院《关于上诉人南某有限公司与被上诉人道某粮油岳阳有限公司海上货物运输合同纠纷管辖权异议一案的请示》收悉。经研究，答复如下：

根据你院请示报告载明的事实，本案是提单持有人向承运人提起的海上货物运输合同纠纷。提单持有人不是租船合同当事人，其与承运人之间的权利义务应按照提单条款进行认定。案涉提单虽然标注了"提单和租船合同一起使用""运费依据 2019 年 3 月 29 日租船合同支付"，并且提单背面载明"正面记载日期租约中所有的条款、条件、免责，包括法律适用和仲裁条款，均并入本提单"，但并未载明被并入租船合同的具体信息。道某粮油岳阳有限公司作为提单持有人，仅凭提单上述记载无法知晓是否存在仲裁条款，以及仲裁条款的具体约定，推定其接受租船合同仲裁条款的依据不足。南某有限公司不能举证证明其与道某粮油岳阳有限公司之间存在仲裁协议，其提出的管辖异议，没有事实依据。综上所述，同意你院处理意见。

此复

附：

江苏省高级人民法院
关于上诉人南某有限公司与被上诉人道某粮油岳阳有限公司海上货物运输合同纠纷管辖权异议一案的请示

2022 年 9 月 9 日　　　　　　　　（2022）苏民辖终 103 号

最高人民法院：

上诉人南某有限公司（以下简称南某公司）因与被上诉人道某粮油岳阳有限公司（以下简称道某公司）海上货物运输合同纠纷管辖权异议一案，不服南京海事法院（2020）苏 72 民初 602 号民事裁定，向我院提起上诉。我院经审查认为，案涉租约仲裁条款未有效并入提单，南京海事法院对本案具有管辖权。我院拟裁定驳回南某公司上诉，维持原裁定。因本案具有涉外因素，根据《最高人民法院关于仲裁司法审查案件报核问题的有关规定》第二条规定，特向钧院请示。现将情况报告如下：

一、当事人的基本情况

上诉人（原审被告）：南某有限公司。住所地：希腊共和国比雷埃夫斯市艾加里奥街 8 号金色联盟航运公司代收（Care of Golden Union Shipping Co SA, 8, Aigaleo Street, 185 45 Piraeus, Greece）。

被上诉人（原审原告）：道某粮油岳阳有限公司。住所地：中华人民共和国湖南省岳阳市城陵矶新港区长江大道松阳湖南路。

二、基本案情

道某公司向一审法院起诉请求：（1）判令南某公司赔偿货物损失人

民币 8899779.84 元及利息（以人民币 8899779.84 元为基数，自 2019 年 6 月 27 日起至 2019 年 8 月 19 日止按中国人民银行同期同类贷款基准利率计算，自 2019 年 8 月 20 日起至南某公司实际履行之日止按同期全国银行间同业拆借中心公布的贷款市场报价利率 LPR 计算）；（2）判令南某公司承担一审案件受理费。事实和理由：道某公司自巴西进口一批大豆，2019 年 5 月 6 日，南某公司"CIC EPOS"轮于巴西伊塔基港装运案涉 67600 公吨大豆并出具了五份清洁提单。2019 年 6 月 24 日至 27 日，"CIC EPOS"轮抵镇江港卸载时，检测出大豆受损，经评估损失合计为人民币 8899779.84 元。南某公司作为案涉货物的承运人，应当对其承运期间发生的货损承担赔偿责任。

南某公司向一审法院提出管辖异议称，道某公司依据涉案五份提单提起诉讼。案涉提单正面记载："提单和租船合同一起使用""运费依据 2019 年 3 月 29 日租船合同支付"，提单背面第一条约定："正面记载日期租约中所有的条款、条件、免责，包括法律适用和仲裁条款，均并入本提单。"而并入案涉提单的 2019 年 3 月 29 日租船合同第 17 条约定："所有本合同引起的纠纷应提交伦敦仲裁，适用英国法。"故本案道某公司、南某公司应当依照租约中的仲裁条款将相关提单纠纷提交伦敦仲裁解决，道某公司向法院提起诉讼违反了该约定，请求法院驳回道某公司的起诉。

三、南京海事法院处理意见

南京海事法院经审查认为，南某公司主张对涉外仲裁协议的效力及其是否有效并入提单的审查，应适用当事人约定的英国法，但本案管辖权争议的焦点问题并非仲裁条款本身是否有效，而是租约条款能否有效并入提单。在租约有效并入提单之前，尚无确定的租约及其法律适用条款并入提单，租约中的法律适用条款对提单当事人不具有法律约束力，不应以租约当事人选择的英国法作为确定租约条款能否并入提单的准据法，在无确定的租约并入的情况下，当事人在案涉提单中并未约定解决纠纷适用的准据法，故应以中国法作为判断本案中租约是否有效并入的依据。

《中华人民共和国海商法》第九十五条规定："对按照航次租船合同运输的货物签发的提单，提单持有人不是承租人的，承运人与该提单持有人之间的权利、义务关系适用提单的约定。但是，提单中载明适用航次租船合同条款的，适用该航次租船合同的条款。"根据该条款，在提单持有人不是租船人情况下，可以租船合同条款约束提单持有人的前提为提单明确载明适用航次租船合同条款，也即需以明确且特定的租约并入提单为前提。案涉提单虽然载有"提单与租船合同一起使用""正面记载日期租约中的所有条款、条件、免责，包括法律适用和仲裁条款，均并入本提单""运费依据2019年3月29日租船合同支付"，但并未注明并入的租船合同的编号、当事人、签订时间等足以确定该合同的信息，即未将并入提单的租船合同特定化，又未特别明示租船合同中的具体仲裁条款并入提单，故南某公司主张的租约并未有效并入案涉提单，其上所载之仲裁条款亦未并入案涉提单。而南某公司提交的租船合同所涉的承租人、出租人均为案外人，作为提单持有人的道某公司并非租船人，不是租船合同的当事人，无法从提单记载中获知仲裁协议的具体内容。因此，道某公司与南某公司之间不存在有效的仲裁协议。

《中华人民共和国民事诉讼法》（2021年修正，下同）第二十八条规定："因铁路、公路、水上、航空运输和联合运输合同纠纷提起的诉讼，由运输始发地、目的地或者被告住所地人民法院管辖。"本案所涉海上货物运输目的地为江苏省镇江市，属于一审法院的管辖区域，南京海事法院对案件具有管辖权，南某公司提出的管辖权异议理由不能成立。依据《中华人民共和国民事诉讼法》第二十八条、第一百三十条第一款，一审法院裁定：驳回南某公司提出的管辖权异议。

四、上诉理由及答辩意见

南某公司上诉请求：撤销一审裁定，支持南某公司提出的管辖权异议。事实与理由：（1）一审法院适用法律错误。案涉租约第17条约定"所有本合同引起的纠纷应提交伦敦仲裁，适用英国法"，故应当适用英国法审查案涉租约仲裁条款是否有效并入提单。（2）根据英国法的规定，案涉租约仲裁条款已有效并入提单，道某公司和南某公司之间存在有效的仲裁协议。（3）即使根据中国法，案涉租约仲裁条款也已并入案涉提单。《中华人民共和国海商法》第九十五条规定："对按照航次租船合同运输的货物签发的提单，提单持有人不是承租人的，承运人与该提单持有人之间的权利、义务关系适用提单的约定。但是，提单中载明适用航次租船合同条款的，适用该航次租船合同的条款。"根据上述法律规定，中国法并未禁止航次租船合同仲裁条款并入提单，也未规定提单背面记载的并入条款无效。案涉提单已明确并入了2019年3月29日租船合同，道某公司为提单的受让人，对提单记载的内容十分清楚，因此应当受案涉租约仲裁条款的约束。

道某公司答辩称：（1）一审法院适用法律正确，审查租约仲裁条款是否有效并入提单，应当按照"程序法适用法院地法"原则，适用中国法。（2）案涉提单并未有效并入2019年3月29日租船合同。第一，案涉提单正面并未明确记载租约当事人的名称、订立日期以及合同编号，因此案涉租约并未有效并入提单。第二，案涉租约仲裁条款并未记载在案涉提单的正面。第三，案涉租约的出租方为C公司，承租方为O公司，道某公司和南某公司并非案涉租约当事人。道某公司对案涉租约以及租约中的仲裁条款，并不知情，因此案涉租约仲裁条款并不能约束道某公司。（3）案涉货物运输目的港为镇江港，一审法院对本案具有管辖权。

五、二审法院查明事实

国际海事组织船舶和公司信息载明，"CIC EPOS"轮，船舶代码IMO9474694，船舶所有人为南某公司。

中华人民共和国出入境检验检疫《品质证书》载明，案涉货物到货地点为镇江港。

六、我院处理意见

本案争议焦点是：案涉租约仲裁条款是否有效并入提单。

（一）判断租约仲裁条款是否有效并入提单应当适用中华人民共和国法律

案涉租约第 17 条约定"所有本合同引起的纠纷应提交伦敦仲裁，适用英国法"，英国法是租约实体权利义务应当适用的法律。本案是对租约仲裁条款是否有效并入提单的审查，属于程序问题，应当适用法院地法即中华人民共和国法律进行审查。

（二）案涉租约仲裁条款未能有效并入提单

第一，虽然案涉提单正面载有，"运费依据 2019 年 3 月 29 日租船合同支付"，但案涉租约的编号、当事人、签订时间等信息，并不明确，南某公司亦不能证明案涉提单载明的租约与其提供的租约为同一租约。第二，案涉租约的出租人为 CARGILL INTERNATIONAL S. A.，承租人为 OLAM INTERNATIONAL LIMITED，南某公司与道某公司均非案涉租约当事人，亦非租约仲裁协议的当事人。道某公司作为提单持有人，无法从提单载明的内容中获知仲裁协议的具体内容。因此，案涉租约仲裁条款对本案双方当事人不具有约束力。

（三）南京海事法院对本案具有管辖权

本案中，道某公司向南某公司提起海上货物运输合同之诉。《中华人民共和国民事诉讼法》第二十八条规定："因铁路、公路、水上、航空运输和联合运输合同纠纷提起的诉讼，由运输始发地、目的地或者被告住所地人民法院管辖。"本案运输目的港为镇江港，属于南京海事法院管辖范围，南京海事法院对本案具有管辖权。

综上所述，南某公司的上诉理由均不能成立，其请求应当予以驳回。依照《中华人民共和国民事诉讼法》第二十八条、第一百七十七条第一款第一项、第一百七十八条之规定，我院拟裁定驳回上诉，维持原裁定。

以上意见妥否，请示复！

最高人民法院

关于福建元某豆业有限公司与平某船舶有限责任公司海上货物运输合同纠纷一案仲裁条款效力问题的复函

2022年12月12日　　　　　　　　（2022）最高法民他135号

福建省高级人民法院：

你院（2022）闽民他52号《关于原告福建元某豆业有限公司与被告平某船舶有限责任公司海上货物运输合同纠纷一案仲裁条款效力问题的请示》收悉。经研究，答复如下：

根据你院请示报告载明的事实，本案是提单持有人向承运人提起的海上货物运输合同纠纷。提单持有人不是租船合同当事人，其与承运人之间的权利义务应按照提单条款进行认定。案涉提单虽然在正面标注了"提单与租船合同合并使用"，并且在背面记载"背面所示日期的租船合同的所有条款和条件、权利和除外责任，包括法律适用和仲裁条款，并入本提单"，但并未载明被并入租船合同的具体信息。福建元某豆业有限公司仅凭提单上述记载无法知晓是否存在仲裁条款，以及仲裁条款的具体约定，推定其接受租船合同仲裁条款的依据不足。平某船舶有限责任公司不能举证证明其与福建元某豆业有限公司之间存在仲裁协议，其提出的管辖异议，没有事实依据。综上所述，同意你院处理意见。

此复

附：

福建省高级人民法院
关于原告福建元某豆业有限公司与被告平某船舶有限责任公司海上货物运输合同纠纷一案仲裁条款效力问题的请示

2022 年 8 月 31 日　　　　　　　　　　　（2022）闽民他 52 号

最高人民法院：

关于原告福建元某豆业有限公司与被告平某船舶有限责任公司（PINKSHIP LTD.）海上货物运输合同纠纷一案。现根据《最高人民法院关于仲裁司法审查案件报核问题的有关规定》第二条第二款、第三条第二项之规定，将本案处理结果提请贵院审核。

一、当事人的基本情况

原告：福建元某豆业有限公司，住所地中华人民共和国福州市长乐区松下镇首祉村松下大道×号。

被告：平某船舶有限责任公司，住所地利比里亚共和国蒙罗维亚布罗德街×号。

被告：中国某财产保险股份有限公司深圳分公司，住所地中华人民共和国广东省深圳市福田区香蜜湖街道农林路×号。

二、当事人的诉讼请求及事实和理由

福建元某豆业有限公司（以下简称元某公司）为进口一批巴西大豆，于 2020 年 2 月 4 日与 T 公司订立买卖合同，购买巴西大豆 66000 吨（正负 10%，凭卖方选择），单价 CFR FO 623.18 美元/吨，总价 42888798.29

美元。货物由平某船舶有限责任公司（以下简称平某公司）所属的"ATHINA L"轮从装货港巴西伊塔奎港运往目的港中国福州松下港。2021年3月4日，LBH代表"ATHINA L"轮船长签发编号为01-06的已装船提单，总数量为69300吨。提单正面抬头载有"提单与租船合同合并使用（BILL OF LADING TO BE USED WITH CHARTER-PARTIES）"字样，但无租船合同日期和编号。提单背面关于运输条件第1项记载：背面所示日期的租船合同下的所有条款和条件、权利和除外责任，包括法律和仲裁条款，并入本提单（All terms and conditions, liberties and exceptions of the Charter Party, dated as overleaf, including the Law and Arbitration Clause, are herewith incorporated）。2021年4月16日，货物抵达福州松下港，卸货过程中发现货损。为免船舶被扣押，中国平安财产保险股份有限公司深圳分公司（以下简称深圳某财险）于2021年4月22日为平某公司出具担保限额为984万美元的担保函。2021年9月28日，民某财产保险公估股份有限公司出具《公估报告》，认定货损发生于运输过程中，原因系装运管货不当，核定货损金额为33998027.02元（人民币，下同）。元某公司就案涉货物运输投保了海洋货物运输一切险，保险人中国某财产保险股份有限公司福建分公司向其支付了9346145.32元赔偿款。2022年3月23日，元某公司向厦门海事法院起诉，请求判令平某公司赔偿其货物损失24651881.7元及利息，并由深圳某财险承担连带赔偿责任。

被告平某公司在答辩期间提出管辖异议认为：案涉提单正面抬头载明"提单与租船合同合并使用"，正面提单右下角明确提及"运输条款请见背面"，背面条款第一条记载"背面所示日期的租船合同的所有条款和条件、权利和除外责任，包括法律和仲裁条款，并入本提单"。2020年4月9日，平某公司与承租人诺某就"ATHINA L"轮签订定期租船合同，载明"其他方面适用随附日期为2019年12月4日的'APHRODITE L'轮/诺登租船合同"。《"APHRODITE L"轮/诺登租船合同》（2019年12月4日）第十九条、第七十九条约定租船合同受英国法管辖，由租船合同引起的或与之相关的任何争议应在伦敦提交仲裁解决。就案涉航次，诺登与第三方租船人于2020年5月14日签订《航次租船合同》，约定

"其他方面适用日期为 2020 年 4 月 24 日诺登租船合同"。《诺登租船合同》（2020 年 4 月 24 日）仲裁条款载明"共同海损和仲裁均应在伦敦进行，实体上和程序上均应适用英国法"。元某公司作为收货人对案涉提单进行了背书，无论是从货物的买卖环节或是运输环节均能知晓各方的地位及租约的情况，其实际已充分了解并接受提单背面条款及所并入的租约条款，故上述并入提单的租船合同条款适用于案涉纠纷，本案应当适用英国法并提交英国伦敦仲裁。为此，请求法院依法裁定驳回原告的起诉。

三、厦门海事法院审查意见

厦门海事法院经审查认为，作为租船合同仲裁条款形式上有效并入提单的前提，必须是提单上明示租船合同仲裁条款并入的内容，还要明确记载租船合同当事人及具体签订日期。本案中，案涉的两份租船合同分别系平某公司与案外人诺登及诺登与第三方租船人所签订的。案涉提单虽然记载"提单与租船合同合并使用"，但并未指明所要并入的租船合同当事人名称和订立日期。因此，被告平某公司所称租船合同仲裁条款并未有效并入提单。元某公司作为非托运人的正本提单持有人，并未明示接受租船合同中的仲裁条款，故该条款对其没有约束力。本案系海上货物运输合同纠纷，货物运输目的港为中国福州松下港，属于厦门海事法院管辖范围，故厦门海事法院对本案具有管辖权。

四、处理纠纷的意见和理由

福建省高级人民法院经审查认为，案涉货物是由平某公司所属的"ATHINA L 轮"承运，平某公司签发的提单正面载明"提单与租船合同合并使用"。虽然平某公司主张并入提单的租约中约定所有争议提交伦敦仲裁，但上述约定系平某公司与承租人诺登达成的合意，且"背面所示日期的租船合同的所有条款和条件、权利和除外责任，包括法律适用和仲裁条款，并入本提单"之内容仅记载于提单背面，而未明确记载于提单正面，不应视为该租约条款有效并入本案提单，故租船合同中的仲裁条款对中国太平洋财产保险股份有限公司不具有法律约束力。本案所涉海上货物运输的目的港为中国福州松下港，原审法院对本案具有管辖权。

综上所述，拟同意厦门海事法院的处理意见。

五、提请报核的事项及依据

本案属于涉外仲裁司法审查案件，根据《最高人民法院关于仲裁司法审查案件报核问题的有关规定》第三条的规定，本院经审查拟裁定案涉仲裁条款无效，应当先行向贵院报核，待贵院审核后，方可根据贵院的审核意见作出裁定。

以上请示，请批复。

（二）申请撤销内地仲裁裁决案件

最高人民法院
关于福建环某矿泉有限公司申请撤销仲裁裁决请示一案的复函

2022 年 9 月 27 日　　　　　　　　　　（2022）最高法民他 93 号

山东省高级人民法院：

你院（2022）鲁民他 20 号《关于福建环某矿泉有限公司申请撤销仲裁裁决一案的请示》收悉。经研究，答复如下：

本案为当事人申请撤销仲裁裁决案件，应当适用《中华人民共和国仲裁法》第五十八条的规定进行审查。

《中华人民共和国仲裁法》第五十八条第一款规定："当事人提出证据证明裁决有下列情形之一的，可以向仲裁委员会所在地的中级人民法院申请撤销裁决：……（三）仲裁庭的组成或者仲裁的程序违反法定程序的……"《最高人民法院关于适用〈中华人民共和国仲裁法〉若干问题的解释》第二十条规定："仲裁法第五十八条规定的'违反法定程序'，是指违反仲裁法规定的仲裁程序和当事人选择的仲裁规则可能影响案件正确裁决的情形。"因此，对案涉送达问题应当结合济南仲裁委员会《仲裁规则》的相关规定进行审查。

济南仲裁委员会《仲裁规则》第八十一条规定："当事人拒绝确认送达地址或者以拒绝仲裁、拒接电话等方式躲避、规避送达，本会不能或无法要求其确认送达地址的，可以分别以下列情形处理：（一）当事人在仲裁所涉及的合同、往来函件中对送达地址有明确约定的，以约定的地址为送达地址；（二）没有约定的，以当事人在仲裁中提交的其他书面材料中载明的自己的地址为送达地址；（三）没有约定、当事人也未提交书面材料或者书面材料中未载明地址的，以一年内进行其他诉讼、仲裁案件中提供的地址为送达地址；（四）无以上情形的，以当事人一年内进行民事活动时经常使用的地址为送达地址。依上述规定仍无法确认送达地址的，自然人以其户籍登记的住所或者在经常居住地登记的住址为送达地址，法人或其他组织以其工商登记或其他依法登记、备案的住所地为送达地址。有关仲裁的文书、通知、材料等送达至上述送达地址，视为已经送达。"《仲裁规则》第八十二条第三款规定："受送达人下落不明，或者用本章规定的其他方式无法送达的，公告送达。自公告发出之日起，经过六十日，即视为已经送达。"

根据你院请示所述事实，福建环某矿泉有限公司的注册地址为"福建省罗源县罗源湾开发区"，该地址并不明确具体，按该地址实际上无法正常送达。济南仲裁委员会在仲裁过程中未实际与福建环某矿泉有限公司取得联系，不能认定福建环某矿泉有限公司存在拒绝向济南仲裁委员会确认送达地址或以拒绝仲裁、拒接电话等方式躲避、规避送达的情形。因此，就对福建环某矿泉有限公司的送达而言，不具备适用《仲裁规则》第八十一条规定的前提条件。在济南仲裁委员会通过邮寄送达和直接送达均未送达至福建环某矿泉有限公司时，根据《仲裁规则》第八十二条第三款的规定，济南仲裁委员会应对福建环某矿泉有限公司进行公告送达。济南仲裁委员会未经公告送达，缺席仲裁，福建环某矿泉有限公司未能指定仲裁员及参加仲裁程序陈述意见。济南仲裁委员会违反其《仲裁规则》的相关规定，可能影响案件正确裁决，构成《中华人民共和国仲裁法》第五十八条第一款第三项规定的仲裁的程序违反法定程序的情形，案涉仲裁裁决依法应予以撤销。

综上所述，同意你院以仲裁程序违反法定程序为由撤销济南仲裁委员会作出的（2020）济仲字第1045号裁决的意见。

此复

附：

山东省高级人民法院
关于福建环某矿泉有限公司申请撤销仲裁裁决一案的请示

2022 年 5 月 30 日　　　　　　　　　　　　　　（2022）鲁民他 20 号

最高人民法院：

申请人福建环某矿泉有限公司（以下简称环某矿泉公司）与被申请人福建罗源湾鲁某海港有限公司（以下简称鲁某海港公司）申请撤销仲裁裁决纠纷一案，山东省济南市中级人民法院（以下简称济南中院）经审查，拟撤销仲裁裁决。我院已审查完毕。根据最高人民法院民四庭 2022 年 3 月 28 日《关于李某某申诉反映有关申请撤销仲裁裁决案件处理的函》，现将该案情况报请如下：

一、申请人和被申请人的基本情况

申请人：福建环某矿泉有限公司，住所地福建省罗源县罗源湾开发区。

被申请人：福建罗源湾鲁能海港有限公司，住所地福建省罗源县碧里乡长基村。

二、申请人请求事项及被申请人的抗辩理由

环某矿泉公司请求事项：（1）撤销济南仲裁委员会（2020）济仲裁字第 1045 号仲裁裁决；（2）本案申请费由鲁某海港公司承担。事实和理由：（1）仲裁庭的组成和仲裁的程序违反法定程序，裁决应当依法撤销。裁决书显示，济南仲裁委员会在 2020 年 7 月 7 日受理仲裁申请后，向环某矿泉公司送达了仲裁申请书副本、受理通知书、举证通知书、仲裁规则和仲裁员名册，但环某矿泉公司未提交书面答辩；由于环某矿泉公司未选定仲裁员、双方当事人未共同选定首席仲裁员，因此由济南仲裁委员会指定一名仲裁员及首席仲裁员，于 2020 年 9 月 2 日组成仲裁庭；2020 年 9 月 23 日，由于环某矿泉公司未到庭，济南仲裁委员会进行缺席仲裁。首先，济南仲裁委员会并未依据案件受理时有效的《济南仲裁委员会仲裁规则》（2018 版）（以下简称《仲裁规则》）向环某矿泉公司送达仲裁申请书副本、受理通知书、举证通知书和仲裁规则，导致环某矿泉公司无从得知仲裁案的存在、无法参与仲裁程序进行抗辩，环某矿泉公司的实体权利和程序权利被严重侵害和剥夺。《仲裁规则》第八十二条规定：送达应当以直接送达、邮寄送达为主要方式。济南仲裁委员会在"当事人仲裁文书送达地址确认书"中列明环某矿泉公司的送达地址为福建省罗源县罗源湾开发区，收件人为李某某，电话处未记载电话，仅仅写明"2020.8.19 去福建直接送达"。对比鲁某海港公司的送达地址"收件人：方某某，送达地址：福建省福州市鼓楼区营迹路 69 号恒力创富中心西塔×层福建建达律师事务所，电话：180××××1143"，可以看出济南仲裁委员会记载的环某矿泉公司送达地址非常模糊，仅精确到一个区，并未详细到街道和某栋楼，并且没有记载收件人电话。在既没有受送达人签收证明或送达回执，也没有送达人的具体送达情况说明及签名的情况下，济南仲裁委员会是与谁联系送达的，或者直接送达到什么地址的，皆无从得知。实际上，环某矿泉公司的法定代表人李某某从未收到过上述材料，也从未接到济南仲裁委员会任何形式的联系。在直接送达无法实现的情况下，根据《仲裁规则》第八十二条，济南仲裁委员会应当采取公告送达的方式，自发出公告之日起，经过六十日，即视为已经送达。然而，济南仲裁委员会于 2020 年 7 月 7 日受理仲裁申请，2020 年 9 月 2 日即组成仲裁庭，间隔甚至不足六十日，可见也未采取公告送达的方式。综上所述，济南仲裁委员会送达程序违反仲裁规则，因此直接导致环某矿泉公司无法参与仲裁程序。其次，仲裁庭的组成违反法定程序。《中华人民共和国仲裁法》第三十一条规定，当事人应当各自选定一名仲裁员。但环某矿泉公司没有收到仲裁员名册，济南仲裁委员会也没有告知环某矿泉公司选定仲裁员及约定仲裁庭组成方式，剥夺了环某矿泉公司选定仲裁员、约定仲裁庭组成方式的权利。最后，环某矿泉公司没有收到仲裁庭开庭通知，无法出庭、进行质证及辩论。《中华人民共和国仲裁法》第四十五条规定：证据应当在开庭时出示，当事人可以质证。第四十七条规定：当事人在仲裁过程中有权进行辩论。在该仲裁案中，鲁某海港公司提出了五个仲裁请求，三十一个相关证据，但仲裁庭未经书面通知环某矿泉公司即进行缺席裁决，剥夺了环某矿泉公司辩论和质证的权利，严重影响了裁决公正性。因此，环某矿泉公司依据《中华人民共和国仲裁法》第五十八条关于"仲裁庭的组成或者仲裁的程序违反法定程序的"的规定，请求撤销仲裁裁决。（2）裁决所根据的证据存在伪造情形，应当依法撤销。裁决书中显示，鲁某海港公司庭后提交证据30、证据31，共同证明环某矿泉公司提交给政府部门的材料中，交替使用了两枚不同的公章，证明英文名称不同的两枚公章均代表环某矿泉公司。根据公章管理有关规定及实践操作，一家公司只能有一枚经公安机关备案登记的公章，环某矿泉公司只有一枚公章，从未刻制过第二枚公章。鲁某海港公司提供的《出资协议书》等证据上交替使用两枚不同的公章，并非环某矿泉公司真正的公章，而是鲁某海港公司伪造的印章，对应的书面证据同样为鲁某海港公司伪造。该等伪造证据违反证据的客观性、关联性、合法性要求，济南仲裁委员会采信该等证据并相应作出裁决，严重损害了裁决公正性，裁决应予撤销。因此，环某矿泉公司依据《中华人民共和国仲裁法》第五十八条关于"裁决所根据的证据是伪造的"的规定，请求撤销仲裁裁决。（3）鲁某海港公司未提供有效的仲裁协议，裁决应当依法撤销。仲裁书显示，《出资协议书》第六条约定，因执行该协议所发生的或与该协议有关的一切争议，各方应通过协商解决；协商不成的，协议各方一致同意提交济南仲裁委员会仲裁。济南仲裁委员会基于此受理了鲁某海港公司的仲裁申请。根据《中华人民共和国仲裁法》第四条的规定，没有仲裁协议，一方申请仲裁的，济南仲裁委员会应不予受理。鉴于鲁某海港公司伪造了所谓包含仲裁条款的《出资协议书》，即鲁某海港公司未能提供与环某矿泉公司之间真实的仲裁协议，因此济南仲裁委员会不应受理该案。《中华人民共和国仲裁法》第五十八条规定，没有仲裁协议的，当事人可以向仲裁委员会所在地的中级人民法院申请撤销裁决。综上所述，环某矿泉公司依据《中华人民共和国仲裁法》第五十八条第一款第（一）项、第（三）项、第（四）项，请求撤销仲裁裁决。

鲁某海港公司辩称，第一，鲁某海港公司申请撤销（2020）济仲裁字第1045号仲裁裁决已经超过法定期限，应当驳回其申请。《中华人民共和国仲裁法》第五十九条规定，当事人申请撤销裁决的，应当自收到裁决书之日起六个月内提出。《最高人民法院关于审理仲裁司法审查案件若干问题的规定》第八条第一款规定，人民法院立案后发现不符合受理条件的，裁定驳回申请。本案涉及的（2020）济仲裁字第1045号仲裁裁决是济南仲裁委员会于2021年5月10日作出的，该仲裁裁决已于2021年5月19日生效，环某矿泉公司提起本案申请的时间是2022年2月15日。故，环某矿泉公司申请撤销仲裁裁决早已超过法律规定的期限，其申请应予驳回。第二，济南仲裁委员会已按当时有效的《仲裁规则》向环某矿泉公司送达（2020）济仲裁字第1045号案件文书，送达程序合法。根据《仲裁规则》第八十一条和第八十三条的规定，济南仲裁委员会不能或无法要求被申请人确认送达地址的，法人或其他组织以其工商登记或其他依法登记、备案的住所地为送达地址，有关仲裁的文书、通知、材料等送达至上述送达地址，视为已经送达。邮寄送达的，以收到或退回日、受送达人拒收日为送达日。从环某矿泉公司提交的证据2即仲裁专递邮件详情单回执联6份可以看出，2020年7月8日，济南仲裁委员会向环某矿泉公司工商注册地址罗源县罗源湾开发区（并没有具体街道或楼栋，环某矿泉公司提交的撤销仲裁裁决申请书中所列的自身住所也是"罗源县罗源湾开发区"）寄出了受理通知书、举证通知书、《仲裁规则》、仲裁员名册、申请书副本及其他材料；2020年9月2日，济南仲裁委员会向环某矿泉公司工商注册地址寄出了组庭通知书和出庭通知书；2020年10月19日，济南仲裁委员会向环某矿泉公司工商注册地址寄出了证据材料和限期质证材料；2021年5月11日，济南仲裁委员会向环某矿泉公司工商注册地址寄出了裁决书。另外，据鲁某海港公司所知，济南仲裁委员会于 2020 年 8 月 19 日专门派人前往（罗）国用（2003）字第 10321 号《国有土地使用权证》上的坐落在罗源湾开发区北工业区边岐山西侧（该土地使用权人为环某矿泉公司）直接送达受理通知书、举证通知书、《仲裁规则》、仲裁员名册、申请书副本及其他材料等法律文书，并对送达过程进行了同步录像。从上述情况来看，济南仲裁委员会已经完全按照《仲裁规则》的规定向环某矿泉公司送达（2020）济仲裁字第 1045 号案件法律文书，送达程序合法。第三，（2020）济仲裁字第 1045 号案件仲裁庭的组成不存在违反法定程序的情形。《中华人民共和国仲裁法》第三十二条规定："当事人没有在仲裁规则规定的期限内约定仲裁庭的组成方式或者选定仲裁员的，由仲裁委员会主任指定。"《仲裁规则》第二十四条规定："双方当事人未在本规则第二十三条规定的期限内约定仲裁庭的组成方式或者选定（或者委托本会主任指定）仲裁员的，由本会主任决定仲裁庭的组成方式或者指定仲裁员。"在（2020）济仲裁字第 1045 号案件中，鲁某海港公司与环某矿泉公司未能共同约定仲裁庭的组成方式，鲁某海港公司选定一名仲裁员，环某矿泉公司没有选定仲裁员，双方没有共同选定首席仲裁员，所以，由济南仲裁委员会主任依法指定一名仲裁员及首席仲裁员。因此，（2020）济仲裁字第 1045 号案件的仲裁庭组成完全符合《中华人民共和国仲裁法》和《仲裁规则》的规定。第四，（2020）济仲裁字第 1045 号仲裁裁决所根据的证据均是真实、合法、有效的，不存在任何伪造。鲁某海港公司从福建省市场监督管理局调取了环某矿泉公司的全部工商档案材料显示，2002 年 12 月 6 日，环某矿泉公司成立，成立时公司名称为"福建双某矿泉有限公司"，是一家中外合资企业，外文企业名称是"FUJIAN SHUANGYUAN MINERAL SPRING CO,. LTD"，中方投资人是罗某矿泉投资有限公司（李某某担任该公司股东兼法定代表人）。2003 年 1 月 16 日，企业名称变更为"福建环某矿泉有限公司"，外文企业名称是"FUJIAN HUANYUAN MINERAL SPRING CO,. LTD"。2004 年 6 月 23 日，环某矿泉公司发生股权变更，变更为外商独资企业，投资人香港环某集团有限公司（李某某是该公司法定代表人）。2006 年 2 月 20 日，环某矿泉公司发生股权变更，由外资企业转为内资企业，股东变更为李某某和周某某。2014年3月29日，环某矿泉公司被吊销。环某矿泉公司从设立至今，李某某一直都是其投资人和法定代表人，环某矿泉公司注册地址一直是罗源县罗源湾开发区，从未发生过变化。2007年8月21日，福建新环某实业有限公司（以下简称新环某公司）成立，股东为鲁某海港公司和环某矿泉公司。2014年3月29日，新环某公司被吊销。根据从福建省市场监督管理局调档材料显示，环某矿泉公司2003年至2010年间，交替使用英文名称带"WATER"的印章和英文名称带"SPRING"的印章。自2002年起至2010年止长达八年之久，环某矿泉公司同时拥有并且交替使用英文名称带"WATER"和"SPRING"的印章。第五，《出资协议书》合法有效，该协议约定的仲裁条款有效，济南仲裁委员会有权受理并审理（2020）济仲裁字第1045号案件。2007年8月10日，鲁某海港公司与环某矿泉公司签订《出资协议书》，约定争议由济南仲裁委员会管辖，该协议是双方真实意思表示，合法有效：首先，该协议书中环某矿泉公司同时使用英文名称带"SPRING"和带"WATER"的印章，而该两枚印章与上述环某矿泉公司提交给政府部门的材料中使用的印章是一致的。环某矿泉公司没有相反证据证明《出资协议书》上环某矿泉公司印章属于伪造的情况下，环某矿泉公司主张该协议上的印章系伪造的，不足采信。其次，《出资协议书》并不存在《中华人民共和国合同法》第五十二条规定的合同无效的情形，且根据该法第五十七条的规定，即使合同无效，也不影响合同中独立存在的有关解决争议方法的条款的效力，仲裁条款仍然有效。最后，《出资协议书》签订后，鲁某海港公司和环某矿泉公司均根据该协议的约定在履行各自的义务，从环某矿泉公司履行该协议的行为来看，该协议系环某矿泉公司真实签署的，并非鲁某海港公司伪造。因此，《出资协议书》真实、合法、有效，该协议约定的仲裁条款有效，济南仲裁委员会有权受理并审理（2020）济仲裁字第1045号案件。第六，仲裁裁决认定事实清楚，适用法律正确，人民法院应当依法驳回环某矿泉公司的要求撤销仲裁裁决的申请。2007年8月10日，环某矿泉公司与鲁某海港公司签订《出资协议书》。《出资协议书》签订后，鲁某海港公司认缴的 3000 万元货币出资已全部实缴到位；环某矿泉公司第一期出资 3760 万元以机器设备实物出资实缴到位。2007 年 9 月 10 日，环某矿泉公司与鲁某海港公司签订《股权转让协议书》，环某矿泉公司将其持有的新环某公司 67.81% 的股权，认缴的实物出资 6320 万元，作价 7500 万元溢价转让给鲁某海港公司。截至 2007 年 11 月 30 日，环某矿泉公司已实际收取了鲁某海港公司分四笔转账支付的股权转让款，合计 7410 万元。该等事实，福建省罗源县人民法院于 2020 年 9 月 15 日作出的（2020）闽 0123 民初 1111 号生效民事判决，已查明并确认。由于环某矿泉公司未全面履行出资义务，鲁某海港公司主张其应向新环某公司赔偿逾期出资造成的损失 6759480.35 元（以未实缴到位出资 12339040 元为基数，按中国人民银行同期贷款基准利率、全国银行间同业拆借中心公布的贷款市场报价利率标准支付），但该项合理的仲裁请求被仲裁裁决全部驳回。仲裁庭根据《中华人民共和国公司法》第二十八条第一款、第二款之规定，及《最高人民法院关于适用〈中华人民共和国公司法〉若干问题的规定（三）》第十八条第一款之规定，裁决环某矿泉公司应当将未出资到位的厂房、综合楼对应的 62.2 亩土地使用权，及一期 27.62 亩的矿泉水取水区土地使用权变更登记到新环某公司名下，未取得土地使用权的二期 26.84 亩矿泉水取水区变更为以货币方式补足出资 2148705 元，并向鲁某海港公司支付逾期出资违约金 2467800 元。该仲裁裁决有事实和法律依据，并无任何不当或有失公平。由于环某矿泉公司缺席，仲裁庭对案件事实的调查和对证据的审查极为严格，依照《仲裁规则》第五十五条之规定，仲裁庭本应当自组成之日起四个月内作出裁决，但（2020）济仲裁字第 1045 号股东出资纠纷一案，历时将近一年，才作出裁决。需要特别说明的是，仲裁裁决在执行过程中，因福建省罗源县人民法院依职权对环某矿泉公司的法定代表人李某某限制高消费，李某某为了个人不被限制高消费而向济南中院申请撤销仲裁裁决。现罗源县人民法院业已解除对李某某限制高消费措施。综上所述，济南仲裁委员会已按规定向环某矿泉公司送达法律文书，依法组建仲裁庭，依据有效的仲裁条款，根据真实、合法、有效的证据，依法受理并审理（2020）济仲裁字第 1045 号案件，该裁决不存在《中华人民共和国仲裁法》第五十八条规定的任何一项应当撤销仲裁裁决的情形，且认定事实清楚、适用法律正确。

三、济南中院查明的相关案件事实

2021 年 5 月 10 日，济南仲裁委员会作出（2020）济仲裁字第 1045 号仲裁裁决：（1）福建环某矿泉有限公司于裁决生效之日起十日内将罗国用（2003）字第 10321 号、罗国用（2008）字第 11424 号国有土地使用证项下的土地使用权变更登记至新环某公司名下；（2）环某矿泉公司于裁决生效之日起十日内以货币方式向新环某公司补足出资 2148705 元；（3）环某矿泉公司于裁决生效之日起十日内向鲁某海港公司支付逾期出资违约金 2467800 元；（4）对鲁某海港公司的其他仲裁请求不予支持；（5）本案仲裁费用 116430 元，由鲁某海港公司承担 36671 元，由环某矿泉公司承担 79759 元，环某矿泉公司于裁决生效之日起十日内向鲁某海港公司付清。

环某矿泉公司工商登记地址为福建省罗源县罗源湾开发区，2014 年 3 月 29 日至今企业状态处于吊销未注销状态。

2021 年 5 月 11 日，济南仲裁委员会向环某矿泉公司的工商登记地址即福建省罗源县罗源湾开发区邮寄送达仲裁裁决书，2021 年 5 月 19 日被退回。

四、济南中院审查意见及理由

济南中院认为，济南仲裁委员会《仲裁规则》第八十一条规定："当事人拒绝确认送达地址或者以拒绝仲裁、拒接电话等方式躲避、规避送达，本会不能或无法要求其确认送达地址的，可以分别以下列情形处理：（一）当事人在仲裁所涉及的合同、往来函件中对送达地址有明确约定的，以约定的地址为送达地址；（二）没有约定的，以当事人在仲裁中提交的其他书面材料中载明的自己的地址为送达地址；（三）没有约定、当事人也未提交书面材料或者书面材料中未载明地址的，以一年内进行其他诉讼、仲裁案件中提供的地址为送达地址；（四）无以上情形的，以当事人一年内进行民事活动时经常使用的地址为送达地址。依上述规定仍无法确认送达地址的，自然人以其户籍登记的住所或者在经常居住地登记的住址为送达地址，法人或其他组织以其工商登记或其他依法登记、备案的住所地为送达地址。有关仲裁的文书、通知、材料等送达至上述送达地址，视为已经送达。"

根据上述规定内容，该条规则的适用前提是当事人拒绝确认送达地址或以拒绝仲裁、拒接电话等方式躲避、规避送达，济南仲裁委员会不能或无法要求其确认送达地址的，在上述情形下可以采用该条规则的规定分别进行处理。环某矿泉公司的工商登记地址为福建省罗源县罗源湾开发区，上述法人工商登记的住所地并不具体明确，经查，济南仲裁委员会在整个仲裁过程中并未实际与环某矿泉公司取得联系，从而不能认定环某矿泉公司存在拒绝向济南仲裁委员会确认送达地址或者以拒绝仲裁、拒接电话等方式躲避、规避送达，济南仲裁委员会不能或无法要求环某矿泉公司确认送达地址的情形，因此，对环某矿泉公司的送达并不适用《仲裁规则》第八十一条规定的情形。

经查，济南仲裁委员会在仲裁期间通过邮寄送达和直接送达的方式联系环某矿泉公司均未果。《仲裁规则》第八十二条第三款规定：受送达人下落不明，或者用本章规定的其他方式无法送达的，公告送达。自公告发出之日起，经过六十日，即视为已经送达。在通过《仲裁规则》中两种主要送达方式即直接送达和邮寄送达均无法向当事人有效送达的情况下，济南仲裁委员会应当对本案适用公告送达，但济南仲裁委员会并未按照《仲裁规则》的规定，对本案的当事人环某矿泉公司进行公告送达，未产生向当事人有效送达的法律后果，在未合法送达的情况下，济南仲裁委员会径行缺席仲裁，剥夺了当事人应有的仲裁权利，违反了《中华人民共和国仲裁法》第五十八条第一款第三项"当事人提出证据证明裁决有下列情形之一的，可以向仲裁委员会所在地的中级人民法院申请撤销裁决：……（三）仲裁庭的组成或者仲裁的程序违反法定程序的"的规定，故案涉仲裁裁决应依法予以撤销。综上所述，依照《中华人民共和国仲裁法》第五十八条第一款第（三）项规定，拟撤销（2020）济仲裁字第 1045 号仲裁裁决。

五、我院审查意见和理由

《中华人民共和国仲裁法》第五十八条第一款规定："当事人提出证据证明裁决有下列情形之一的，可以向仲裁委员会所在地的中级人民法院申请撤销裁决：……（三）仲裁庭的组成或者仲裁的程序违反法定程序的……"本案中，济南仲裁委员会在仲裁过程中未实际与环某矿泉公司取得联系，不能认定环某矿泉公司存在拒绝向济南仲裁委员会确认送达地址或以拒绝仲裁、拒接电话等方式躲避、规避送达，济南仲裁委员会不能或无法要求环某矿泉公司确认送达地址的情形，因此，对环某矿泉公司的送达不适用《仲裁规则》第八十一条规定的情形。济南仲裁委员会通过邮寄送达和直接送达均未送达至环某矿泉公司，根据《仲裁规则》第八十二条第三款的规定，济南仲裁委员会应对环某矿泉公司进行公告送达。济南仲裁委员会未经公告送达，对环某矿泉公司缺席仲裁，违反仲裁法规定的仲裁程序和仲裁规则，可能影响案件正确裁决。本院拟同意济南中院的处理意见，特向钧院请示，请予批复。

最高人民法院

关于温州多某地产集团有限公司申请撤销仲裁裁决一案请示的复函

2022 年 12 月 13 日　　　　　　　　　（2022）最高法民他 122 号

浙江省高级人民法院：

你院（2022）浙民他 27 号《关于申请人温州多某地产集团有限公司与被申请人郑某某、王某某申请撤销仲裁裁决纠纷一案的报核报告》收悉。经研究，答复如下：

本案属于当事人申请撤销国内仲裁机构作出的涉外仲裁裁决，因此本案应依据《中华人民共和国仲裁法》第七十条以及《中华人民共和国民事诉讼法》第二百八十一条的规定进行审查。

《杭州市仲裁委员会仲裁规则（2020 年版）》（以下简称仲裁规则）第二十九条第一款规定："当事人一方为两个或两个以上的，仲裁员的选定或者委托指定，应当在该方当事人内部协商一致并共同行使，在规定期限内没有共同选定的，则由仲裁委员会主任代为指定仲裁员。"本案中，郑某某将温州多某地产集团有限公司（以下简称多某公司）与王某某列为被申请人，多某公司与王某某未能在规定时间内共同选定仲裁员，仲裁委员会遂为之代为指定，该仲裁庭的组成程序符合仲裁规则的规定。

即使本案存在郑某某与王某某曾系夫妻关系且俩人在案涉股权转让关系中具有利益共同性的特殊事实，但仲裁规则并没有就该特殊情形下如何指定仲裁员进行规定。依据该仲裁规则第六条的规定，该规则未明确规定的事项，仲裁委员会有权按照其认为适当的方式推进仲裁程序。多某公司认为仲裁庭的组成存在违反法定程序的情形，但根据你院请示所述的事实，本案从组成仲裁庭到开庭直至仲裁庭作出仲裁裁决，多某公司始终未曾就仲裁庭的组成问题提出任何异议，根据仲裁规则第七条的规定，"当事人知道或者应当知道本规则或仲裁协议中规定的任何条款或条件未被遵守，但仍参加或者继续参加仲裁程序且未对上述不遵守情况向仲裁委员会或仲裁庭提出书面异议的，视为其放弃提出异议的权利"，本案中应视为多某公司已放弃提出异议的权利。

综上所述，不同意你院以"仲裁庭的组成或者仲裁的程序与仲裁规则不符"为由撤销杭州仲裁委员会（2021）杭仲01裁字第1083号仲裁裁决的意见。

此复

附：

浙江省高级人民法院
关于申请人温州多某地产集团有限公司与被申请人郑某某、王某某申请撤销仲裁裁决纠纷一案的报核报告

2022年9月6日　　　　　　　　　　（2022）浙民他27号

最高人民法院：

浙江省杭州市中级人民法院（以下简称杭州中院）受理申请人温州多某地产集团有限公司（以下简称多某公司）与被申请人郑某某、王某某申请撤销仲裁裁决纠纷一案后，经审查，拟裁定撤销杭州仲裁委员会于2022年3月11日作出的（2021）杭仲01裁字第1083号裁决，并根据《最高人民法院关于仲裁司法审查案件报核问题的有关规定》的规定，将审查意见向我院进行报核。我院经审查后，拟同意不予执行该仲裁裁决。

根据《最高人民法院关于仲裁司法审查案件报核问题的有关规定》第三条第一项的规定，现将该案有关情况报核如下：

一、当事人情况

申请人（仲裁被申请人）：多某公司。住所地：浙江省温州经济技术开发区金海园区金海湖公园×座。

被申请人（仲裁申请人）：郑某某，女，汉族，1966年12月7日出生，住江苏省昆山市玉山镇人民路×号。

被申请人（仲裁被申请人）：王某某，男，汉族，1966年5月2日出生，住江苏省昆山市玉山镇人民路×号，现居柬埔寨。

二、杭州中院查明的事实及仲裁案件基本情况

郑某某、王某某原系夫妻，两人分别持有浙江丽水花某开发有限公司（后更名为丽水多某温泉开发有限公司，以下简称标的公司）34.3%和14.7%股权。2018年9月14日，申请人郑某某与被申请人王某某作为转让方与被申请人多某公司签署《股权转让协议》一份，协议的主要内容包括：一、关于收购标的及价款。被申请人多某公司购买转让方所持有的标的公司49%股权，其中郑某某转让34.3%，王某某转让14.7%，两者的股权比例为7∶3……转让方同意按7∶3的比例承担协议中的责任。在本次股权转让前，标的公司的股东为郑某某、王某某和多某环保产业发展有限公司，其中郑某某持股34.3%、王某某持股14.7%、多某环保产业发展有限公司持股51%。《股权转让协议》第11.5.2条约定："由本协议产生或与本协议相关的任何争议应由各方以友好协商方式解决，如果在争议发生后的十五日内无法以友好协商方式解决该等争议，则任何一方均有权将其提交杭州仲裁委员会按其届时有效的仲裁规则进行仲裁。仲裁裁决将是终局的，对各方均有拘束力。"

后因股权转让尾款的支付问题产生争议，2020年9月14日，多某公司（甲方）与郑某某（乙方）、王某某（丙方）签署《补充协议之二》，三方确认甲方应向乙方、丙方支付的股权转让款余额为5000万元，一致

同意预留 1500 万元转入资金监管账户作为未披露债务的担保款。郑某某和王某某的儿子王某1作为两人的代理人在上述补充协议中签字。

2020 年 12 月 3 日，郑某某向多某公司邮寄《通知函》一份，主张多某公司存在拒绝签署《资金监管协议》等严重违约行为，要求解除前述《补充协议之二》。

2021 年 7 月 7 日，杭州仲裁委员会受理了郑某某以多某公司、王某某为被申请人的合同纠纷一案。郑某某提出仲裁请求：（1）确认《补充协议之二》郑某某与多某公司的权利义务关系已解除；（2）裁令多某公司支付股权转让余款 27508431.538 元（计算至 2020 年 9 月 17 日）；（3）裁令多某公司支付违约金 17284474.26 元（暂计至 2021 年 6 月 30 日）；（4）裁令多某公司承担全部仲裁费用 2114929.92 元（其中三次律师费共计 1330000 元、财产保全申请费共计 24382.92 元、仲裁费用共计 760547 元）；（5）本次仲裁费由多某公司承担。

2021 年 8 月 24 日，多某公司向杭州仲裁委员会提交选（指）定仲裁员声明书，选定底某某为处理案涉仲裁案件的仲裁员。后因仲裁被申请人多某公司、王某某未共同选定或者共同委托杭州仲裁委员会主任代为指定仲裁员，杭州仲裁委员会主任根据仲裁规则指定姜某某为首席仲裁员、何某1为仲裁员，该二人与仲裁申请人郑某某选定的仲裁员何某2共同组成仲裁庭进行裁决。

2022 年 3 月 11 日，杭州仲裁委员会作出（2021）杭仲 01 裁字 1083 号裁决书：（1）确认郑某某与多某公司、王某某订立的《补充协议之二》于 2020 年 12 月 4 日解除。（2）多某公司于裁决书送达之日起十日内支付郑某某股权转让款 18534740.76 元并支付违约金 9318795.33 元（暂计算至 2021 年 6 月 30 日）。（3）驳回郑某某的其他仲裁请求。（4）仲裁费 98135 元（郑某某已预交），由多某公司承担 39386.6 元，郑某某承担 58748.4 元，多某公司承担部分于裁决书送达之日起十日内径直支付给郑某某。

此外，杭州中院调取了王某某出入境记录，记录显示王某某于 2018 年 10 月 23 日出境前往柬埔寨，至今没有入境记录。

三、申请人申请理由及被申请人答辩情况

申请人多某公司于2022年4月7日向杭州中院提出撤销仲裁裁决申请：（1）撤销杭州仲裁委员会（2021）杭仲01裁字第1083号裁决；（2）本案申请费由郑某某、王某某承担。事实与理由：第一，《补充协议之二》无仲裁协议，杭州仲裁委员会无权仲裁。签订《补充协议之二》的目的系解决郑某某、王某某经营标的公司期间可能存在的问题及责任承担问题，相对于《股权转让协议》具有独立性，因《补充协议之二》未约定仲裁协议，故杭州仲裁委员会无权仲裁。第二，杭州仲裁委员会将郑某某列为仲裁申请人，错将王某某与多某公司列为仲裁被申请人，允许郑某某选择一名仲裁员，却以多某公司不能与王某某共同选择一名仲裁员为由不允许多某公司选择仲裁员，属于仲裁程序违反法定程序情形。案涉仲裁过程中，多某公司依照仲裁规则选定了底某某作为仲裁庭的一名仲裁员，但杭州仲裁委员会却以多某公司、王某某未共同选定或者共同委托杭州仲裁委员会主任指定为由，未允许多某公司单独选择一名仲裁员。郑某某、王某某曾为夫妻关系，系案涉股权的共同转让方，享有共同的权利，需承担共同的义务，系利益共同方。多某公司系案涉股权的受让方，与郑某某、王某某的利益相悖，且在仲裁案件中郑某某对王某某未提出仲裁请求，故应将王某某列为仲裁申请人或第三人，杭州仲裁委员会错将王某某列为仲裁被申请人属于程序违法。仲裁规则确定由各方当事人选定一名仲裁员，各方当事人应指利益相悖的双方，故应由郑某某、王某某共同选定一名仲裁员，多某公司选定一名仲裁员才合理。杭州仲裁委员会却以多某公司与王某某之间未共同选定仲裁员为由，而另行指定何某1为仲裁员参与仲裁案件，变相剥夺了多某公司选定仲裁员的权利。且按仲裁规则的规定，杭州仲裁委员会未组织当事人进行协商而直接指定仲裁员，缺少组织当事人共同协商环节。第三，在仲裁案件中，王某某未提交合法的授权委托材料，但仲裁庭允许其委托诉讼代理人参加仲裁，属于程序违法。王某某长期身在国外，其在仲裁案件中提交的授权委托材料形成于境外，该授权委托材料"必须经中华人民共和国驻

该国的使领馆证明；没有使领馆的，由与中华人民共和国有外交关系的第三国驻该国的使领馆证明，再转由中华人民共和国驻该第三国使领馆证明，或者由当地的爱国华侨团体证明"。第四，郑某某、王某某隐瞒了足以影响公正裁决的证据。因标的公司涌现大量未披露债务，郑某某、王某某转让给多某公司的股权存在严重瑕疵，在《补充协议之二》中减少股权转让款系郑某某、王某某承担股权瑕疵担保责任的方式，但郑某某、王某某在仲裁案件中主张其同意减少股权转让款系为换取多某公司严格按照《补充协议》支付股权转让款，明显隐瞒了重要事实。第五，仲裁员在仲裁案件中有枉法裁决行为。《补充协议之二》中仅确定多某公司需向郑某某、王某某再支付股权转让款5000万元，多某公司已支付3500万元，仅剩1500万元未付。但仲裁庭裁决多某公司还应支付2600余万元股权转让款及900余万元违约金，免除了郑某某、王某某的担保责任，属于枉法裁决。综上所述，请求法院依法撤销案涉仲裁裁决。

被申请人郑某某答辩称：仲裁程序未违反法定程序，裁决结果公正，请求裁定驳回多某公司的申请。

被申请人王某某答辩称：仲裁程序不违反法定程序，仲裁员进行了公正的裁决，不存在任何问题，请求裁定驳回多某公司的申请。

四、杭州中院审查意见

（一）关于案涉仲裁庭的组成问题

根据查明的事实，多某公司于2021年8月24日向杭州仲裁委员会提交选（指）定仲裁员声明书，选定底某某为该案仲裁员。后杭州仲裁委员会以多某公司未能与另一被申请人王某某共同选定仲裁员为由，认为该选定无效。后由杭州仲裁委员会主任指定该方仲裁员和首席仲裁员，与郑某某选定的仲裁员共同组成仲裁庭进行裁决。

多数意见认为：从形式上看，郑某某所提仲裁请求，并未对王某某提出任何的仲裁负担，王某某不是适格的被申请人。从实质上看，根据案涉《股权转让协议》的内容，郑某某、王某某同为股权转让人，多某公司为股权受让人，郑某某、王某某的权利义务相互独立，也即该合同实际上是郑某某、王某某两人与多某公司之间分别形成的两份股权转让协议的复合协议。案涉《补充协议之二》系对《股权转让协议》项下股权转让尾款支付问题达成的协议，实质上郑某某、王某某在该补充协议中的权利义务也是相互独立的。该判断也与郑某某所提仲裁请求相契合，郑某某要求解除的是《补充协议之二》项下其与多某公司之间的权利义务关系，郑某某主张的股权转让款和违约金也仅涉及其所转让的股权份额，与王某某无涉。由此，王某某并非本案必要共同仲裁当事人，列其为被申请人错误。退而言之，假使仲裁委员会认为王某某作为《股权转让协议》和《补充协议之二》的当事人一方，应当作为当事人参与仲裁，则其作为共同的股权转让方，仲裁地位也应当是共同申请人，而非被申请人。综上所述，杭州仲裁委员会在组成仲裁庭过程中，对郑某某的仲裁请求和王某某的仲裁地位疏于审查，无视郑某某、王某某为共同利益方的实际，在多某公司已经按照仲裁规则的规定选定仲裁员的情况下，仅以郑某某在仲裁申请书中列多某公司和王某某为共同被申请人，而王某某未与多某公司共同选定仲裁员的事实，认定多某公司之前的选定仲裁员行为无效，应当认定该仲裁庭的组成违反了法定程序，损害了多某公司依法可以选定仲裁员的权利，导致双方仲裁权利严重失衡，可能影响案件正确裁决。根据《中华人民共和国仲裁法》第五十八条第一款第三项和《最高人民法院关于适用〈中华人民共和国仲裁法〉若干问题的解释》第二十条的规定，案涉仲裁裁决应予以撤销。

少数意见认为：尽管王某某和郑某某在《股权转让协议》和《补充协议之二》中的权利义务是相互独立的，但王某某作为合同当事人，应当作为当事人参与仲裁。根据该两份协议的约定，王某某与郑某某原为夫妻，且同为股权转让方，确实两人的仲裁利益是一致的，而非冲突的相对方。但鉴于《中华人民共和国仲裁法》和杭州仲裁委员会的仲裁规则均未对第三人制度作出规定，郑某某列王某某为仲裁被申请人也无不可。杭州仲裁委员会在立案和组庭阶段，对当事人的申请仅作形式审查，其根据郑某某的仲裁申请书所列明的当事人地位，以作为被申请人的多某公司和王某某未能共同选定仲裁员为由，认定多某公司之前选定仲裁员行为无效，并由仲裁委员会主任指定该方仲裁员和首席仲裁员，与郑某某选定的仲裁员一起组成仲裁庭，该组庭程序符合《杭州仲裁委员会仲裁规则》（2020年7月1日起施行）的相关规定。

（二）关于案涉仲裁裁决涉嫌超裁的问题

郑某某所提仲裁请求第一项为确认《补充协议之二》郑某某与多某公司的权利义务关系已解除，而案涉仲裁裁决的第一项为"确认郑某某与多某公司、王某某订立的《补充协议之二》于2020年12月4日解除"。

多数意见认为：基于前述分析，案涉《补充协议之二》涉及郑某某和王某某两人的权利义务，且该两人的权利义务是相互独立的。尽管郑某某于2020年12月3日向多某公司邮寄《通知函》要求解除《补充协议之二》，但该行为对王某某不发生法律效力。郑某某在案涉仲裁中主张的仅为解除《补充协议之二》项下其与多某公司之间的权利义务关系，与该合同项下王某某与多某公司之间的权利义务关系无涉。案涉裁决第一项内容超出了郑某某的仲裁请求范围，处理了《补充协议之二》项下王某某与多某公司之间的权利义务关系。依照《中华人民共和国仲裁法》第五十八条第一款第二项的规定，案涉仲裁裁决第一项应予以撤销。鉴于该裁决事项是其他裁决事项的基础和前提，应当视为与其他裁决事项不可分，故应将案涉仲裁裁决一体撤销。

少数意见认为：案涉仲裁裁决第一项超出了郑某某的仲裁请求范围，构成超裁是非常明显的。但考虑到王某某并未以此为由提出撤裁申请，且其在仲裁庭审过程中明确表示了案涉《补充协议之二》已经解除的意见，故该超裁情形尚不构成撤裁的充分理由。

（三）关于案涉仲裁案件中王某某的委托代理人手续问题

根据出入境记录查询，王某某于2018年10月23日出境前往柬埔寨，至今没有入境记录。案涉仲裁于2021年7月7日立案，2022年3月11日审结，整个仲裁过程中王某某身处境外。王2作为王某某仲裁案件的委托代理人，向仲裁庭提交了有"王某某"签名捺印的授权委托书、两人的身份证明材料和记录王某某签署授权委托书过程的视频资料。

多数意见认为：案涉王某某的仲裁授权委托材料系在境外形成，杭州仲裁委员会的仲裁规则未对境外形成委托授权材料的规则作出规定，应当参照《中华人民共和国民事诉讼法》的相关规定进行处理，王某某的仲裁授权委托材料未办理相应的证明或公证手续，程序上有瑕疵，该程序瑕疵会影响到王某2作为王某某的代理人所实施的仲裁活动的效力。仲裁庭对王某2的代理人资格疏于审查，属于程序违法，该违法行为也会对当事人的实体权利和案件的正确裁决造成影响。根据《中华人民共和国仲裁法》第五十八条第一款第三项和《最高人民法院关于适用〈中华人民共和国仲裁法〉若干问题的解释》第二十条的规定，案涉仲裁裁决应予以撤销。

少数意见认为：尽管王某2提交的授权委托材料存在瑕疵，但考虑到王某某与王某2系父子关系，且根据提交的视频资料可以判断出该授权行为系王某某的真实意思表示，加之王某某未以此为由申请撤裁，不宜以此为由撤销案涉仲裁裁决。

（四）关于多某公司提出的《补充协议之二》无仲裁条款、郑某某及王某某隐瞒了足以影响公正裁决的证据、仲裁员存在枉法裁决的理由

合议庭一致意见：案涉《股权转让协议》明确约定了有效的仲裁条款，《补充协议之二》系《股权转让协议》的补充，《补充协议之二》并未单独约定争议解决方式，故该《补充协议之二》的处理应受《股权转让协议》中仲裁条款的约束。多某公司主张的郑某某、王某某隐瞒了足以影响公正裁决的证据及仲裁员有枉法裁决的理由，其实质均系对案涉仲裁案件实体审理提出的异议，不符合法律规定的"对方当事人隐瞒了足以影响公正裁决的证据"及"仲裁员在仲裁该案时有索贿受贿，徇私舞弊，枉法裁决行为"之情形，应不予支持。

综上所述，该院依照《中华人民共和国仲裁法》第五十八条第一款

第二项、第三项，《最高人民法院关于适用〈中华人民共和国仲裁法〉若干问题的解释》第二十条之规定，拟裁定如下：撤销杭州仲裁委员会（2021）杭仲01裁字第1083号仲裁裁决。申请费400元，由被申请人郑某某、王某某共同负担。

五、本院审查意见

本院认为，根据王某某的出入境记录，王某某于2018年10月23日出境前往柬埔寨，至今没有入境记录。《最高人民法院关于审理仲裁司法审查案件若干问题的规定》第十二条规定："仲裁协议或者仲裁裁决具有《最高人民法院关于适用〈中华人民共和国涉外民事关系法律适用法〉若干问题的解释（一）》第一条规定情形的，为涉外仲裁协议或者涉外仲裁裁决。"《最高人民法院关于适用〈中华人民共和国涉外民事关系法律适用法〉若干问题的解释（一）》第一条："民事关系具有下列情形之一的，人民法院可以认定为涉外民事关系：……（二）当事人一方或双方的经常居所地在中华人民共和国领域外；……"第十三条规定："自然人在涉外民事关系产生或者变更、终止时已经连续居住一年以上且作为其生活中心的地方，人民法院可以认定为涉外民事关系法律适用法规定的自然人的经常居所地，但就医、劳务派遣、公务等情形除外。"根据前述规定，王某某于2018年10月23日出境前往柬埔寨，在案涉《补充协议二》2020年9月14日签订时，王某某已经在柬埔寨连续居住一年以上且不存在就医、劳务派遣、公务等情形，可以认定王某某的经常居所地为柬埔寨，本案仲裁裁决具有涉外因素，应当属于涉外仲裁裁决。

根据《最高人民法院关于适用〈中华人民共和国仲裁法〉若干问题的解释》第十六条的规定："对涉外仲裁协议的效力审查，适用当事人约定的法律；当事人没有约定适用的法律但约定了仲裁地的，适用仲裁地法律；没有约定适用的法律也没有约定仲裁地或者仲裁地约定不明的，适用法院地法律。"案涉当事人没有约定案涉仲裁协议所适用的法律，故适用仲裁地法即我国法律进行审查。

杭州仲裁委员会虽然将该案作为国内仲裁案件进行审理，申请人多某公司也系根据《中华人民共和国仲裁法》第五十八条关于国内仲裁裁决撤销的规定来申请撤销案涉仲裁裁决。但考虑到本案中一方当事人王某某在《补充协议二》签订前已经在柬埔寨居住一年以上，本案具有涉外因素，故本案结合申请人多某公司的撤裁申请及《中华人民共和国民事诉讼法》第二百八十一条的规定进行审查。

本案审核重点主要为：（1）仲裁庭的组成是否违反法定程序；（2）仲裁裁决内容是否构成超裁；（3）王某某的委托代理人手续是否违反法定程序；（4）《补充协议之二》是否适用《股权转让协议》中的仲裁条款；（5）郑某某及王某某是否存在隐瞒了足以影响公正裁决的证据，仲裁员是否存在枉法裁决。分析如下：

（一）关于案涉仲裁庭的组成是否违反法定程序

依据《中华人民共和国民事诉讼法》第二百八十一条第一款第三项规定"对中华人民共和国涉外仲裁机构作出的裁决，被申请人提出证据证明仲裁裁决有下列情形之一的，经人民法院组成合议庭审查核实，裁定不予执行……（三）仲裁庭的组成或者仲裁的程序与仲裁规则不符的"。

案涉（2020）杭仲01裁字第1083号仲裁裁决书"案由"部分记载"在仲裁规则规定的期限内，申请人选定何某2为仲裁员，两被申请人未共同选定或者共同委托本仲裁委员会主任代为指定仲裁员，本仲裁委员会主任根据仲裁规则制定姜某某为首席仲裁员、何某1为仲裁员，上述三位仲裁员于2021年11月2日依法组成仲裁庭"。

本院认为，杭州仲裁委员会以多某公司未能与另一被申请人王某某共同选定仲裁员为由，由杭州仲裁委员会主任指定其他仲裁员与郑某某选定的仲裁员共同组成仲裁庭进行裁决，使得多某公司选择仲裁员权利未能正常行使，属于仲裁庭的组成违反法定程序情形，理由如下：

第一，将王某某列为被申请人不妥。（1）王某某与郑某某均为目标公司的股权转让方，从《股权转让协议》《补充协议之二》的内容来看，两人的利益具有共同性。根据案涉《股权转让协议》，郑某某、王某某同为股权转让方，仅是股权转让的份额存在差异（郑某某转让目标公司股权的34.3%、王某某转让目标公司股权的14.7%），而多某公司则为股权受让人。案涉《补充协议之二》系对《股权转让协议》项下股权转让尾款支付问题达成的协议，《补充协议之二》中，甲方为股权受让方多某公司，乙方为股权转让方郑某某，丙方为股权转让方王某某，其中，郑某某、王某某的儿子王某1作为两人的共同授权代表签署《补充协议之二》。两份协议中，郑某某、王某某的权利义务具有利益共同性，而且可以根据两人拟转让的股权份额对其协议项下的权利义务进行区分，即杭州中院所称的股权转让协议系郑某某、王某某两人与多某公司之间分别形成的两份股权转让协议的复合协议。（2）案涉仲裁中，郑某某所提仲裁请求，并未对王某某提出任何仲裁请求。在该次仲裁之前，郑某某曾单独依据《股权转让协议》中的仲裁条款，单独列多某公司为被申请人提出了两次仲裁，仲裁庭也予以了立案，后因双方达成补充协议，郑某某撤回仲裁申请。前几次的仲裁情况表明仲裁庭也认可郑某某、王某某在《股权转让协议》中的权利义务是可分的，允许郑某某单独就多某公司提出仲裁申请。（3）即使考虑到《补充协议之二》中王某某亦系协议一方当事人，该协议亦涉及王某某的权利义务，需要将王某某列为仲裁当事人参与仲裁。由于仲裁程序中没有第三人的设置。故在关于申请人、被申请人的划分上，仲裁庭或仲裁院应当进行必要的初步审查，应按照当事方的法律地位、利益关系、真实立场等进行区分，而不是仅凭申请人在申请书中列明的当事人地位进行简单列明。本案属于因多方当事人仲裁形成的仲裁员选定问题，在分析多方当事人选定仲裁员权利的分配时，需考虑当事人利益的一致性问题，如果多方当事人拥有全部或者部分重合的利益，则这些当事人可以被视为"一方"。而案涉仲裁程序中，被申请人王某某与申请人郑某某均为股权转让方，利益趋同，而另一被申请人多某公司为股权受让方，其与王某某利益相悖，案涉仲裁程序中将王某某、多某公司都列为被申请人，两方实际上无法就仲裁员的人选达成一致意见，对多某公司选择仲裁员的权利行使造成一定影响。对此杭州中院认为王某某不应列为被申请人的意见存在相应依据。

第二，多某公司依法选定仲裁员的权利受到了损害。选定仲裁员是仲裁当事人一项程序性权利。本案中，股权转让方王某某、股权受让方多某公司同时被列为被申请人，因两者利益相悖，难以共同形成仲裁员人选的一致协商意见。杭州仲裁委员会在多某公司已经按照仲裁规则的规定选定仲裁员的情况下，仅以郑某某在仲裁申请书中列多某公司和王某某为共同被申请人，而王某某未与多某公司共同选定仲裁员的事实，认定多某公司之前的选定仲裁员行为无效，实际上损害了多某公司依法可以选定仲裁员的权利，杭州中院以此认定该仲裁庭的组成违反法定程序，存在相应依据。

（二）关于案涉仲裁裁决是否超裁

本案中，案涉《股权转让协议》和《补充协议之二》中，郑某某和王某某的权利义务独立且可以区分，所以该两份合同实际上是郑某某、王某某与多某公司分别形成的两份股权转让合同的复合协议。而郑某某提出的仲裁申请仅系请求确认《补充协议之二》项下其与多某公司之间的权利义务关系解除，该请求与王某某无涉。郑某某所提出的仲裁请求中并不包括王某某与多某公司之间的权利义务关系的解除，而案涉裁决第一项确认郑某某与多某公司、王某某订立的《补充协议之二》于2020年12月4日解除，实际上也解除了多某公司、王某某间依据《补充协议之二》形成的法律关系，超出了郑某某的仲裁请求范围。

但对于本案仲裁裁决是否因超裁而应当予以撤销的问题。根据《中华人民共和国民事诉讼法》第二百八十一条第一款第四项规定："被申请人提出证据证明仲裁裁决有下列情形之一的，经人民法院组成合议庭审查核实，裁定不予执行：……（四）裁决的事项不属于仲裁协议的范围或者仲裁机构无权仲裁的。"考虑到最高人民法院对于类似案件的批示意见，是否超裁属于需要"被申请人提出证据证明"的不予执行理由，即需要当事人首先列明不予执行仲裁裁决的理由，法院再依据申请进行审查。而本案中，多某公司的申请书中，并未将案涉仲裁裁决超裁作为其申请理由，故杭州中院虽主动审查发现案涉仲裁裁决超裁，但根据前述规定及最高人民法院的相关复函意见，法院不宜主动审查该项不予执行事由。

(三) 关于案涉仲裁案件中王某某的委托代理人手续问题

根据杭州中院调取的王某某出入境记录,王某某于2018年10月23日出境前往柬埔寨,至今没有入境记录。案涉仲裁于2021年7月7日立案,2022年3月11日审结,整个仲裁过程中王某某身处境外。王某2作为王某某仲裁案件的委托代理人,向仲裁庭提交了有"王某某"签名捺印的授权委托书、两人的身份证明材料和记录王某某签署授权委托书过程的视频资料。

虽然王某某的仲裁授权委托材料系在境外形成,但是其系中国公民,并非外国人或无国籍人。王某某与王某2系父子关系,通过王某2提交仲裁庭的视频资料,王某某通过录制视频展示了其签名的授权委托书及送达地址确认书,可以确认王某某授权王某2作为其代理人参与仲裁程序系其真实意思表示。王某某在仲裁裁决作出后也没有以此为理由申请撤销仲裁裁决,因此王某某的仲裁授权委托行为可予以认可,多某公司该项申请理由不能成立。

(四) 关于多某公司提出的《补充协议之二》无仲裁条款问题

关于本案是否存在《中华人民共和国民事诉讼法》第二百八十一条第一款第一项规定的"(一) 当事人在合同中没有订有仲裁条款或者事后没有达成书面仲裁协议的"情形。多某公司主张《补充协议之二》没有仲裁条款,仲裁庭无权仲裁。经查,2018年9月14日,郑某某、王某某作为股权转让人,多某公司作为股权受让人共同签署的《股权转让协议》第11.5.2条约定了仲裁条款,即"由本协议产生或与本协议相关的任何争议应由各方以友好协商方式解决,如果在争议发生后的十五日内无法以友好协商方式解决该等争议,则任何一方均有权将其提交杭州仲裁委员会按其届时有效的仲裁规则进行仲裁"。后因股权转让尾款的支付问题产生争议,2020年9月14日,三方又签署了《补充协议之二》。因此,《补充协议之二》系对《股权转让协议》履行中发生的争议事项的补约定，在内容上具有关联性，《补充协议之二》虽未单独约定争议解决方式，但《补充协议之二》下的纠纷仍属于履行《股权转让协议》产生的争议，应受《股权转让协议》中仲裁条款的约束。

（五）郑某某及王某某是否隐瞒了足以影响公正裁决的证据以及仲裁员是否枉法裁决

多某公司提出的前述申请撤销仲裁裁决理由均是根据《中华人民共和国仲裁法》第五十八条第一款第五项、第六项关于撤销国内仲裁裁决的理由。本案仲裁一方当事人经常居住地在境外，具有涉外因素，故根据《中华人民共和国民事诉讼法》第二百八十一条进行审查，则不存在前述审查事由。

六、需要说明的问题

第一，从仲裁裁决及仲裁案卷来看，在本次仲裁之前，郑某某曾单独依据《股权转让协议》中的仲裁条款，单独列多某公司为被申请人提出了两次仲裁，仲裁庭也予以了立案，后因双方达成补充协议，郑某某撤回仲裁申请。第三次时，郑某某又单独依据《股权转让协议》中的仲裁条款，列多某公司为被申请人提出仲裁，当时仲裁庭有仲裁员认为应当追加王某某，故郑某某撤回该次申请，并提出案涉仲裁申请。

2. 本案属于存在多方当事人的情形下仲裁员应当如何选任的问题。目前，国内不同的仲裁机构对此也存在不同的规定。《中国国际经济贸易仲裁委员会仲裁规则（2015年）》第二十九条规定："多方当事人仲裁庭的组成……（三）如果申请人方及/或被申请人方未能在收到仲裁通知后15天内各方共同选定或各方共同委托仲裁委员会主任指定一名仲裁员，则由仲裁委员会主任指定仲裁庭三名仲裁员，并从中确定一人担任首席仲裁员。"即如果多方当事人一方的仲裁员人选无法达成一致，则三名仲裁员（包括首席仲裁员）均由仲裁委员会主任指定。《杭州仲裁委员会仲裁规则（2020年版）》第二十七条、第二十八条规定："当事人应当在分别收到受理通知书或应裁通知书之日起十日内约定仲裁庭的组成方式并选定仲裁员。""当事人约定由三名仲裁员组成仲裁庭的,应当各自选定或者各自委托仲裁委员会主任指定一名仲裁员,当事人共同选定或者共同委托仲裁委员会主任指定的第三名仲裁员为首席仲裁员……当事人没有在本规则第二十七条规定的期限内约定仲裁庭组成方式及选定仲裁员的,由仲裁委员会主任决定仲裁庭的组成方式并代为指定仲裁员。"第二十九条:"当事人一方为两个或两个以上的,仲裁员的选定或者委托指定,应当在该方当事人内部协商一致并共同行使,在规定期限内没有共同选定的,则由仲裁委员会主任代为指定仲裁员。"案涉仲裁员的选定表面上虽然符合杭州仲裁委员会的规则,但因为仲裁庭将股权转让方王某某、股权受让方多某公司都列为被申请人,而两者利益存在冲突,难以形成协商一致意见选定仲裁员,实际上对多某公司选择仲裁员的权利造成损害。

七、处理意见

综上所述,本院认为,本案仲裁裁决存在《中华人民共和国民事诉讼法》第二百八十一条第一款第三项即"(三)仲裁庭的组成或者仲裁的程序与仲裁规则不符的"情形,拟同意杭州中院报核意见,即撤销杭州仲裁委员会(2021)杭仲01裁字第1083号仲裁裁决。根据《最高人民法院关于仲裁司法审查案件报核问题的有关规定》(2021年修正)第二条第一款之规定,特向钧院报核,请予批复。

（三）申请认可和执行港澳仲裁裁决案件

最高人民法院

关于申请人英某投资（开曼）公司、英某投资公司、德国电某股份有限公司与被申请人黄某某申请认可和执行香港仲裁裁决一案的复函

2022 年 11 月 10 日　　　　　　　　（2022）最高法民他 33 号

湖北省高级人民法院：

你院（2021）鄂民他 196 号《关于申请人英某投资（开曼）公司、申请人英某投资公司、申请人德国电某股份有限公司与被申请人黄某某申请认可和执行香港仲裁裁决一案的请示》收悉。经研究，答复如下：

一、根据《最高人民法院关于内地与香港特别行政区相互执行仲裁裁决的安排》第七条规定，法院以"仲裁庭的组成或者仲裁程序与当事人之间的协议不符"为由裁定不予执行香港仲裁裁决，应以被申请人"提出证据证明"为前提。本案中，在申请人申请认可和执行案涉仲裁裁决后，被申请人黄某某的答辩意见认为，不应认可和执行该仲裁裁决的法律依据是《最高人民法院关于内地与香港特别行政区相互执行仲裁裁决的安排》第七条第三款，即"内地法院认定在内地执行该仲裁裁决违反内地社会公共利益"，其并未将仲裁庭的组成与当事人之间约定不符作为不予认可和执行案涉仲裁裁决的理由，亦未提交相应证据证明存在该种情形。在被申请人未提出明确主张并提出证据证明存在《最高人民法院关于内地与香港特别行政区相互执行仲裁裁决的安排》第七条第一款规定情形的情况下，人民法院不应对是否存在该款规定的情形主动进行审查并以此为由不予认可和执行案涉仲裁裁决。

二、根据案涉仲裁裁决的裁项内容及申请人的申请，执行该仲裁裁决的法律后果是黄某某支付相应对价回购相关公司股权，这一法律后果不会直接导致外国投资者控制我国电信企业，而是促成外商投资逐步退出我国电信企业，执行该仲裁裁决并不违反内地社会公共利益。即使如你院报核意见所述，黄某某及其公司可能因执行案涉仲裁裁决面临一定的财务危机和破产风险，亦不构成违反内地社会公共利益的情形。

综上所述，不同意你院根据《最高人民法院关于内地与香港特别行政区相互执行仲裁裁决的安排》第七条第一款第四项及第七条第三款的规定，不予认可和执行香港国际仲裁中心于 2014 年 10 月 20 日作出的终局裁决书以及 2014 年 11 月 17 日作出的补正裁决书（案号 HKIAC/13043）的报核意见。

此复

附：

湖北省高级人民法院
关于申请人英某投资（开曼）公司、申请人英某投资公司、申请人德国电某股份有限公司与被申请人黄某某申请认可和执行香港仲裁裁决一案的请示

2022 年 12 月 29 日　　　　　　　　（2021）鄂民他 196 号

最高人民法院：

湖北省武汉市中级人民法院受理申请人英某投资（开曼）公司、申

请人英某投资公司、申请人德国电某股份有限公司与被申请人黄某某申请认可和执行香港国际仲裁中心 HKIAC/13043 号仲裁裁决一案，拟裁定不予认可和执行。该院根据《最高人民法院关于仲裁司法审查案件报核问题的有关规定》上报我院审核。经审查，我院拟同意湖北省武汉市中级人民法院意见。现依据上述规定，特向钧院请示。

一、当事人的基本情况

申请人：英某投资（开曼）公司。注册地：开曼群岛大开曼岛罗伊博士公路 69 号喀里多尼亚别墅酒店；主要营业地：美利坚合众国加利福尼亚州圣克拉拉市米逊学院道×号。

申请人：英某投资公司。注册地：美利坚合众国特拉华州威明顿市奥兰治街×号；主要营业地：美国加利福尼亚州圣克拉拉市米逊学院道×号。

申请人：德国电某股份有限公司。住所地：德意志联邦共和国伯恩市弗里德里希·艾伯特大街×号。

被申请人：黄某某，男，住中华人民共和国广东省深圳市南山区科技园文华路 2 号×栋。

二、案件由来

申请人英某投资（开曼）公司（以下简称英某开曼）、申请人英某投资公司（以下简称英某投资）、申请人德国电某股份有限公司（以下简称德国电某）与被申请人黄某某申请认可和执行香港仲裁裁决一案，由湖北省武汉市中级人民法院于 2020 年 5 月 8 日立案受理，该院经审查拟对香港国际仲裁中心于 2014 年 10 月 20 日作出的终局裁决书及 2014 年 11 月 17 日作出的补正裁决书（案号 HKIAC/13043）不予认可和执行。根据《最高人民法院关于仲裁司法审查案件报核问题的有关规定》第二条第一款的规定，湖北省武汉市中级人民法院将本案向我院报核，我院于 2021 年 7 月 15 日立案受理，依法组成合议庭进行了审查。

三、基本案情

（一）仲裁审理裁决情况

申请人英某开曼、申请人英某投资、申请人德国电某以艾某通信集团有限公司（以下简称艾某国际）、黄某某、ANGIE HSIA、孙某某、邱某某、易某、艾某通信集团有限公司（以下简称艾某中国）、艾某通信设备有限公司（以下简称艾某设备）为被申请人，向香港国际仲裁中心申请仲裁。其申请仲裁的依据为艾某国际投资者权利协议第二次修订与重述第12.2（a）条。该条约定：由本协议产生或与之相关的一切争议（包括关于本协议存在、有效性或终止的一切问题）均应通过仲裁最终解决，适用在本协议日期有效的《联合国国际贸易法委员会仲裁规则》（按本条款其余内容作出调整）。仲裁地为香港，仲裁机构为香港国际仲裁中心，仲裁语言使用英语，仲裁庭由香港国际仲裁中心指定的一名仲裁员组成。该独任仲裁员应以具有处理中国跨境金融争议经验者为宜，香港国际仲裁中心指定仲裁员时应对此倾向予以考虑。

香港国际仲裁中心指定御用大律师克某杰为独任仲裁员，于2014年10月20日作出终局裁决书以及2014年11月17日作出补正裁决书（案号HKIAC/13043）："（Ⅰ）第一被申请人（艾某国际）以及第七和第八被申请人应负责连带性地（a）向第一申请人（英某开曼）支付540万美元，以及自本裁决之日至付款之日的单利，利率按照当时的判定利率计算：目前为8%，按1183.56美元的日利率自然增加；（b）向第二申请人（英某投资）支付2000万美元，以及自本裁决之日至付款之日的单利，利率按照当时的判定利率计算：目前为8%，按4383.56美元的日利率自然增加；（c）向第三申请人（德国电某）支付3000万美元，以及自本裁决之日至付款之日的单利，利率按照当时的判定利率计算：目前为8%，按6575.34美元的日利率自然增加；（Ⅱ）第二（黄某某）被申请人、第三被申请人、第四被申请人、第五被申请人和第六被申请人应负责连带性地（a）向第一申请人（英某开曼）支付17963674.90美元，以及按

15%的年利率计算的复利,年度未还余额第一次于 2014 年 11 月 4 日复计,此后每年复计一次,直至付款之日;(b)向第二申请人(英某投资)支付 48399391.47 美元,以及按 15%的年利率计算的复利,年度未还余额第一次于 2015 年 2 月 13 日复计,此后每年复计一次,直至付款之日;(c)向第三申请人(德国电某)支付 72599089.20 美元,及按 15%的年利率计算的复利,年度未还余额第一次于 2015 年 2 月 13 日复计,此后每年复计一次,直至付款之日;(Ⅲ)一直的前提都是,申请人收到的总款项在都没有超过上文第 287(Ⅱ)(a)(b)(c)段写明的各个申请人应得的金额。(Ⅳ)驳回被申请人的反请求。(Ⅴ)所有被申请人自本裁决之日起二十八日内连带性地支付申请人的法律费用合计 1675 万港币。(Ⅵ)所有被申请人自向被申请人交付本裁决的费用最终付款日起的二十八日内,在冲抵其预缴的上文第 276 段提到的 15.4 万港币保证金后,连带性地向申请人偿还仲裁的全部费用。"

(二)三申请人申请执行的情况

2015 年 11 月 13 日,三申请人以黄某某为被申请人,向上海市第二中级人民法院申请执行上述仲裁裁决。上海市第二中级人民法院于 2015 年 12 月 21 日作出(2015)沪二中执字第 815 号执行裁定书,认为被执行人黄某某户籍地位于广东省深圳市,其在本辖区内无财产可供执行,裁定驳回三申请人的执行申请。

三申请人于 2017 年 2 月向广东省深圳市中级人民法院申请执行,黄某某提出执行异议。广东省深圳市中级人民法院于 2017 年 9 月 29 日作出(2017)粤 03 执异 97 号执行裁定书,认为本案涉及香港国际仲裁中心作出的仲裁裁决,未经人民法院承认即申请强制执行,不符合法律规定。裁定驳回三申请人的强制执行申请。

2018 年 4 月,三申请人向湖北省武汉市中级人民法院申请认可香港国际仲裁中心作出的仲裁裁决,同年 12 月 13 日,三申请人撤回申请。湖北省武汉市中级人民法院作出(2018)鄂 01 认港 1 号民事裁定书予以准许。随后,三申请人向湖北省武汉市中级人民法院申请执行,被执行人为黄某某。黄某某提出执行异议，湖北省武汉市中级人民法院于 2019 年 9 月 9 日作出（2019）鄂 01 执异 387 号执行裁定书，裁定驳回黄某某的异议。黄某某向湖北省高级人民法院申请复议，湖北省高级人民法院于 2019 年 11 月 29 日作出（2019）鄂执复 304 号执行裁定书，认为三申请人在未取得人民法院认可的情形下申请执行香港特别行政区仲裁裁决，没有法律依据，裁定撤销湖北省武汉市中级人民法院（2019）鄂 01 执异 387 号执行裁定，驳回三申请人的执行申请。

2020 年 5 月 8 日，三申请人向湖北省武汉市中级人民法院申请：（1）认可香港国际仲裁中心于 2014 年 10 月 20 日作出的终局裁决书以及 2014 年 11 月 17 日作出的补正裁决书（案号 HKIAC/13043，合称仲裁裁决）。（2）依法强制执行黄某某欠付英某开曼的债务 17963674.90 美元及利息 23587396.72 美元、欠付英某投资的债务 48399391.47 美元及利息 48949072.43 美元、欠付德国电某的债务 72599087.20 美元及利息 73423608.65 美元（上述利息均计算至 2020 年 1 月 6 日，自 2020 年 1 月 7 日起仍按仲裁裁决向申请人支付利息）。（3）依法强制执行黄某某欠付三申请人的仲裁费用 1615866.46 港币、仲裁程序中发生的律师费 16750000 港币。（以上第 2 项、第 3 项请求金额合计人民币 2002869460.99 元，按 2020 年 1 月 6 日中国银行美元兑人民币外汇牌价中间价 6.9718、港币兑人民币外汇牌价中间价 0.8960 换算）。（4）黄某某支付本案申请费用、执行费用。审理中，三申请人将其第 2 项请求更改为：请求法院依法强制黄某某履行香港国际仲裁中心于 2014 年 10 月 20 日作出的终局裁决书及 2014 年 11 月 17 日作出的补正裁决书（HKIAC/13043 号）确定的义务，依法强制黄某某向英某开曼支付 17963674.9 美元，和截至 2019 年 11 月 4 日的利息 23587396.72 美元，并自 2019 年 11 月 5 日起仍按仲裁裁决向英某开曼支付利息；依法强制被申请人向英某投资支付 48399391.47 美元，和截至 2019 年 2 月 13 日的利息 48949072.43 美元，并自 2019 年 2 月 14 日起仍按仲裁裁决向英某投资支付利息；依法强制被申请人向德国电某支付 72599087.20 美元，和截至 2019 年 2 月 13 日的利息 73423608.65 美元，并自 2019 年 2 月 14 日起仍按仲裁裁决向德国电某支付利息。

（三）被申请人答辩意见

被申请人黄某某答辩认为，案涉裁决认可的协议，目的系境外企业恶意规避我国政府监管和限制，渗透进入我国基础电信通讯行业，全面掌控内资电信企业和频谱资源。案涉香港仲裁裁决认可该协议效力，直接鼓励违反我国法律、损害我国公共利益的行为，支持境外企业通过巨额索赔打压我国电信企业家。执行该裁决严重损害我国公共利益，依据《最高人民法院关于内地与香港特别行政区相互执行仲裁裁决的安排》第七条第三款，对案涉仲裁裁决不应承认和执行。

第一，艾某中国系我国基础电信企业，行业涉及国家安全和公共利益，我国政府严格限制外资进入、禁止外资取得控制权。一是艾某中国及其子公司、关联公司，系我国电信企业，拥有信息产业部核发的 11 张《中华人民共和国无线电台执照》和各地通信管理局核发的 14 份无线电频率批文，核准艾某中国的子公司在不同省份使用 19785～17900MHz、1795～1800MHz 或 1800～1805MHz 的无线电通信频段。二是艾某中国提供长江航道的通信服务，事关国家安全和公共利益。三是我国法规和政策严格限制外资进入电信行业，禁止外资取得电信企业控制权。（1）依法律。《中华人民共和国外商投资法》第二条第二款规定，外商投资包括"外国投资者取得中国境内企业的股份、股权、财产份额或者其他类似权益"。该法第四条规定："国家对外商投资施行准入前国民待遇加负面清单管理制度。……所称负面清单，是指国家规定在特定领域对外商投资实施的准入特别管理措施……负面清单由国务院发布或者批准发布。……"截至 2020 年，国务院每年批准发布的《外商投资准入特别管理措施（负面清单）》均明确规定普通增值电信业务外资占比不超过 50%，基础电信业务应由中方控股，相关规定从未改变。（2）依法规规章。案涉协议达成时，依 2000 年《中华人民共和国电信条例》（以下简称《电信条例》）第八十条，外国企业投资电信业务由国务院另行制定规则；依国务院 2008 年《外商投资电信企业管理规定》（以下简称《外商投资电信规定》）第二条，外商若投资我国境内电信行业，必须以中外合资企业的形式投资，并通过主管部门审批。该规定第六条规定了外资股份比例上限，即增值电信业务不超过50%，基础电信业务不超过49%，严格禁止外资主导我国电信企业。（3）依政策。依《信息产业部关于加强外商投资经营增值电信业务管理的通知》（现行有效）第一条"外国投资者在我国境内投资经营电信业务，应严格按照《外商投资电信规定》要求，申请设立外商投资电信企业，并申请相应电信业务经营许可证。未依法在我国境内设立外商投资电信企业并取得电信业务经营许可证的，外国投资者不得在我国境内投资经营电信业务。境内电信公司不得以任何形式向外国投资者变相租借、转让、倒卖电信业务经营许可，也不得以任何形式为外国投资者在我国境内非法经营电信业务提供资源、场地、设施等条件"。可见，我国不允许外国投资者以除在境内设立企业之外的其他任何形式使用我国电信业务经营许可资质，禁止境外主体控制我国电信企业。（4）依主权理论。我国2001年加入世界贸易组织时曾于《加入世界贸易组织议定书》附件9（《服务贸易具体承诺减让表第二条最惠国豁免清单》）中作出关于开放部分电信服务的承诺，依承诺，除非中国政府另外决定，否则外国电信服务提供商仅被允许向中国用户提供附件9中所承诺的电信服务。该条款证实，出于国家安全考虑，我国政府严格限制外资进入电信行业。

第二，三申请人通过控制艾某国际，取得对艾某中国及其关联公司的全面控制权，不仅规避监管，而且违反禁止性规定、损害社会公共利益。

2008年5月8日，艾某国际、黄某某、艾某设备、艾某中国与A系列优先股及B系列优先股达成《第二次修改和重述的投资者权利、出售期权和补偿协议》（以下简称《第二次IRA协议》），其中A系列优先股股东包括英某开曼，B系列优先股股东包括英某投资、德国电某和大和证券SMBC资本投资公司（以下简称大和证券）。一是三申请人投资艾某国际的目的在于进入我国电信行业。艾某国际成立于开曼群岛，三申请人投资艾某国际之目的，就在于"将WiMAX引入中国市场"，并通过境外主体与境内主体签订协议的方式（VIE结构）控制艾某中国及其关联公司，从而达到规避政府监管、进入中国内地电信市场之目的。二是三申请人通过VIE结构实现了对艾某中国的全面掌握。1. 三申请人完全控制艾某国际。（1）股权控制。通过A系列及B系列优先股的融资，英某开曼及英某投资共持有艾某国际35.91%的优先股，德国电某、大和证券各持有17.05%的优先股，四方合计持股达70.01%，超过三分之二，足以完全控制股东会。协议还约定，艾某国际诸多事项需超过三分之二A系列优先股、B系列优先股股东（三申请人及大和证券）的书面同意。（2）董事会控制。艾某国际共8名董事，境外投资人占4席，而且艾某国际作出关于其关联公司的诸多交易决定都需要一名A系列优先股投资人委派董事和一名B系列优先股投资人委派董事同时同意、享有一票否决权，从股权到公司决策，境外企业均牢牢把握艾某国际。2. 三申请人完全控制艾某设备。（1）股权控制。艾某设备是设立于我国的中外合资有限责任公司，其大股东为持股99.3%的艾某国际。因此，境外企业（申请人及其合作方）通过控制艾某国际穿透性控制艾某设备。（2）董事会控制。艾某设备共4名董事，而上述优先股股东委派3名，超过绝对多数。同时，三申请人委派的董事亦享有一票否决权。故三申请人及其合作方通过股权穿透性控制艾某设备，并有权直接决定艾某设备的重要日常经营事项。3. 三申请人通过VIE架构控制艾某中国及其关联公司。（1）股权控制。艾某中国系设立在我国的中资有限责任公司，其大股东为持股95.50%的统和投资控股有限公司（以下简称统和投资）。2008年2月，统和投资与艾某设备签订《股权质押协议》，将统和投资持有艾某中国的全部股权出质给艾某设备，且艾某设备享有和行使统和投资的股东表决权等全部股东权利。于是，三申请人及其合作方控制了艾某设备，艾某设备又通过协议实际行使艾某中国的股东权利，故三申请人及其合作方通过VIE协议完全控制了艾某中国。（2）董事会控制。艾某中国共7名董事，其中3名由三申请人及其合作方委派且享有特殊的一票否决权。案涉VIE结构搭建时，艾某中国与其关联公司根据相关协议也受到《第二次IRA协议》及《合作备忘录》第三条第（h）款约束，故三申请人及其合作方完全控制了艾某中国的关联公司，完全规避了政府监管和限制，渗透进入我国电信企业并取得绝对控制权，已违反我国《电信条例》及《外商投资电信规定》的实体限制和程序限制。

第三，案涉仲裁裁决中，已明确认定案涉协议的缔结目的、结构设计、条款内容，均是为了规避中国政府管制和禁止性规范，却仍然裁决协议"合法有效"并要求履行，明显损害我国内地公共利益。

仲裁裁决第32~42段查明：案涉协议目的，就是外资方意欲控制中国多个地方的无线电频谱资源。世界各国均对频谱牌照实行政策监管。黄某某公司对英特尔的吸引力主要是：黄某某的公司已经获得了北京和湖北的1.8GHz频谱牌照，且还有其他四个省的类似牌照正在谈判过程中。英特尔的投资部门称黄某某及其合作伙伴最有价值的资产是他们积聚频谱的能力，本次投资的目的就是将英特尔的初始投资用于获得其他省的牌照以及推出专用网络服务以创造收益。英特尔将潜在的投资描述为以较低的成本在其他频谱同时下注。他们认为，现有牌照和潜在牌照的对象频谱，即1.8GHz，并非WiMAX的标准频谱，但是，可获得的材料表明，尽管如此，英特尔还是认为该频谱有替代已确定频谱用于WiMAX的可能性。

仲裁裁决第37~38段查明：案涉协议结构，就是为规避中国政府对基础电信业务的管制。众所周知，无线互联网服务的外商投资在中国是受到严格管制的。禁止外国投资者在运营公司中拥有控股权益。因此，本案中，他们投资所采取的结构为协议控制（VIE）结构。在本案中，对于拟定了协议控制结构这一方式并无争议。

仲裁裁决第41~45段、第61~62段查明：案涉协议条款，就是为控制中国境内的电信企业艾某中国，而非境外企业艾某国际。由协议控制的是一家中国公司，即艾某中国。艾某中国为中国股东全资所有。艾某中国拥有或控制多家运营子公司，所有子公司均为中国的实体。从外国投资产生的资金由艾某国际通过艾某设备流入艾某中国。英特尔投入艾某国际的450万美元应当通过艾某设备给艾某中国，用于成立四家运营支公司，以协助获得频谱和服务提供商牌照，并且作为开展网络服务的周围资金。结合答辩证据可知，艾某中国及其子公司享有十余份增值电信业务许可和无线电频谱牌照。案涉协议中英特尔与其他外国投资者通过协议控制方式投资的集团公司范围包括艾某国际,其当时的各子公司,以及其各自的各个关联公司,艾某设备、艾某中国以及其当时各自的多数控股子公司,应当被视为艾某国际的关联公司。

可见,仲裁裁决已明确认定,案涉协议的缔结目的、结构设计、条款内容,都是为境外企业规避中国政府对基础电信(无线电频谱)行业的管控,非法获取中国各地无线电频谱资源,突破中国政府的禁止性限制,却仍然认定了案涉协议"合法有效"、应当履行,该裁决侵害我国社会公共利益。

第四,仲裁裁决仅支持回购请求,却不要求终止、清理案涉协议,直接保护和鼓励境外企业损害我国社会公共利益的行为。承认、认可、执行该裁决,亦侵害我国社会公共利益。

根据《最高人民法院关于内地与香港特别行政区相互执行仲裁裁决的安排》第七条第三款,承认执行香港仲裁裁决不得侵犯我国社会公共利益。

基础电信行业是我国严格监管的特殊行业,三申请人通过协议控制境内电信企业,已违反我国法律法规、触及国家安全、有损公共利益。相关协议中的回购条款本质是为外国企业非法渗透进入我国电信行业的行为提供保障。渗透成功,则境外势力可持续操控内地基础电信企业,即使渗透失败,也可通过巨额索偿压垮中方电信企业和企业家,遏制我国电信产业发展。

如果裁定执行该仲裁裁决,则承认了案涉协议的合法性,认可和鼓励损害我国公共利益的行为,并直接鼓励境外企业规避我国政府限制和监管,渗透进入我国基础电信行业。而且,案涉仲裁裁决仅裁决各"创始人"应支付回购价款及复利,却未要求案涉各方终止案涉协议,裁决内容不影响三申请人继续利用协议控制艾某中国及相关无线电频谱资源,损害我国信息安全、数据安全的协议架构依然存续。

第五,三申请人申请执行案涉仲裁裁决的直接目的是打击我国电信企业家,阻碍我国电信企业发展,从而为三申请人谋取国际竞争优势。

案涉仲裁裁决的结果，系裁决五名自然人连带向三申请人承担付款责任，五人中仅黄某某一人为中国大陆居民，其余四人有两名美国公民、一名加拿大公民、一名我国台湾地区居民。三申请人均为境外信息通信业巨头企业，十分清楚黄某某系我国电信行业知名企业家，裁决作出至今，三申请人仅针对黄某某反复提出多次执行申请，却未再针对其余四名非中国大陆居民提出索款主张，其等目的显然为打击我国电信企业家，进而打击我国电信产业发展，为其等谋取国际竞争优势。

四、湖北省武汉市中级人民法院报核意见

（一）本案应当先经过认可程序

本案为申请人申请执行香港国际仲裁院作出的仲裁裁决，根据《最高人民法院关于内地与香港特别行政区相互执行仲裁裁决的安排》（法释〔2000〕3号）的规定，"一、在内地或者香港特区作出的仲裁裁决，一方当事人不履行仲裁裁决的，另一方当事人可以向被申请人住所地或者财产所在地的有关法院申请执行。二、上条所述的有关法院，在内地指被申请人住所地或者财产所在地的中级人民法院，在香港特区指香港特区高等法院"。上述规定中并没有规定认可的程序。

《最高人民法院关于内地与香港特别行政区相互执行仲裁裁决的补充安排》（法释〔2020〕13号）第一条规定："《安排》所指执行内地或者香港特别行政区仲裁裁决的程序，应解释为包括认可和执行内地或者香港特别行政区仲裁裁决的程序。"根据上述意见，本案应先进行认可审查。

（二）本案所涉仲裁裁决不应予以认可

第一，《最高人民法院关于内地与香港特别行政区相互执行仲裁裁决的安排》（法释〔2000〕3号）第七条规定："在内地或者香港特区申请执行的仲裁裁决，被申请人接到通知后，提出证据证明有下列情形之一的，经审查核实，有关法院可裁定不予执行：（一）仲裁协议当事人依对

其适用的法律属于某种无行为能力的情形;或者该项仲裁协议依约定的准据法无效;或者未指明以何种法律为准时,依仲裁裁决地的法律是无效的;(二)被申请人未接到指派仲裁员的适当通知,或者因他故未能陈述意见的;(三)裁决所来处理的争议不是交付仲裁的标的或者不在仲裁协议条款之内,或者裁决载有关于交付仲裁范围以外事项的决定的;但交付仲裁事项的决定可与未交付仲裁的事项划分时,裁决中关于交付仲裁事项的决定部分应当予以执行;(四)仲裁庭的组成或者仲裁程序与当事人之间的协议不符,或者在有关当事人没有这种协议时与仲裁地的法律不符的;(五)裁决对当事人尚无约束力,或者业经仲裁地的法院或者按仲裁地的法律撤销或者停止执行的。有关法院认定依执行地法律,争议事项不能以仲裁解决的,则可不予执行该裁决。内地法院认定在内地执行该仲裁裁决违反内地社会公共利益,或者香港特区法院决定在香港特区执行该仲裁裁决违反香港特区的公共政策,则可不予执行该裁决。"

艾某国际投资者权利协议第二次修订与重述第12.2(a)条约定:由本协议产生或与之相关的一切争议(包括关于本协议存在、有效性或终止的一切问题)均应通过仲裁最终解决,适用在本协议日期有效的《联合国国际贸易法委员会仲裁规则》(按本条款其余内容作出调整)。香港国际仲裁中心认定在本协议日期有效的《联合国国际贸易法委员会仲裁规则》即1976年《联合国国际贸易法委员会仲裁规则》。该仲裁规则第六条第四项规定:"在进行指定时,指派当局应注意到有可能保证指定一名独立的和公正的仲裁员的各种考虑,并应同时考虑到所指定的仲裁员应与当事各方国籍不同的可取性。"

根据仲裁裁决第A.2条,英某开曼注册成立于开曼群岛,其注册办事处位于开曼群岛大开曼到罗伊博士大道69号喀里多尼亚别墅酒店。开曼群岛是英国属地。香港国际仲裁中心指定御用大律师克里斯托弗·莫杰为独任仲裁员,仲裁裁决书B.17条载明独任仲裁员的地址为英国伦敦坦普尔。被申请人黄某某提交香港国际仲裁中心官方网站截图的证据,证明独任仲裁员克里斯托弗·莫杰的国籍为英国。该指定违反了《联合国国际贸易法委员会仲裁规则》第六条第四项的规定,根据《最高人民法院关于内地与香港特别行政区相互执行仲裁裁决的安排》第七条第一款第四项的规定,本案仲裁庭的组成或者仲裁庭程序与当事人之间的协议不符。

第二,《中华人民共和国外商投资法》第四条规定:"国家对外投资实行准入前国民待遇加负面清单管理制度。……负面清单由国务院发布或者批准发布。……"截至2020年,国务院每年批准发布的《外商投资准入特别管理措施(负面清单)》均明确规定普通增值电信业务外资占比不超过50%,基础电信业务应由中方控股,相关规定从未改变。《外商投资电信规定》第二条规定,外商若投资我国境内电信行业,必须以中外合资企业的形式投资,并通过主管部门审批。第六条规定了外资股份比例上限,即增值电信业务不超过50%,基础电信业务不超过49%,严格禁止外资主导我国电信企业。《信息产业部关于加强外商投资经营增值电信业务管理的通知》第一条规定,外国投资者不得在我国境内投资经营电信业务。境内电信公司不得以任何形式向外国投资者变相租借、转让、倒卖电信业务经营许可,也不得以任何形式为外国投资者在我国境内非法经营电信业务提供资源、场地、设施等条件。

从上述规定可以看出,我国不允许外国投资者以除在境内设立企业之外的其他任何形式使用我国电信业务经营许可资质,禁止境外主体控制我国电信企业,这也是出于国家主权和安全考虑。

仲裁裁决第 D.34 条指出,黄某某公司对英特尔的吸引力主要是:黄某某的公司已经获得了北京和湖北的 1.8GHz 频谱牌照,且还有其他四个省的类似牌照正在谈判过程中。最有价值的资产是他们积聚频谱的能力。仲裁裁决第 D.37 条指出,众所周知,无线互联网服务的外商投资在中国是受到严格管制的。禁止外国投资者在运营公司中拥有控股权益。因此,本案中,他们投资所采取的结构为协议控制(VIE)结构。仲裁裁决第 H.130 条指出,某博士(仲裁申请人证人)曾经参与了德国电某的投资的禁止调查,他解释道,对于德国电某来讲,他们认为重要的并不是 WiMAX 技术。对他们更为重要的是频谱牌照,频谱牌照给 LTE 提供了成长为 WiMAX 技术的竞争对手的空间。德国电某的关注点在于具有长期利益的战略投资者,并不是仅仅为了在首次公开募股中获得利益而进行投资。

因此,艾某国际投资者权利协议第二次修订与重述约定的投资和控股结构,存在规避监管的行为,违反了我国法律禁止性规定,且涉及关乎国家安全和社会公共利益的电信业。仲裁裁决认定该协议有效并裁决按协议约定赔偿三申请人,在内地执行该仲裁裁决违反内地社会公共利益。

综上所述,湖北省武汉市中级人民法院经讨论认为,对香港国际仲裁中心于2014年10月20日作出的终局裁决书以及2014年11月17日作出的补正裁决书(案号HKIAC/13043)不予认可和执行。

五、本院的审查意见

湖北省武汉市中级人民法院于2021年7月15日将申请人英某开曼、申请人英某投资、申请人德国电某与被申请人黄某某申请认可和执行香港仲裁裁决一案请示于我院,我院依法组成合议庭对案件进行了讨论。经讨论,我院认为,根据《最高人民法院关于内地与香港特别行政区相互执行仲裁裁决的安排》(法释〔2000〕3号)第七条及《最高人民法院关于内地与香港特别行政区相互执行仲裁裁决的补充安排》(法释〔2000〕3号)第一条的规定,在内地申请执行的香港特别行政区仲裁裁决,被申请人提出证据证明存在下列情形之一的,经审查核实,有关法院可裁定不予认可和执行:(1)仲裁协议当事人依对其适用的法律属于某种无行为能力的情形;或者该项仲裁协议依约定的准据法无效;或者未指明以何种法律为准时,依仲裁裁决地的法律是无效的;(2)被申请人未接到指派仲裁员的适当通知,或者因他故未能陈述意见的;(3)裁决所处理的争议不是交付仲裁的标的或者不在仲裁协议条款之内,或者裁决载有关于交付仲裁范围以外事项的决定的;但交付仲裁事项的决定可与未交付仲裁的事项划分时,裁决中关于交付仲裁事项的决定部分应当予以执行;(4)仲裁庭的组成或者仲裁程序与当事人之间的协议不符,或者在有关当事人没有这种协议时与仲裁地的法律不符的;(5)裁决对当事人尚无约束力，或者业经仲裁地的法院或者按仲裁地的法律撤销或者停止执行的；（6）有关法院认定依执行地法律，争议事项不能以仲裁解决的；（7）内地法院认定在内地执行该仲裁裁决违反内地社会公共利益的。结合前述规定，本院审查认定如下。

第一，案涉仲裁裁决所涉仲裁庭组成与当事人之间的协议不符。艾某国际投资者权利协议第二次修订与重述第12.2（a）条约定：由本协议产生或与之相关的一切争议（包括关于本协议存在、有效性或终止的一切问题）均应通过仲裁最终解决，适用在本协议日期有效的《联合国国际贸易法委员会仲裁规则》（按本条款其余内容作出调整）。因该协议签订时间为2008年5月8日，故案涉仲裁应适用1976年《联合国国际贸易法委员会仲裁规则》。该规则第六条第四款规定："在进行指定时，指派当局应注意到有可能保证指定一名独立的和公正的仲裁员的各种考虑，并应同时考虑到所指定的仲裁员应与当事各方国籍不同的可取性。"根据案涉仲裁裁决记载，申请人英某开曼与被申请人艾某国际均注册成立于开曼群岛。经查，开曼群岛为英国属地，故申请人英某开曼与被申请人艾某国际的公司籍属应为英国。案涉仲裁裁决第17段记载："通过2013年4月29日的信函，香港国际仲裁中心依照仲裁协议指定4 Pump Court律师事务所的御用大律师克里斯托弗·莫杰担任独任仲裁员，并相应地通知了双方当事人。独任仲裁员的地址为……"根据被申请人黄某某提交的证据，独任仲裁员克里斯托弗·莫杰国籍为英国，与申请人英某开曼及被申请人艾某国际属同一国籍。香港国际仲裁中心在指定独任仲裁员时，未注意到所指定的仲裁员应与当事人不属于同一国籍，违反1976年《联合国国际贸易法委员会仲裁规则》第六条第四款的规定，仲裁庭组成与当事人约定不符。

第二，认可和执行案涉仲裁裁决违反内地社会公共利益。根据内地相关法律及政策规定，严格禁止外资主导我国电信企业。《外商投资电信规定》第二条规定，外商若投资我国境内电信行业，必须以中外合资企业的形式投资，并通过主管部门审批。案涉仲裁裁决第37段明确写道："众所周知，无线互联网服务的外商投资在中国是受到严格管制的。禁止外国投资者在运营公司中拥有控股权益。因此,本案中,他们投资所采取的结构为协议控制(VIE)结构。"第38段谈道:"在本案中,对于拟定了协议控制结构这一方式并无争议。"本案中,三申请人持有艾某国际50%以上的股份,艾某国际持有艾某设备99.3%的股份。协议约定从外国投资产生的资金由艾某国际通过艾某设备流入"艾某中国",同时各方约定协议中的"艾某中国"是指"艾某中国当时现存的所有被投资方和子公司,包括但不限于附件2载明的实体,并且包括艾某中国在本协议订立之日后成立或投资的任何其他实体"。此外,协议对信息披露及艾某国际、艾某中国和艾某设备的董事会构成作出约定,案涉仲裁裁决第75段写道:"优先股所有投资者均有权在所有三家公司的董事会中指派代表。对于艾某国际,他们有权在8名董事中占4席;对于艾某中国,在7名董事中占3席;对于艾某设备,有权在4名董事中占3席。"本案申请人作为外商,为规避我国政策监管,通过协议控制的方式投资进而意图控制我国境内诸多电信企业,违反了我国法律禁止性规定。案涉仲裁裁决依据该协议裁定内地电信企业家黄某某及电信企业艾某中国、艾某设备承担巨额赔偿,认可和执行该仲裁结果可能会导致内地电信企业面临严重的财务危机和破产风险,进而影响经济社会稳定,损害国家公共安全,违反社会公共利益。

综上所述,本院认为,香港国际仲裁中心于2014年10月20日作出的终局裁决书以及2014年11月17日作出的补正裁决书(案号HKIAC/13043)违反《最高人民法院关于内地与香港特别行政区相互执行仲裁裁决的安排》第七条第一款第四项及第七条第三款的规定,应不予认可和执行。故,拟同意湖北省武汉市中级人民法院的报核意见。

妥否,请审示。

(四) 申请承认和执行外国法院判决案件

最高人民法院

关于苏某申请承认和执行
大韩民国商事判决案请示的复函

2022 年 12 月 9 日　　　　　　　　(2022) 最高法民他 111 号

山东省高级人民法院：

你院（2022）鲁民他 21 号《关于苏某申请承认和执行大韩民国商事判决一案的请示》收悉。经研究，答复如下：

本案为当事人申请承认和执行韩国法院民商事判决案件。我国与韩国没有缔结或者参加关于外国法院判决承认和执行的国际条约，根据《中华人民共和国民事诉讼法》第二百八十八条、第二百八十九条的规定，人民法院应当按照互惠原则对本案进行审查。

本院于 2021 年 12 月 31 日发布的《全国法院涉外商事海事审判工作座谈会会议纪要》（以下简称《会议纪要》）对如何适用互惠原则作出了明确的规定。对于适用互惠原则审理的申请承认和执行外国法院判决案件，应当首先按照《会议纪要》第四十四条的规定查明我国与该国是否存在互惠关系。若认定存在互惠关系，还需按照《会议纪要》第四十六条的规定审查该外国法院判决是否存在不予承认和执行的事由。

关于我国与韩国之间是否存在互惠关系的问题。根据《会议纪要》第四十四条的规定，人民法院对于是否存在互惠关系应当逐案审查确定。请你院首先查明韩国关于承认和执行外国法院民商事判决的法律，再将韩国与我国承认和执行外国法院民商事判决的条件进行比较。若经审查，同等条件下我国法院的民商事判决能够得到韩国法院的承认和执行，则可以认定我国与韩国在民商事判决的承认和执行方面存在互惠关系。中韩两国法院之间存在相互承认和执行民商事判决的事实，亦可作为综合考量因素。

关于案涉判决是否存在不予承认和执行的事由的问题。《会议纪要》第四十六条规定的不予承认和执行的事由是人民法院应当依职权主动审查的事项。请你院对上述事由逐一进行审查。其中，被申请人是否得到合法传唤以及承认和执行案涉判决是否违反我国法律的基本原则或者国家主权、安全、社会公共利益的问题，同意你院分析结论。

综上所述，请你院在办理相关案件时正确把握和理解《会议纪要》的精神和内容，在查清相关法律和事实的基础上依法作出认定。

此复

附：

山东省高级人民法院
关于苏某申请承认和执行大韩民国商事判决一案的请示

2022 年 6 月 13 日　　　　　　　　　　（2022）鲁民他 21 号

最高人民法院：

申请人苏某申请承认和执行大韩民国首尔中央地方法院 2020 GADAN 5086558 物品货款判决一案，山东省临沂市中级人民法院（以下简称临沂中院）于 2022 年 4 月 1 日立案。该院经审查后，拟裁定承认和执行韩国首尔中央地方法院 2020 GADAN 5086558 物品货款判决，并报请我院审查。因本案系基于互惠原则审理申请承认和执行外国法院判决，根据《全国法院涉外商事海事审判工作座谈会会议纪要》第四十九条第二款规

定,现将本案有关情况报请如下:

一、当事人的基本情况

申请人:苏某,住山东省青岛市市南区延安三路×号。

被申请人:贾某,住山东省费县费城街道办事处南峪村×号。

二、申请人的申请理由及被申请人的答辩情况

申请人苏某申请请求:(1)承认和执行韩国首尔中央地方法院于2021年12月9日作出的2020 GADAN 5086558号民事判决;(2)强制执行被申请人贾某所欠款项47920000韩元以及利息11021600韩元(以47920000韩元为基数,按照年利率12%自2020年4月4日起暂计算至2022年2月23日,最终利息计算根据实际还款之日确定),折合人民币313333.55元(汇率暂按1韩元=0.005316人民币计算,实际按照法院裁定之日汇率计算);(3)申请费用由被申请人贾某负担。事实与理由:申请人苏某和被申请人贾某都是中国籍公民。2020年2月1日,被申请人贾某向申请人苏某购买123700个口罩,共计197920000韩元,当天申请人苏某只收到被申请人贾某支付的1.5亿韩元现金,剩余47920000韩元未支付给申请人苏某。后申请人苏某起诉至韩国首尔中央地方法院,2020年4月3日韩国首尔中央地方法院将起诉状副本送达被申请人贾某,2021年12月9日韩国首尔中央地方法院作出判决,判令被申请人贾某向申请人苏某支付47920000韩元及自2020年4月4日起至全部款项还清日止按年利率12%计算的利息。现申请人苏某为追回欠款,特申请承认和执行韩国首尔中央地方法院于2021年12月9日作出的2020 GADAN 5086558号民事判决,请求法院依法支持申请人苏某的申请。

被申请人贾某陈述意见称:第一,本案申请人苏某请求承认和执行韩国首尔中央地方法院于2021年12月9日作出的2020 GADAN 5086558号民事判决没有法律和事实依据,依法应予驳回。(1)我国和韩国既没有缔结或者参加有关承认和执行法院判决、裁定的国际条约,本案亦不存在真正的互惠关系,因此法院不应当承认和执行。根据《中华人民共

和国民事诉讼法》第二百八十九条"人民法院对申请或者请求承认和执行的外国法院作出的发生法律效力的判决、裁定,依照中华人民共和国缔结或者参加的国际条约,或者按照互惠原则进行审查后,认为不违反中华人民共和国法律的基本原则或者国家主权、安全、社会公共利益的,裁定承认其效力,需要执行的,发出执行令,依照本法的有关规定执行"的规定,由于我国和韩国没有缔结或者参加有关承认和执行法院判决、裁定的国际条约,故对案涉判决应否予以承认和执行,只能依据互惠原则进行审查。但我国与韩国之间不存在真正的互惠关系。本案中,被申请人贾某自始至终未收到韩国法院送达的具体开庭通知,也没有参与庭审,依据《大韩民国民事诉讼法》,韩国法院不会承认此等类型的外国法院判决的效力。因此,根据互惠原则及《中华人民共和国民事诉讼法》第五条规定的同等和对等原则,法院不应承认韩国首尔中央地方法院于2021年12月9日作出的2020 GADAN 5086558号民事判决。(2)本案被申请人贾某未得到合法传唤而缺席审判,判决书亦未送达贾某,法院不应当承认和执行涉案判决。第二,本案申请人苏某提出的请求强制执行被申请人贾某所欠款项以及利息的申请没有法律依据,应当依法予以驳回。

三、临沂中院认定的事实及处理意见

临沂中院经审查认定:苏某和贾某都是在韩国留学的中国公民。2020年2月1日,贾某向苏某购买123700个口罩,共计197920000韩元,当天支付1.5亿韩元现金,剩余47920000韩元未支付。后苏某起诉至韩国首尔中央地方法院,贾某主张货款全部以现金形式偿还,但没有提供证明的证据。2021年12月9日韩国首尔中央地方法院作出2020 GADAN 5086558物品货款判决:(1)贾某向苏某支付47920000韩元及自2020年4月4日起至全部偿还时止按年利率12%计算的利息;(2)诉讼费用由贾某承担;(3)第1项可进行临时强制执行。上述判决于2022年1月29日送达贾某,并于2022年2月21日生效。另,韩国首尔地方法院于1999年11月5日作出99甲合26523号信用证货款案件判决,适用互惠原

则承认中华人民共和国山东省潍坊市中级人民法院作出的（1997）潍经初字219号民事判决，并依据该民事判决内容对案件进行了裁判。

临沂中院认为，根据《中华人民共和国民事诉讼法》第二百八十八条的规定，外国法院作出的发生法律效力的判决、裁定，需要中华人民共和国人民法院承认和执行的，可以由当事人直接向中华人民共和国有管辖权的中级人民法院申请承认和执行。现申请人苏某向临沂中院提出申请承认与执行涉案判决，被申请人贾某经常居住地为山东省费县，故临沂中院对本案有管辖权。

《中华人民共和国民事诉讼法》第二百八十九条规定："人民法院对申请或者请求承认和执行的外国法院作出的发生法律效力的判决、裁定，依照中华人民共和国缔结或者参加的国际条约，或者按照互惠原则进行审查后，认为不违反中华人民共和国法律的基本原则或者国家主权、安全、社会公共利益的，裁定承认其效力，需要执行的，发出执行令，依照本法的有关规定执行。违反中华人民共和国法律的基本原则或者国家主权、安全、社会公共利益的，不予承认和执行。"案涉判决由韩国法院作出，我国与韩国之间并未缔结或共同参加关于互相承认和执行生效裁判文书的国际条约，两国缔结的民事和商事司法协助的条约中仅规定了对仲裁裁决的承认和执行，所以本案申请人苏某的申请是否应予以支持，应依据互惠关系原则进行审查。由于韩国法院曾在司法实践中对我国山东省潍坊市中级人民法院一份民事判决进行了承认，根据互惠原则，我国法院可以对符合条件的韩国法院民事判决予以承认和执行。同时，案涉判决系对申请人苏某与被申请人贾某之间的买卖合同关系作出，承认该判决并不违反我国法律的基本原则或者国家主权、安全、社会公共利益。被申请人贾某主张未得到合法传唤而缺席审判，判决书亦未送达被申请人，但涉案判决中已载明了被申请人贾某的陈述意见，且申请人苏某提供了韩国首尔中央地方法院出具的判决书原本送达贾某的送达证明书，故临沂中院对被申请人贾某的主张未予采信。综上所述，按照《中华人民共和国民事诉讼法》第二百八十八条、第二百八十九条的规定，临沂中院拟裁定：承认和执行韩国首尔中央地方法院2020 GADAN

5086558 物品货款判决。案件申请费 6000 元，由被申请人贾某负担。

四、我院的审查意见

根据《中华人民共和国民事诉讼法》第二百八十九条的规定，我国法院对申请或者请求承认和执行外国法院作出的发生法律效力的判决，要依照中华人民共和国缔结或者参加的国际条约，或者按照互惠原则进行审查。本案系苏某和贾某两位中国公民因买卖合同产生纠纷后在韩国法院进行诉讼，并由韩国法院作出判决。我国与韩国之间没有缔结或共同参加关于互相承认和执行生效判决文书的国际条约，本案苏某的申请应否予以支持，法院应依据互惠原则进行审查。此前，韩国法院曾承认我国山东省潍坊市中级人民法院的民事判决，我国山东省青岛市中级人民法院亦曾承认韩国法院的民事判决，故基于互惠原则，对苏某与贾某之间的买卖合同纠纷，承认韩国法院的判决并不违反我国法律基本原则，亦不影响我国的国家主权、安全和社会公共利益。综上所述，我院拟同意临沂中院的审查意见，承认和执行韩国首尔中央地方法院 2020 GADAN 5086558 物品货款判决。

当否，请批复。

最高人民法院

关于申请人宋某润与被申请人金某卫申请承认和执行外国法院民事判决案请示的复函

2022 年 12 月 12 日　　　　　　　　（2022）最高法民他 89 号

浙江省高级人民法院：

你院（2022）浙协他 1 号《关于申请人宋某润与被申请人金某卫申请承认和执行外国法院民事判决一案的报核报告》收悉。经研究，答复如下：

本案为当事人申请承认和执行美国法院民商事判决案件。本院于 2021 年 12 月 31 日发布的《全国法院涉外商事海事审判工作座谈会会议纪要》（以下简称《会议纪要》）对如何审理申请承认和执行外国法院判决案件作出了明确的规定，人民法院应当按照《会议纪要》的规定就能否承认和执行外国法院民商事判决作出全面审查。对于适用互惠原则审理的案件，应当首先按照《会议纪要》第四十四条的规定查明我国与该国是否存在互惠关系。若认定存在互惠关系，还需按照《会议纪要》第四十六条的规定审查该外国法院判决是否存在不予承认和执行的事由。

本案中，我国与美国没有缔结或者参加关于外国法院判决承认和执行的国际条约，根据《中华人民共和国民事诉讼法》第二百八十八条、第二百八十九条的规定，人民法院应当按照互惠原则进行审查。

关于案涉判决是否发生法律效力的问题。首先，根据《会议纪要》第四十二条的规定，案涉判决是否发生法律效力，应当根据美国堪萨斯州的法律进行审查，不能仅因判决书的送达违反我国法律的基本原则认定其未生效。其次，根据《会议纪要》第四十三条的规定，人民法院不能确定案涉判决发生法律效力的，应当裁定驳回当事人申请，而非裁定不予承认和执行案涉判决。请你院在查明美国堪萨斯州相关法律的基础上，对案涉判决是否发生法律效力作出正确认定。

关于我国与美国之间是否存在互惠关系的问题。根据《会议纪要》第四十四条的规定，人民法院对于是否存在互惠关系应当逐案审查确定。在本案中，应当首先查明美国堪萨斯州关于承认和执行外国法院判决的法律，再将该法律规定的条件与我国承认和执行外国法院民商事判决的条件进行比较。由于案涉判决为缺席判决，还需注意查明美国堪萨斯州法律对缺席判决承认和执行的相关规定。若经审查，同等条件下我国法院的民商事判决可以得到该州法院的承认和执行，且没有证据显示该州法院曾以不存在互惠关系为由拒绝承认和执行我国法院判决，则可以认定我国与美国堪萨斯州在承认和执行民商事判决方面存在互惠关系。反之，则裁定驳回当事人申请。请你院在查明美国堪萨斯州相关法律的基础上对互惠关系作出认定。

关于案涉判决是否存在不予承认和执行的事由的问题。《会议纪要》第四十六条规定的不予承认和执行的事由，是人民法院应当依职权主动审查的事项。根据请示报告所述事实，美国里昂地方法院指定申请人的父亲为特别文书送达员在我国境内向被告直接送达司法文书。《中华人民共和国民事诉讼法》第二百八十四条第二款、第三款规定："外国驻中华人民共和国的使领馆可以向该国公民送达文书和调查取证，但不得违反中华人民共和国的法律，并不得采取强制措施。除前款规定的情况外，未经中华人民共和国主管机关准许，任何外国机关或者个人不得在中华人民共和国领域内送达文书、调查取证。"案涉司法文书的送达即属于个人在我国领域内直接送达，违反了我国法律的禁止性规定，应当认定被申请人未得到合法传唤，案涉判决存在不予承认和执行的事由。

综上所述，请你院在办理相关案件时正确把握和理解《会议纪要》的精神和内容，在查清相关法律和事实的基础上依法作出认定。

此复

附：

浙江省高级人民法院
关于申请人宋某润与被申请人金某卫
申请承认和执行外国法院民事判决一案的报核报告

2022 年 4 月 25 日　　　　　　　　　　（2022）浙协他 1 号

最高人民法院：

申请人宋某润与被申请人金某卫申请承认和执行外国法院民事判决一案，我院经审查，拟同意浙江省绍兴市中级人民法院（以下简称绍兴中院）的意见，不予承认和执行美国堪萨斯州里昂地方法院2019-CV-000042号民事判决。根据钧院《全国法院涉外商事海事审判工作座谈会会议纪要》的有关规定，现将该案有关情况报告如下：

一、当事人简况

申请人：宋某润，住中华人民共和国辽宁省大连市沙河口区绿波路×号。

被申请人：金某卫，住中华人民共和国浙江省绍兴市柯桥区湖塘街道鉴湖村中联×号。

二、当事人的诉讼请求及受理法院的意见

申请人宋某润申请称：（1）申请承认美国堪萨斯州里昂地方法院2019-CV-000042号民事判决；（2）申请执行美国堪萨斯州里昂地方法院2019-CV-000042号民事判决。事实和理由：2019年1月26日，被申请人金某卫在美国堪萨斯州枪击宋某润双腿，经直升机紧急救护，堪萨斯州卫斯理医院急诊行双膝清创弹片取出术、右髌骨粉碎骨折切开复位内固定术治疗，支出医药费20万美元，双膝仍有大量子弹残片无法取出，右

膝关节终生残疾。案发后金某卫弃学逃回国内。美国堪萨斯州里昂地方法院于2020年2月7日判决，认定金某卫对宋某润因金某卫导致的伤害承担全部责任，宋某润的医疗费用和后续医疗护理费用共计35万美元；同时认定支持宋某润40万美元的非经济损害赔偿金，此赔偿金包括对现今和今后宋某润精神痛苦的补偿，整容恢复以及残疾对生活造成不便的补偿。因此，该院裁定金某卫向宋某润支付医疗费用，后续医疗护理费及非经济损害赔偿金共计75万美元，金某卫承担该案诉讼费用和法定利率的判决利息。上述判决现已生效。

被申请人金某卫陈述意见称：驳回申请人宋某润的请求。事实和理由：（1）枪械是宋某润所有，其在美国堪萨斯州是合法持枪，经美国警察调查是枪械走火，不涉及刑事案件。（2）案发后金某卫弃学逃回的原因是宋某润称准备找人打金某卫一枪，金某卫迫于人身安全才在2019年2月19日回国。之后双方父母有微信联系，金某卫不知道美国法院诉讼的事实。2019年8月27日，宋某润向绍兴市柯桥区人民法院以生命权健康权起诉，法院于同年9月10日立案并向金某卫发送传票，但宋某润于同年11月18日撤回该案诉讼。从我国民事诉讼法看，同一案件以同一事实平行提起诉讼及赔偿是不合理的，在中国提起诉讼的情况下，应将美国案件撤诉，导致金某卫误认为宋某润准备在国内起诉解决问题。撤诉后，金某卫收到过宋某润父母拿来的材料，但该程序不符合民事诉讼法，没有进行过密封装订，不知道是谁委托送达。本案美国法院判决的生效时间在疫情期间，两国间很多联系都断绝，根据美国联邦地区民事诉讼规则，本案并未进行实际审理，金某卫是缺席的。（3）宋某润并未出现终身残疾的情形。

绍兴中院查明：2019年4月8日，宋某润通过其律师蒂莫某对金某卫提起诉讼，指控金某卫在宋某润位于美国堪萨斯州的住所用枪射中宋某润的右膝，请求判决赔偿。同年4月14日下午，堪萨斯州持证私家侦探前往金某卫住所送达，其室友告知金某卫已辍学回到中国。同年10月1日，宋某润律师提出指定特别文书送达员的动议，声明："原告认为可能知道被告在中国的居住地，希望其父亲宋某被任命为特别的文书送达员，K.S.A.60-303（d）（3）授权法院'自由'指定特别的文书送达员，并允许该文书送达员在堪萨斯州内外的任何地方送达文书。"同日，美国里昂地方法院签发指定特别文书送达员的命令，该院根据 K.S.A.60-303，宋某被指定为上述诉讼的特别文书送达员，在中国向被告送达法律文书。同年10月31日，宋某向里昂地方法院陈述，同年10月12日16时左右，其在被告家中向被告的父亲金某兴提供了有关事项的起诉书的副本和传票，向被告送达了上述事项的传票和原告的起诉书副本。被告拒绝来到门前接受文书，所以其把起诉书副本和传票给了其父亲。原告律师向里昂地方法院请求下达判令指示送达缺席判决动议通知的动议，其声明原告已向法院提出动议，请求对被告作出缺席判决。关于这项动议的聆讯定于2020年1月10日下午3时开始，原告请求法院允许先前指定的特别文书送达人宋某在中国向被告送达关于上述事项的缺席判决动议。2019年11月22日，里昂地方法院发出批准特别文书送达员送达缺席通知的命令，宋某被指定为特别文书送达人，通过专人送达或在被告在中国的家中以住处送达的方式向被告送达原告的缺席判决动议副本。2019年12月，宋某向里昂地方法院声明，其于2019年12月7日，在被告的家中将原告对上述事项的缺席判决动议书的副本送达给被告，其拍了一张被告手持缺席判决动议书的副本的照片。

2020年1月13日，里昂地方法院法官W签署判决记录，载明该法院认定原告的医疗费用和后续医疗护理费用共计35万美元。同时法院认定支持原告40万美元的非经济损害赔偿金，此赔偿金包括对现今和今后原告生理和精神痛苦的补偿，整容恢复以及残疾对生活造成不便的补偿。因此，该法院裁定，被告金某卫向原告支付75万美元，加上本案诉讼费用和按法定利率计算的判决的利息。该判决自电子文件印章所示日期和时间起生效。1月28日，里昂地方法院法官W. Lee Fowler签署判决记录补正。2月7日，里昂地方法院法官W. Lee Fowler签署判决记录二次补正。

2020年3月14日，原告律师向金某卫发送电子邮件，称送达判决书。金某卫在本案听证中陈述45××××028@qq.com系其邮箱，但否认收到判决书。宋某称申请人母亲于2020年2月29日和2020年3月10日两次按照通信地址向金某卫邮寄了判决书，对方均在次日收到邮件（顺丰速运面单显示寄托物：文件）。同时，2020年3月24日，宋某润的父母又到金某卫家中送达了判决书。

2021年12月18日，宋某润在美国的律师出具说明（尚在公证、认证中）载明，2020年1月10日，其和宋某润参加案件的审理并提交了证据，法官当天作出了判决，并要求律师将裁决和判决写成书面形式。2020年1月13日，其准备了一份由法官签署的书面判决书，在判决书的第六（6）段中，宋某润的医疗费数字有误，缺少了一个零。为了纠正错误，其准备了另外一份书面判决书。题为"第二次追溯性记录"的最后判决于2020年2月7日提交，提交该文件只是为了更正2020年1月28日提交的记录第二页金某卫姓名的拼写错误，所有三份判决对金某卫有效且可强制执行。如果金某卫不同意判决，他必须在判决生效后三十日内向法院提交书面上诉通知，金某卫没有对判决提出任何上诉，这是最终判决。

2022年1月3日，宋某通过移动微法院提交2021年1月29日上述里昂地方法院法官签署的裁定最终判决书（尚在公证、认证中），载明被告未提交任何上诉通知，且提交时间已过，因此，该案中的判决是最终判决。

绍兴中院审查认为，《中华人民共和国民事诉讼法》第二百八十九条规定："人民法院对申请或者请求承认和执行的外国法院作出的发生法律效力的判决、裁定，依照中华人民共和国缔结或者参加的国际条约，或者按照互惠原则进行审查后，认为不违反中华人民共和国法律的基本原则或者国家主权、安全、社会公共利益的，裁定承认其效力，需要执行的，发出执行令，依照本法的有关规定执行。违反中华人民共和国法律的基本原则或者国家主权、安全、社会公共利益的，不予承认和执行。"因我国与美国未缔结或参加相关国际条约，因此本案应按照互惠原则进行审查。

关于互惠关系的认定。《全国法院涉外商事海事审判工作座谈会会议纪要》（以下简称《涉外审判纪要》）第四十四条第一款规定了可以认定存在互惠关系的三种情形，第二款规定对于是否存在互惠关系应当逐案审查确定。关于本案是否存在互惠关系，因有美国承认和执行我国法院判决的先例，且没有证据证明美国法院以不存在互惠关系为由拒绝承认和执行我国法院判决，故应认定存在互惠关系。

关于是否存在不予承认和执行的事由。根据《涉外审判纪要》第四十六条第一款第二项之规定，被申请人未得到合法传唤或者虽经合法传唤但未获得合理的陈述、辩论机会，或者无诉讼能力的当事人未得到适当代理的，裁定不予承认和执行。绍兴中院认为，虽各国有关民事诉讼的程序存在差异，一般应依照外国法的有关规定对外国法院的合法传唤程序加以审查，但当双方参加的国际条约对送达程序有规定，或者我国法律对外国机关或个人在我国实施送达有禁止性要求时，该种要求应当被遵守。具体到本案，我国和美国均系《关于向国外送达民事或商事司法文书和司法外文书公约》（以下简称《海牙送达公约》）的成员国，该公约第一条第一款明确规定："在所有民事或商事案件中，如有须递送司法文书或司法外文书以便向国外送达的情形，均应适用本公约。"中美两国均属该公约成员国，故两国之间实施送达行为，均应适用该公约。根据该公约第二条至第十一条之规定，一共有七种送达方式（我国对第八条、第十条有保留）。本案中美国里昂地方法院的送达方式，系指定申请人的父亲为特别的文书送达员，在我国直接送达司法文书，该种送达方式不符合《海牙送达公约》的规定。且我国明确反对该公约第十条，根据该条，文书发出国的司法助理人员、官员或其他主管人员、任何在司法程序中有利害关系的人直接通过送达目的国的司法助理人员、官员或其他主管人员完成文书送达尚不能被允许，宋某作为美国案件中原告的父亲，系有利害关系的人，又系美国法院指定的送达员，可归于"文书发出国的司法助理人员、官员或其他主管人员"，其直接送达给被送达人更应在反对之列。且根据《中华人民共和国民事诉讼法》第二百八十四条之规定，除了外国驻我国使领馆可以向该国公民送达文书和调查取证外，未经中华人民共和国主管机关准许，任何外国机关或个人不得在中华人民共和国领域内送达文书、调查取证。该条用"不得"二字，直接表明了我国对于外国在我国直接送达司法文书的否定态度，故美国里昂地方法院指定特别文书送达员的送达方式，也违背了我国法律的禁止性规定。故该院认为，在通过《海牙送达公约》进行司法协助并不存在障碍的情形下，美国里昂地方法院径行在我国直接送达，违背了《海牙送达公约》以及《中华人民共和国民事诉讼法》关于涉外送达的禁止性规定，故应认定金某卫并未得到合法传唤，根据《涉外审判纪要》第四十六条第一款第二项之规定，对里昂地方法院的判决不予承认和执行。

三、我院审查意见

经审查，《中华人民共和国民事诉讼法》第二百八十九条规定："人民法院对申请或者请求承认和执行的外国法院作出的发生法律效力的判决、裁定，依照中华人民共和国缔结或者参加的国际条约，或者按照互惠原则进行审查后，认为不违反中华人民共和国法律的基本原则或者国家主权、安全、社会公共利益的，裁定承认其效力，需要执行的，发出执行令，依照本法的有关规定执行。违反中华人民共和国法律的基本原则或者国家主权、安全、社会公共利益的，不予承认和执行。"因我国与美国既未缔结也未共同参加相互承认和执行民事判决的国际条约，因此应否承认和执行美国民事判决应依据互惠原则进行审查。即审查美国法院是否有承认和执行我国法院民事判决的先例以及承认该民事判决是否违反我国法律的基本原则或者国家主权、安全、社会公共利益。

鉴于申请人一方提供了中国和美国互相承认和执行民事判决的相关报道和案例，而被申请人没有提交相反案例，故可以认为中国和美国存在相互承认和执行民事判决的互惠关系。

申请人提交的美国堪萨斯州里昂地方法院 2019-CV-000042 号民事判决经该州州务卿签名盖章，并经我国驻芝加哥总领事馆认证，可以确认其真实性。绍兴中院作为被申请人金某卫住所地的中级人民法院，有权就本案行使管辖权。

经审查，本案存在不予承认和执行的事由。

一是美国法院民事判决的送达问题，涉及该判决有无生效。申请人称其律师已向金某卫发送电子邮件送达判决书，金某卫承认该邮箱系其本人使用，但否认收到判决书；申请人还称其母两次向被申请人邮寄判决书；申请人父母还到被申请人家中送达判决书。我院认为，《海牙送达公约》第十条规定："如送达目的地国不表异议，本公约不妨碍：（一）通过邮寄途径直接向身在国外的人送交司法文书的自由；（二）文书发出国的司法助理人员、官员或其他主管人员直接通过送达目的地国的司法助理人员、官员或其他主管人员完成司法文书的送达的自由；（三）任何在司法程序中有利害关系的人直接通过送达目的地国的司法助理人员、官员或其他主管人员完成司法文书的送达的自由。"但我国加入《海牙送达公约》时对该条作了保留，即我国不承认邮寄送达、利害关系人的送达。因此，本案判决书的送达违反我国法律的基本原则，损害我国社会公共利益，应认定判决书未合法送达，判决未生效。

二是传票等法律文书的送达问题，涉及被申请人有无获得合理陈述机会。经查，上述法律文书的送达是由申请人之父到被申请人家中直接送达，未合法送达的理由同上，不再赘述。

综上所述，本案美国法院作出的判决尚未送达生效，且被申请人未得到合法传唤。根据《涉外审判纪要》第四十六条的规定，应裁定不予承认和执行。拟同意绍兴中院对本案的审查意见，对美国堪萨斯州里昂地方法院2019-CV-000042号民事判决不予承认和执行。

根据《涉外审判纪要》第四十九条第二款"人民法院根据互惠原则进行审查的案件，在作出裁定前，应当将拟处理意见报本辖区所属高级人民法院进行审查；高级人民法院同意拟处理意见的，应将其审查意见报最高人民法院审核。待最高人民法院答复后，方可作出裁定。"故本案在作出裁定前，报请贵院审核。

以上意见当否，请予批复。

【案例评析】

新某船务（香港）有限公司诉中国某财产保险股份有限公司航运保险运营中心海上保险合同纠纷案
—— 对海上保险合同中的"付费条款"与"原木条款"是否系格式条款的认定

【基本案情】

2017年2月14日，中国某保险集团股份有限公司（以下简称某保公司）签发了以新华某保险股份有限公司（以下简称新某公司）为被保险人的保险单。保险单载明，船名"新航2"轮，船籍港巴拿马，保险价值和保险金额均为1000万元，保险期间为2017年2月27日0时至2018年2月26日24时。"船舶装运原木期限发生的任何保险责任，保险人不予承担。""付费约定投保人应该分别于2017年3月10日、2017年7月10日、2017年11月10日前分别支付保险费的33%、33%、34%；否则，保险人对交费之前发生的事故不负赔偿责任，并有权向投保人发出解除保险合同通知的次日零时起终止合同，投保人仍需缴纳合同终止日之前的保费。"

投保单除载明了上述保险单中有关特别约定的条款，还列有"被保险人声明"一栏，内容为："保险人已向本人提供并详细介绍了本保险所适用的条款，并对其中免除保险人责任的条款（包括但不限于责任免除、投保人被保险人义务、赔偿处理、其他事项等），以及本保险合同中付费约定和特别约定的内容向本人作了明确说明，本人已充分理解并接受上述内容，同意以此作为订立保险合同的依据，自愿投保本保险。"

案涉该次年度投保系新某公司在某保公司处的续转投保，某保公司在上一年度的保险办理中即已存在"原木条款"和"付费条款"的特别约定。

2017年7月31日，案涉轮船发生碰撞事故。事发时，船舱内装载货物为原木。事故发生后第二天，新某公司向某保公司补交了第二期保险费。事故发生三个月后，某保公司员工继续以电子邮件的方式向新某公司员工发送保费清单。11月9日，新某公司向某保公司交纳第三期保费。

后新某公司向青岛海事法院提起诉讼，请求某保公司支付事故赔款及利息。

【裁判要旨】

青岛海事法院一审认为，案涉船舶保险合同依法成立并有效。船舶碰撞事故系发生在保险责任期间内的保险事故，保险责任不因保险费未及时交纳而免除；案涉船舶舱内装载原木运输属于承保风险，保险人应当依约承担保险责任。新某公司在本案中请求的因事故所致本船修理等合理损失，某保公司应予赔偿。判决某保公司支付新某公司保险赔偿金及利息。

一审判决作出后，某保公司提起上诉。山东省高级人民法院二审判决驳回上诉，维持原判。

二审判决后，某保公司申请再审，最高人民法院裁定提审。

最高人民法院再审认为，本案中，"原木条款""付费条款"系当事人的真实意思表示，不违反法律强制性规定，无显失公平的情形，且并非格式条款，不符合《中华人民共和国保险法》第十七条、第十九条和《中华人民共和国合同法》第四十条的适用情形。以上两保险条款约定的内容合法有效，对双方当事人有法律约束力。双方当事人均认可案涉碰撞事故发生于新某公司第二期保费逾期交费的违约期间，且船舶在发生事故航次装运的货物是原木。故在"付费条款"和"原木条款"合法有效的情况下，某保公司依约不承担保险赔偿责任。原审判决某保公司承担保险赔偿责任明显不当，应予纠正。遂判决撤销一审、二审判决，驳回新某公司的全部诉讼请求。本案判决现已生效。

【典型意义】

海上运输是国际贸易中最主要的运输方式，海上合同保险对分担海上运输风险，促进外贸、运输和金融业发展起着重要作用。合理确定保险人与被保险人的权利与义务是稳定航运保险市场秩序的前提。案涉保险合同中的"付费条款"与"原木条款"是投保人和保险人平等协商，在自愿基础上就所商讨内容达成合意的条款。本案认定案涉保险合同中的"付费条款"与"原木条款"并非格式条款，不存在格式条款的不平等性、先决性、非协商性的特征，某保公司对该两个条款依法不负有特别提示和说明义务。围绕诉辩意见的说理分析和处理结果，充分展现了海上保险合同区别于一般保险的特殊性和专业性。本案通过准确解释法律，明确海上保险合同相关裁判规则，对审理类似案件具有普遍指导意义。

（编写人　最高人民法院　马东旭）

中国某财产保险股份有限公司上海分公司诉交通运输部南海救助局海上拖航合同纠纷案

——海上拖航合同"互撞免赔条款"的效力认定①

关键词： 商事　海上拖航合同　互撞免赔条款　效力评价

【裁判要旨】

当事人可以就海上拖航过程中遭受的损失自行约定赔偿责任，在拖航合同没有约定或者没有不同约定时，适用过失责任。承拖方不存在故意或重大过失时，其与被拖方约定的"互撞免赔条款"合法有效，承拖方可依据该条款免除过失赔偿责任。

【相关法条】

《中华人民共和国海商法》

第一百五十七条第一款　承拖方在起拖前和起拖当时，应当谨慎处理，使拖轮处于适航、适拖状态，妥善配备船员，配置拖航索具和配备供应品以及该航次必备的其他装置、设备。

第一百六十二条　在海上拖航过程中，承拖方或者被拖方遭受的损失，由一方的过失造成的，有过失的一方应当负赔偿责任；由双方过失造成的，各方按照过失程度的比例负赔偿责任。

---

① 该案例转引自最高人民法院中国应用法学研究所编：《人民法院案例选》总第181辑，人民法院出版社2023年版。

虽有前款规定，经承拖方证明，被拖方的损失是由于下列原因之一造成的，承拖方不负赔偿责任：

（一）拖轮船长、船员、引航员或者承拖方的其他受雇人、代理人在驾驶拖轮或者管理拖轮中的过失；

（二）拖轮在海上救助或者企图救助人命或者财产时的过失。

本条规定仅在海上拖航合同没有约定或者没有不同约定时适用。

《中华人民共和国合同法》

第五十二条① 有下列情形之一的，合同无效：

（一）一方以欺诈、胁迫的手段订立合同，损害国家利益；

（二）恶意串通，损害国家、集体或者第三人利益；

（三）以合法形式掩盖非法目的；

（四）损害社会公共利益；

（五）违反法律、行政法规的强制性规定。

第五十三条② 合同中的下列免责条款无效：

（一）造成对方人身伤害的；

（二）因故意或者重大过失造成对方财产损失的。

【案件索引】

一审：广州海事法院（2017）粤72民初1027号（2018年12月29日）

二审：广东省高级人民法院（2019）粤民终1289号（2020年11月18日）

再审：最高人民法院（2021）最高法民申4114号（2021年9月1日）

【基本案情】

原告（二审上诉人、再审申请人）中国某财产保险股份有限公司上海分公司（以下简称某保上海公司）诉称：2016年10月18日，交通运

---

① 对应《中华人民共和国民法典》第一百四十六条、第一百四十八条、第一百五十条、第一百五十三条、第一百五十四条。

② 对应《中华人民共和国民法典》第五百零六条。

输部南海救助局(以下简称南海救助局)所有的"南海救115"轮拖带第三人北某船舶与海洋工程发展有限公司(以下简称北某公司)所有的"泰鑫1"轮从海南万宁前往广东湛江。由于南海救助局的严重过错,导致"泰鑫1"轮搁浅于湛江硇洲岛东南的西钳礁水域,给北某公司造成探摸费用4万元、抽油费用168万元、修理费2660.7443万元、起浮及拖航费用1850万元等损失。南海救助局违反海商法第一百五十七条规定的配备相关拖缆的义务,导致拖带船组在起拖前和起拖当时不适航不适拖,在航行中未尽到谨慎处理的义务,最终导致了"泰鑫1"轮搁浅事故的发生。虽然案涉拖航协议中约定了各方对各自的财产损失单独承担责任并且不得向对方索赔的免责条款,但该免责条款系格式条款,也违反了海商法第一百五十七条的强制性规定,且南海救助局对案涉事故存在重大过失,依据合同法的规定,免责条款应属无效。因此,南海救助局应按照其过错程度对搁浅事故造成的损失承担90%的损害赔偿责任。某保上海公司承保"泰鑫1"轮船舶险并已经向北某公司支付了保险赔偿款,依法取得代位求偿权。请求法院判令:南海救助局赔偿某保上海公司已支付的保险赔款3500万元及其利息(其中1000万元从2017年9月29日起算,2500万元从2018年1月3日起算,均按中国人民银行同期贷款利率计算至南海救助局付清之日止)并承担诉讼费用。

被告(二审被上诉人、再审被申请人)南海救助局辩称:(1)本次拖航作业风险不属于案涉保险合同承保范围;某保上海公司不能取得代位求偿权。(2)海商法第一百六十二条规定,承拖方和被拖方在拖航过程中遭受的损失按过失程度承担责任,但仅仅是在拖航合同没有约定时适用,如果合同有约定应该遵从合同的约定。根据本案拖航协议第四条的约定,各方对各自的财产损失单独承担责任并且不得向对方索赔。南海救助局可以免责。(3)南海救助局并无不可免责的过失。案涉事故首要原因为台风的影响,即客观原因,其次是拖轮和被拖轮的共同过失。没有任何证据证明是南海救助局单方面的过错,更没有证据证明是南海救助局的严重过错或者违反了法定义务。(4)某保上海公司不能证明实际发生的损失。请求驳回某保上海公司的诉讼请求。

第三人北某公司没有陈述意见。

法院经审理查明：2016年10月15日，北某公司与南海救助局签订拖航协议，约定由南海救助局提供"南海救115"轮将北某公司所属的"泰鑫1"轮从海南大洲岛海域拖带至湛江大黄江防台锚地躲避台风"莎莉嘉"。其中第四条为责任与免责约定。该条第三款约定，不论是否由于北某公司、其工作人员或代理人、船长、船员的疏忽或任何过失而发生以下情况，均由南海救助局单独承担责任，并对北某公司、其工作人员或代理人、船长、船员无追索权：无论任何原因造成的拖轮或拖轮上任何财物的灭失和损坏；由于与拖轮接触或由于拖轮形成的障碍对他人财产造成的灭失和损害；拖轮残骸清除、移位、照明或设标的费用以及清除拖轮造成污染的一切责任。对由于上述灭失和损害所引起对北某公司裁定的对他人应负的任何责任或经过合理调解索赔，南海救助局应给北某公司以补偿。该条第四款约定，不论是否由于南海救助局、其工作人员或代理人、船长、船员的疏忽或任何过失而发生以下情况，均由北某公司单独承担责任，并对南海救助局、其工作人员或代理人、船长、船员无追索权：无论任何原因造成的被拖物或被拖物上任何财物的灭失和损坏；由于与被拖物接触或由于被拖物形成的障碍对他人财产造成的灭失和损害；被拖物残骸清除、移位、照明或设标的费用以及清除被拖物造成污染的一切责任。对由于上述灭失和损害所引起对南海救助局裁定的对他人应负的任何责任或经过合理调解索赔，北某公司应给南海救助局以补偿。当日，"南海救115"轮正式起拖"泰鑫1"轮前往湛江港。拖带过程中因恶劣的气象、海况影响，主拖缆两次发生崩断，后经多次尝试接拖均不成功，"泰鑫1"轮漂移至硇洲岛附近礁石搁置，两个月后成功脱浅，造成"泰鑫1"轮船底多舱破损进水，机器浸水损坏。北某公司曾于2016年9月22日向某保上海公司投保"泰鑫1"轮船舶保险一切险。北某公司就本次事故向某保上海公司索赔，某保上海公司于2017年9月至12月向北某公司支付3500万元保险赔款，北某公司向某保上海公司出具了权益转让书。

【裁判结果】

广州海事法院于 2018 年 12 月 29 日作出（2017）粤 72 民初 1027 号民事判决：驳回某保上海公司的诉讼请求。

一审宣判后，某保上海公司不服一审判决，提起上诉。广东省高级人民法院于 2020 年 11 月 18 日作出（2019）粤民终 1289 号民事判决：驳回上诉，维持原判。

二审宣判后，某保上海公司不服二审判决，申请再审。最高人民法院于 2021 年 9 月 1 日作出（2021）最高法民申 4114 号民事裁定：驳回某保上海公司再审申请。

【裁判理由】

法院生效裁判认为：关于南海救助局是否对案涉事故存在过错的问题。案涉事故是拖轮在台风前对被拖船进行应急拖航中发生的责任事故。除恶劣气象、海况的影响外，"南海救 115"轮与"泰鑫 1"轮对事故的发生均存在过错。"南海救 115"轮的过失：一是对被拖船的了解和沟通不足，应急拖航准备不充分，未能按照拖航方案要求，及时与"泰鑫 1"轮商定确认拖航前的准备；二是对在台风强风中拖航可能遇到的困难和出现的险情估计不足。"泰鑫 1"轮的过失：一是防台风部署不到位，船长防范台风意识不足，未能根据自身实际情况建议公司及早安排拖轮将船舶拖到安全水域防台，并提前准备好避台拖带可能需要的高强度缆；二是与拖轮沟通不足，协调不到位。某保上海公司主张南海救助局的过错是导致本案事故发生的主要原因，缺乏事实依据。

关于南海救助局能否依据免责条款免除赔偿责任的问题。根据海商法第一百六十二条的规定，海上拖航合同当事人可以就拖航过程中遭受的损失自行约定赔偿责任，在拖航合同没有约定或者没有不同约定时，适用该条第一款规定的过失责任。案涉拖航协议书中约定南海救助局与北某公司均免除对方对自己船舶损失的赔偿责任。南海救助局的拖航方案是南海救助局就"秦鑫 1"轮拖航相关事宜的安排，该方案中关于拖航指挥关系的内容不构成南海救助局向北某公司承担义务以及赔偿责任的依据。某保上海公司关于拖航方案已经实质改变了拖航协议内容的主张，不能成立。

"南海救115"轮在起拖前和起拖当时，持有有效拖航证书且配备了相应的船员及拖航索具。案涉事故发生的原因主要在于恶劣的气象、海况影响造成两次断缆，即使南海救助局在配备备用拖缆问题上存在过错，亦不是造成事故的主要原因。南海救助局对于案涉事故造成的损失不存在故意或重大过失，根据南海救助局与北某公司签订的拖航协议书中约定的免责条款，南海救助局无须对"泰鑫1"轮触礁搁浅事故造成的损失承担赔偿责任。

案涉事故发生于拖航协议书签订之后，某保上海公司亦在案涉事故发生后向北某公司支付了保险赔偿款，某保上海公司主张拖航协议约定的免责条款不能对抗其代位求偿权，缺乏依据。

【案例注解】

本案争议在于南海救助局能否依据其与北某公司海上拖航协议第四条约定的"互撞免赔条款"免除过失赔偿责任。

一、"互撞免赔条款"不宜被认定为格式条款

案涉海上拖航协议第四条关于责任与免除责任的约定属于海上拖航领域的"Knock for Knock"条款。该条款一般译为"互撞免赔条款"。该译法与"互撞免赔条款"最初出现于摩托车保险业密切相关。①该条款一般内容是：合同当事人对自身财产的损失、人身伤亡自行承担责任，即使这种财产损失、人身伤亡是由对方当事人的作为、不作为或违约导致的。"互撞免赔条款"的核心内容已被国际救助同盟、欧洲所有人协会和波罗的海国际航运理事会（BIMCO）共同推荐的国际海上拖航协议（包

---

① 韩赟斐：《"互相免赔"原则研究——以SUPPLYTIME 2017第14条（a）款为例》，载《中华海洋法学评论》2019年第4期。

括日租格式和承包格式)①、日本航运交易所制定和推荐的日本拖航合同格式、中国海洋工程服务有限公司的拖航合同格式、中国拖轮公司的拖航合同格式（日租格式）等吸收使用。②"互撞免赔条款"的实质是各方当事人基于风险与责任分摊，通过相互约定若干免责事项与不可免责事项，取代原有的基于过错的责任承担方式。③"互撞免赔条款"已被波罗的海国际航运理事会视为架构 SUPPLYTIME 的核心原则。④ 从约定的权利义务内容看，"互撞免赔条款"属于约定的免责条款。

案涉"互撞免赔条款"借鉴于波罗的海国际航运理事会国际海上日租拖航标准合同（TOWHIRE）。从国际航运实践来看，虽然在拖航领域存在载明"互撞免赔条款"的不同版本的拖航标准合同，但"互撞免赔条款"并不具有强制性，均可由当事人协商增减。因此，案涉"互撞免赔条款"不宜被定性为合同法第三十九条⑤规定的"当事人为了重复使用而预先拟定，并在订立合同时未与对方协商"的格式条款，不能适用合同法第四十条⑥第二句"提供格式条款一方免除其责任、加重对方责任、排除对方主要权利的，该条款无效"的规定否定效力。⑦

---

① 波罗的海国际航运理事会海工服务船舶标准定期租船合同（代号为 SUPPLYTIME，目前版本为 2017 年修订版）。相对于波罗的海国际航运理事会的驳船租用标准合同 BARGEHIRE、重大件运输标准合同 HEAVYCON、国际海上拖航合同（总承包）TOWCON、国际海上日租拖航合同（总承包）TOWHIRE、项目标准合同 PROJECTCON，SUPPLYTIME 中处于"母合同"地位。参见 Nataly a Dolgikh, Chartering of Survey Vessels on Terms of 2005: Some Legal Implications, Norway: University of Oslo, 2010.

② 傅廷中：《海商法论》，法律出版社 2007 年版，第 305 页。

③ Simon Rainey, The Construction of Mutual Indemnities and Knock-for-Knock Clauses in Baris Soyer and Andrew Tettenborned, Offshore Contracts and Liabilities, London: Informa Law, 2015, pp. 70-71.

④ Simon Rainey. The Law of Tug and Tow, 3rd edition, London: Informa Law, 2011, p. 259.

⑤ 对应民法典第四百九十六条。

⑥ 对应民法典第四百九十七条。

⑦ 类似观点可参见袁绍春：《论海上拖航合同中的免责条款》，载《中国海商法年刊》2001 年第 12 卷。

二、海商法第七章不存在认定"互撞免赔条款"是否有效的效力评价规则

对于海商法是否存在认定"互撞免赔条款"的效力评价规则。一审认为,海商法作为特别法,没有明确规定"互撞免赔条款"无效,则该条款即有效。二审则适用合同法第五十三条认定"互撞免赔条款"的效力。笔者认为,海商法第七章不存在认定"互撞免赔条款"是否有效的效力评价规则。

第一,海商法第七章没有该法第四章第四十四条的效力评价规则,即海上货物运输合同和作为合同凭证的提单或者其他运输单证中的条款,违反本章规定的,无效。此类条款的无效,不影响该合同和提单或者其他运输单证中其他条款的效力。将货物的保险利益转让给承运人的条款或者类似条款,无效。根据海商法第一百六十二条第三款"本条规定仅在海上拖航合同没有约定或者没有不同约定时适用"的规定,虽可得出该条是任意性规定的结论,但不能反向推论海商法第七章包括第一百五十七条等其他条款为强制性条款。因为在起草第一百六十二条时,最初准备参考波罗的海国际航运理事会等制定的拖航标准合同的精神,拟规定承拖方因过失造成被拖方以及第三方的损害,均由被拖方承担。但考虑到引入此类条款显失公平,故参照海上货物运输合同承运人承担过失责任的免除,免除航海过失及救助过失造成的被拖方的损失。同时,为了不影响拖航合同当事人的合同自由,规定该条为任意性条款。[①] 2019年12月30日,交通运输部第30次会议审议通过并提请国务院审议的《中华人民共和国海商法(修改送审稿)》(以下简称《送审稿》)第一百八十四条增加了一款作为海商法第七章第一个条文即第一百五十五条的第三款,该款规定"本章规定仅在合同没有约定或者没有不同约定时适用"。前述修改意见也从侧面说明目前主流的观点仍认为海商法第七章均属于任意性规定。

---

① 参见司玉琢、张永坚、蒋跃川:《中国海商法注释》,北京大学出版社2019年版,第249页。

第二，海商法第一百五十七条不是效力性评价规则。有观点认为，海商法第一百五十七条有关承拖方负有适航、适拖义务的规定属于效力性强制性规定，如海上拖航合同约定排除承拖方负有适航、适拖义务的，该约定应被认定为无效。① 主要理由是：首先，海商法第一百五十七条关于承拖方的适航、适拖义务选择的措辞是"应当"，因此，该条应被认定为强制性规定；② 其次，承拖方负有的适航、适拖义务，直接关系维护海上交通安全及拖航安全，涉及航运的公共利益，不应允许当事人通过协议约定免除违反适航、适拖法定义务所产生的赔偿责任。如承拖方违反该法定义务，无论与被拖方之间是否存在免责条款，均因违反该条规定而无效，承拖方应承担赔偿责任。笔者认为，前述观点值得商榷。（1）海商法规定的承拖方的适航、适拖义务是谨慎处理义务，而非绝对保证义务。在国际拖航领域，最初对于承拖方的适航、适拖义务采用的是绝对保证义务说，③ 但在1911年West Cock案后，英美判例更倾向于承拖方负有谨慎处理的适航、适拖义务。④ 我国海商法第一百五十七条采用的也是谨慎处理说，承拖方仅负有谨慎处理的相对义务，而不负有提供一艘绝对适航、适拖的拖轮的绝对义务。⑤ 因此，海商法第一百五十七条关于承拖方负有"谨慎处理"义务不宜被认定为一种效力性强制性规定。（2）结合海商法第七章的立法过程以及《送审稿》的条款，海商法第七章与第六章船舶租用合同的所有条款均可为当事人意思自治排除。如果海上拖航合同约定承拖方可对不适航、不适拖造成的损失免责。此种情形下，海商法第一百五十七条也因其任意性规定的属性可被当事人排除，该条无法评价类似免责条款的效力。（3）承拖方违反谨慎处理的适航、

---

① 参见梁惠雅：《论海上拖航合同中承拖方的适拖义务——对现行免责条款的反思》，载《云南大学学报》2016年第3期。

② 参见屈志一：《海上拖航法律问题研究》，大连海事大学2014年博士学位论文。

③ 在1911年以前，英美判例都趋向于承拖方负有适航、适拖的绝对义务。可参见 Simon Rainey, The law of tug and tow and offshore contracts (3rd ed), London: Informa Law&Finance, 2011 p.37；还可参见 Undaunted 案和 Marechal Suchet 案。

④ Minnehaha 案、Smeilji 案、Alle & Evie 案，转引自屈志一：《海上拖航法律问题研究》，大连海事大学2014年博士学位论文。

⑤ 参见司玉琢、张永坚、蒋跃川：《中国海商法注释》，北京大学出版社2019年版，第249页。

适拖义务并不必然违反航运公共秩序。因为被拖物处于被动状态，海上拖航相较于海上货物运输具有更大的风险性，如果承拖方未尽谨慎处理的适航、适拖义务，确易导致被拖物脱离，对海上航运产生一定的风险。但是，此种潜在的风险是否必然转化为现实，与合同条款是否有效无关。即使承拖方存在海上交通安全法第四十五条规定的未采取特殊的安全保障措施等违法行为导致拖轮不适航、不适拖，承拖方承担的责任也是海上交通安全法第九十一条第二款规定的禁止进出港、被暂扣有关证书、文书或者被责令停航、改航、驶往指定地点或者停止作业以及该法第一百零六条规定的被处以一定数额的行政罚款。前述法律责任的性质属行政法律责任。而且海上交通安全法未赋予该法第四十五条、第九十一条第二款具有否定当事人海上拖航合同效力的效力性强制性规定的地位。因此，与《海上交通安全法》第九十一条第二款具有同等功能的《海商法》第一百五十七条也不具备效力性强制性规定的地位，"互撞免赔条款"无论是否违反该条规定的适航、适拖义务，均不能因为违反该条本身而被认定为无效。

第三，海商法第一百六十二条不是效力性评价规则。该条规定的意旨在于尊重当事人的意思自治，允许当事人通过合同约定不同于该条规定的过失责任原则和承拖方的免责事由。但没有规定当事人通过意思表示达成的其他归责原则或者承拖方的其他免责事由（比如承拖方或被拖方对其故意或重大过失造成的损失免除赔偿责任）必然产生合法效力。双方当事人的不同约定，仍需借助于效力性评价规则予以认定。

三、适用民事效力评价规则认定"互撞免赔条款"效力

海商法属于民法的特别法，具有很强的涉外性、国际性，且在制定相关规则时，为了与国际接轨，充分借鉴了当时的国际公约（含未生效的）、海事惯例、标准合同。但海商法作为主要调整海上运输和船舶活动中产生的平等主体之间的经济关系的法律，仍属于民商事法律范畴，海

商法的合理定位是民法的特别法,① 而不宜独立于民法典自成一脉。过分强调海商法的独立性和绝对自体性既没有理论基础,也没有实践支撑。② 还会使对海商法的研究游离于法的体系之外,将海商法封锁在孤立的空间,脱离整个法学理论体系的支撑,有可能成为无本之木、无源之水。③ 因此,对于海商法中一些植根于特定的实践基础、有别于传统民商法的自体性制度（比如承运人的责任限制等制度）,应以海商法规定为准,普通民事法律制度的价值理念和技术规则不适用于前述海商法的特殊制度或规则。但是,对于海商法没有明确规定的事项,应适用普通民事法律规定予以调整。④ 诉诸"互撞免赔条款"的效力,因海商法没有效力评价规则,应适用民事法律的相关规定。

从"互撞免赔条款"约定的权利义务看,其性质属于免除或减少当事人赔偿责任的免责条款。因此,判断该条款效力时,应适用民法典评价免责条款效力的相关规则。民法典第五百零六条规定的"合同中的下列免责条款无效:（一）造成对方人身损害的;（二）因故意或者重大过失造成对方财产损失的"就是认定免责条款是否无效的规则。涉案互撞免赔协议约定的承拖人或者租用方可以免除的是对方（含工作人员或代理人、船长、船员）因疏忽或任何过失而发生的相关损失。从波罗的海国际航运理事会国际海上拖航合同（总承包）（TOWCON）（目前为2021年版本）第22（b）（i）条关于租用人的免赔责任、第22（b）（ii）条关于拖轮方的免赔责任使用的措辞来看,免除的是对方因任何违反合同、

---

① 参见胡正良、孙思琪:《论我国民法典编纂对〈海商法〉修改之影响》,载《烟台大学学报（哲学社会科学版）》2016年第3期。

② 关于我国海商法坚持绝对自体性面临的困境可参见曹兴国:《海商法自体性研究》,大连海事大学2017年博士学位论文。

③ 张永坚:《法之家庭的游子——我国海商法的回归与发展》,载北京大学法学院海商法研究中心:《海商法研究》（第5辑）,法律出版社2001年版,第222页,转引自何丽新:《论新民商立法视野下〈中华人民共和国海商法〉的修订》,载《中国海商法年刊》2011年第6期。

④ 比如最高人民法院指导案例108号浙江隆达不锈钢有限公司诉A.P.穆勒—马士基有限公司海上货物运输合同纠纷案,就是在海商法没有明确规定托运人对货物是否享有控制权的情况下,通过适用合同法第五条、第三百零八条,明确了海上运输托运人在遵循公平原则的情况下享有依法要求变更运输合同的权利。

疏忽或其他过失造成的特定损失。① 海上日租拖航标准合同（TOWHIRE）（目前为2021年版本）第18.2（a）条关于租用人的免赔责任、第18.2（b）条关于拖轮方的免赔责任，采取的措辞与国际海上拖航合同（总承包）（TOWCON）一致。② 前述标准合同与案涉互撞免赔协议的差异在于比案涉互撞免赔协议少了违反合同这一项免责事由。二审认为涉案互撞免赔协议中的疏忽或其他过失在范围上不包括故意或重大过失，故认定该条款有效。笔者对此不完全赞同。笔者赞同疏忽或其他过失在范围上不包括故意，但认为其他过失包括一般过失与重大过失。案涉"互撞免赔条款"约定的因重大过失造成的特定损失，承拖方或租用人均不可免除赔偿责任。但根据民法典第一百五十六条"民事法律行为部分无效，不影响其他部分效力的，其他部分仍然有效"的规定，承拖方和租用人约定的因疏忽或一般过失导致的损失互相免除赔偿责任的约定有效。

从国际海上拖航的司法实践看，对于是否以合同自由认定"互撞免赔条款"绝对有效，存在一定争议。莫里森在 Smit International Deutschland GmbH v. Josef Mobius Baugesellschaft GmbH 案③的判词中称，"互撞免责条款是不公平的，但是在分配风险和责任方面是有效的；即使在偶发事件的情况下，拖船或者被拖船对事故负完全责任，其责任分配依赖于拖船和被拖船与第三方发生碰撞时，也是适用的……标准合同的意图不允许适航条款产生的争议对危险的分配产生影响……"英国法院2008年审理的 A Turtle 案④中，"互撞免赔条款"分配责任风险的功能得到充分体现。该案中，拖船所有人与被拖方达成协议：拖船"Mighty Deliverer"轮所有人与租用人约定使用国际海上拖航协议（总承包）TOWCON 标准合同，拟由该拖轮将租用人的钻井设备由巴西经开普敦拖往新加坡。但

---

① BIMCO：CONTRACTS AND CLAUSES, https://www.bimco.org/contacts-and-clauses/bimco-contracts/towcon-2021, 最后访问时间：2021年6月25日。
② BIMCO：CONTRACTS AND CLAUSES, https://www.bimco.org/contacts-and-clauses/bimco-contracts/towhire-2021, 最后访问时间：2021年6月25日。
③ Smit International Deutschland GmbH v. Josef Mobius Baugesellschaft GmbH（judgement 7 June 2001：L. M. L. N. 564）.
④ The A Turtle [2009] 1 Lloyd's Rep. 177.

在拖航作业中，因拖船"Mighty Deliverer"轮燃料用尽，该轮遂断开拖缆任由钻井设备在海中漂流而全损。法院判决认为：虽然承拖方违反了TOWCON第13条关于起拖阶段谨慎处理的适航、适拖义务，也违反了尽最大努力履行拖航的义务。但是，根据TOWCON第18条①第2款（b）（i）项的约定，拖船所有人对钻井设备的损失免除责任。从A Turtle案可知，如果完全遵从意思自治，则可能会导致实质的不公平。因此，即使在英国，虽然英国法院不会以违反承拖方违反谨慎处理的适航、适拖义务为由否定"互撞免赔条款"的效力，但出于公平性和确定性原则，还会通过对"互撞免赔条款"进行确定性解释的方式，避免极度不公平的发生。霍布豪斯认为，商业合同的起草、具体条款的订立，都是法院判决和制定法的基本原则的反映，确定性和公平性是合同条款制定的基本原则，当事人固然可以选择使用不同措辞以使合同条款展现不同含义，但仅有一般措辞且严重缺乏明确性，不足以认定由过失导致的责任无须承担。②而在Ekha案③中，上诉院摩碧克法官认为，商业活动中的各方当事人在法律和合同中寻求确定性无可厚非，但实践中存在许多不同做法，影响此目的能否达成。传统方式是先确定各方当事人准确的义务范围，再以一般法律原则为指导，对损失责任进行分配。这与海工服务船舶标准定期租船合同中的责任分配条款不同，仅通过制定责任分配条款而非确定各方当事人准确义务范围就对损失责任进行分配是不合适的。④因此，虽然"互撞免除条款"是出于必要的商业目的而制定的，且确实需

---

① TOWCON-LUMPSUM第18条共有3款，第1款规定的承拖方与租用人的相互补偿条款。第2款（a）项主要规定的是租用人（含工作人员或代理人）违反合同约定时的免赔条款（也含部分相互补偿条款）。第2款（b）项规定的是承拖方对于租用人的免赔（也含部分相互补偿条款）。该条规定，无论是否由于拖轮船东及其工作人员或代理人违反合同，疏忽或其他过失而发生以下情况，均由租用人单独承担责任，并对拖轮船东及其工作人员或代理人无追索权。(i)项规定无论何种原因造成的对被拖物或被拖物所遭受的任何性质的灭失或损害……第3款规定的是除了该标准合同第11条、第12条、第13条和第16条的规定外，拖轮船东和租用人均不应对另一方的任何原因所引起的利益损失、使用损失、生产损失或其他间接或从属损失承担任何责任。
② [1994] 1 WLR 221, p. 229.
③ [2010] 1 Lloyd's Rep 543.
④ [2010] EWCA Civ 691, p 18.

要一些不同的理解方式，但适用于一般免责条款和除外条款的基本原则，同样需要被适用于此类条款。①

综合前述分析，笔者认为，虽然海商法允许当事人通过意思自治约定一些有别于民商法甚至有失公平的免责条款，但并不意味着海商法不讲求公平，只注重意思自治。海商事实践的特殊性，部分海商事国际条约、国际标准合同的特殊规定，只是在公平价值的表达上更强调效率性。风险责任的约定虽然缩小了公平价值的适用场域，但并不意味着公平远离海商事实践和法律。在海商法不存在对相关法律行为（意思表示）效力评价规则时，应当适用民商事法律的效力评价规则认定相关海商事合同条款的效力。在认定此类条款效力时，可综合考量特定制度产生背景、当事人的意思表示、我国的法律规定，合理解释当事人约定的权利和义务并合法认定其效力。

（一审法院合议庭成员　宋伟莉　宋瑞秋　常维平
二审法院合议庭成员　饶　清　王　芳　李民韬
再审法院合议庭成员　胡　方　杨弘磊　李光琴
编写人　广州海事法院　徐春龙　周田甜）

---

① 参见韩赟斐：《"互相免赔"原则研究——以 SUPPLYTIME 2017 第 14 条（a）款为例》，载《中华海洋法学评论》2019 年第 4 期。

金某纸业（中国）投资有限公司
申请撤销仲裁裁决案
——集团公司仲裁协议范围的审查

关键词： 仲裁协议效力　集团公司　公司集团理论

【裁判要旨】

集团子公司所涉争议是否属于母公司与相对人的仲裁协议争议解决范围，可以从母子公司的控制关系、具体业务的实质性参与程度以及争议双方的仲裁合意角度进行判断。在母子公司均受仲裁条款约束的情况下，如果母公司对委托流程、财务对账结算等具体业务在集团内部有具体分工安排的，仲裁庭对子公司业务纠纷所作的裁决事项，不属于超出母公司与相对人的仲裁协议范围。

【相关法条】

《中华人民共和国仲裁法》

第五十八条　当事人提出证据证明裁决有下列情形之一的，可以向仲裁委员会所在地的中级人民法院申请撤销裁决：

（一）没有仲裁协议的；

（二）裁决的事项不属于仲裁协议的范围或者仲裁委员会无权仲裁的；

（三）仲裁庭的组成或者仲裁的程序违反法定程序的；

（四）裁决所根据的证据是伪造的；

（五）对方当事人隐瞒了足以影响公正裁决的证据的；

（六）仲裁员在仲裁该案时有索贿受贿，徇私舞弊，枉法裁决行为的。

人民法院经组成合议庭审查核实裁决有前款规定情形之一的，应当裁定撤销。

人民法院认定该裁决违背社会公共利益的，应当裁定撤销。

【案件索引】

特别程序：上海海事法院（2020）沪72民特2号（2020年4月30日）

【基本案情】

2017年7月4日，金某纸业（中国）投资有限公司（以下简称金某公司）与上海立某物流有限公司（以下简称立某公司）、泛捷国际集团有限公司签订《华南地区3PL物流试点项目服务合同》（以下简称《3PL合同》）。根据合同记载，"生产方为金某公司及其在中国大陆投资的关联方（如附件一所列）"，并在下方介绍"该公司是一家拥有20多家全资和控股浆纸企业，并拥有19家林业公司……的大型集团公司"，物流服务方为立某公司和泛捷国际集团有限公司。生产方是合同甲方，物流服务方是合同乙方，主合同条款均以"甲方""乙方"进行指代。合同落款处，甲方记载为金某公司并加盖公章；乙方记载为立某公司和泛捷国际集团有限公司并分别加盖公章。合同附件一以表格的形式列明了包括金某公司、广西金桂浆纸业有限公司、海南金海浆纸业有限公司等在内的11家公司名称以及14家工厂名称，并将其列为"甲方及甲方关联方"。2017年9月11日，三方签订补充协议，增加包括金光林浆纸业贸易（北京）有限公司、金某纸业（大连）有限公司等在内的18家公司作为上述附件一中的"甲方关联方"。《3PL合同》约定，在合同履行过程中产生任何争议，甲乙双方应本着诚实信用的原则协商解决，如协商不成，双方可向上海仲裁委员会申请仲裁。双方均确认，《3PL合同》对申请人的关联公司具有约束力。

因立某公司与金某公司就运杂费发生纠纷，金某公司向上海仲裁委员会提出仲裁申请，上海仲裁委员会于 2019 年 10 月 23 日作出（2019）沪仲案字第 0366 号仲裁裁决。

申请人金某公司诉称：《3PL 合同》系由金某公司代表其在中国大陆投资的关联公司签订，立某公司与案外关联公司之间建立了合同关系并订立了仲裁条款。案涉仲裁裁决所涉纠纷系基于立某公司与相关关联公司之间业务往来发生。立某公司应当根据具体业务内容向相关案外关联公司提起仲裁请求，而非向金某公司主张。因此，案涉仲裁裁决事项属于案外人与立某公司之间的合同纠纷，不属于金某公司与立某公司之间仲裁协议的范围。请求依法撤销上海仲裁委员会（2019）沪仲案字第 0366 号仲裁裁决。

被申请人立某公司辩称：《3PL 合同》是金某公司作为生产方与立某公司签订的，协议只有金某公司盖章，其关联企业可以依据协议条款主张权利，但非协议直接当事人，金某公司作为该协议的直接当事人，应对协议项下的债务承担第一位的合同责任。立某公司根据协议提供物流服务，金某公司应履行付款义务。双方的债务一直由金某公司负责与立某公司对总账，并安排、指挥其关联企业进行支付。金某公司在案外多起案件中主张本应属于其关联公司的权利，并获得仲裁裁决支持，这些行为表明金某公司不认为其关联公司享有独立的合同权利，故也不应该逃避合同义务。在案涉仲裁过程中，金某公司从未对其作为《3PL 合同》项下的债务人身份提出过异议，也安排了人员进行对账，现在申请撤销仲裁裁决显然违背诚信，与事实不符。

【裁判结果】

上海海事法院于 2020 年 4 月 30 日作出（2020）沪 72 民特 2 号民事裁定：驳回金某公司撤销上海仲裁委员会（2019）沪仲案字第 0366 号仲裁裁决的申请。裁定送达后已生效。

【裁判理由】

法院生效判决认为，案件争议焦点为系争运杂费纠纷是否属于金某公司与立某公司之间的仲裁协议范围。金某公司与立某公司系《3PL合同》签订方，双方关于"在合同履行过程中产生的任何争议"由上海仲裁委员会仲裁的约定合法有效，应当受到该仲裁管辖条款的约束。金某公司通过直接或间接控股或持股，事实上控制或影响关联公司的业务经营。无论从合同订立意图还是从合同实际履行角度看，金某公司及其关联公司是作为公司集团整体与立某公司发生法律关系。

在合同订立方面，协议明确合同甲方为生产方，而生产方为金某公司及其关联公司，并通过附件与补充协议的方式列明了42家关联公司。双方也确认《3PL合同》及附件对金某公司的关联公司具有约束力。因此，可以认定合同甲方包括金某公司及其关联公司。在合同履行方面，根据案涉业务模式，金某公司对全部物流运输业务进行统筹管理，金某公司指定一家关联公司代表公司集团负责定期统一对双方业务金额进行对账。金某公司及其关联公司共同作为甲方在履行合同。虽然运杂费通常基于特定的货物运输合同产生，但金某公司及其关联公司系作为公司集团整体订立并履行合同，《3PL合同》就运费的结算和支付进行了约定，运费争议属于履行《3PL合同》而产生。因此，系争运杂费争议既属于立某公司与从事该业务的金某公司的关联公司之间的仲裁协议范围，也属于立某公司与金某公司之间的仲裁协议范围。在未重复主张权利情况下，立某公司有权就案涉运杂费争议向金某公司提起仲裁请求，金某公司申请撤销仲裁裁决的理由不能成立。

此外，在《3PL合同》项下相关争议发生后，金某公司代表公司集团与立某公司就关联公司的具体业务进行谈判，金某公司及其关联公司与立某公司之间均根据合同仲裁条款相互提起仲裁请求，金某公司在案涉仲裁过程中也未就争议事项不属于双方仲裁协议范围向仲裁庭提出过异议。这些行为都表明各方都在依据《3PL合同》及附件主张相应权利，必然也应承担相应的合同义务，确保各方权利义务平衡。综上所述，金某公司申请撤销仲裁裁决的理由缺乏事实和法律依据。

【案例注解】

为适应国际商业贸易利益发达的现状，国际商会（International Chamber of Commerce，ICC）仲裁院发展出了公司集团理论，将仲裁协议的效力延伸到与签字方属于同一公司集团的其他公司上，在不否定公司法人格的情况下，追究关联公司中相关成员的责任。虽然能否直接依据公司集团理论将仲裁协议效力扩张至非签字方的母（子）公司存在较大争议，但是公司集团理论顺应大型集团公司的发展现实，在仲裁协议审查方面形成的方法理念与判断标准，能够为仲裁庭及法院就个案判断提供有益借鉴和指导。本案中，各方对于金某公司作为母公司签订的仲裁条款效力约束其关联公司并无异议，法院并未直接依据公司集团理论解决仲裁条款效力扩张问题，而是借助公司集团理论的判断标准，循此解决子公司与相对人之间的争议事项是否属于母公司与相对人的仲裁协议范围问题。

在判断集团子公司所涉争议是否属于母公司与相对人的仲裁协议争议解决范围时，可以从母子公司的控制关系、具体业务的实质性参与程度以及争议双方的仲裁合意角度进行考量。在母子公司均受仲裁条款约束的情况下，如果母公司对委托流程、财务对账结算等具体业务在集团内部有具体分工安排的，仲裁庭对子公司业务纠纷所作的裁决事项，不属于超出母公司与相对人的仲裁协议范围。

一、公司集团理论及发展

公司集团理论为1982年国际商会（ICC）仲裁院在Dow Chemical v. Isover Saint Gobain[1]（以下简称Dow Chemical案）的仲裁裁决中首次提出，并得到了法国法院的支持，[2] 随后公司集团理论在多个ICC仲裁裁定

---

[1] Dow Chemical v. Isover Saint Gobain, ICC Case No. 4131, Interim Award, Spet. 23, 1982, JDI p. 899(1983), *comment* Yves Derains.

[2] The ward was confirmed by the *Courd' Appel de Paris*, Oct. 21, 1983, REV. ARB. p. 98(1984).

中得到发展。① 依据该理论,法院和仲裁庭可以在不否定公司法律人格的情况下,追究关联公司中相关成员的责任,要求其进行仲裁,② 从而超越公司独立法人主体资格的严格区分,将仲裁协议的效力延伸到与签字方属于同一公司集团的其他公司。

理论上来说,仲裁协议的非签字方不能直接参加仲裁,但国际商事发展导致仲裁条款的效力限制于签字方并不合适。当今社会,随着商业贸易的发达,大型企业尤其是跨国大型企业,为了使分支机构与母公司之间资产相互分离,对不同的业务开设不同的分支机构。这种法人主体和责任的分离是基于有限责任原则,由法律赋予公司独立的人格。因此商事仲裁往往会面临如何判断仲裁协议中"真实"当事人这一巨大挑战。对于"真实"仲裁协议当事人的审查往往因为在仲裁协议上签字的主体与实际交易主体的不同变得困难重重。当然,法院和仲裁庭可以用刺破公司面纱理论来解决这个问题。但是为了防止仲裁条款效力不合理地扩张至非签字方,几乎大部分法律体系在适用刺破公司面纱理论时有着严格的要求,要求集团公司的合作框架整体上是基于欺诈或者其他不正当行为,并且给对方造成不公正的损失,在此基础上法院或仲裁庭才会更加倾向于去刺破公司面纱,将非签字方的第三人认定为仲裁协议的签字方。ICC 的公司集团理论则是"基于经济现实所作出的结论,并且与国际商务的需要相适应"③,将仲裁协议的效力延伸至非签字方的公司集团其他成员。公司集团理论和刺破公司面纱理论的主要区别在于公司集团理论认可了仲裁协议在所有当事人默认的基础上效力的延伸。

---

① See Government of Pakistan, Ministry of Religious Affairs v. Dallah Teal Estate and Tourism Holding Company (17 February 2011) (CA Paris).

② 参见池漫郊:《论仲裁条款在关联公司中效力范围之界定——基于"公司集团理论"及"刺破公司面纱理论"的比较研究》,载北京仲裁委员会编:《北京仲裁》第 66 辑,中国法制出版社 2008 年版。

③ Jarvin and Y. Derains (eds.) Collection ICC Arbitral Awards (1990), p. 151. 转引自陈挚:《公司集团理论对构建我国仲裁第三人制度的意义》,载中国广州仲裁委员会主办:《仲裁研究》第三十九辑,法律出版社 2015 年版。

该理论在法国、印度①得到接受的同时，也受到一些国家法院判决的明确否定。例如，英国法院在 Peterson Farm Inc. v. C&M Farming Ltd.② 案的裁决中明确认为仲裁庭适用公司集团理论存在严重缺陷，认为既然仲裁协议受英国法管辖，ICC 仲裁庭无权适用公司集团理论。③ 瑞士法院及仲裁员与美国一样也不接受公司集团理论。④ 在 Sarhank Group v. Oracle Corp.⑤ 案中，法院认为该理论低估了仲裁中的合意，对于仲裁协议非签字方缺少必要的保护。德国法院也在相关案例中明确，判断仲裁协议是否扩张至非签字方时不适用公司集团理论。⑥ 而新加坡⑦、俄罗斯⑧等更多的国家对仲裁条款效力是否能扩张至非签字方均进行个案分析，并予以严格的限制，对该理论的态度模棱两可。

二、判断标准与适用逻辑

目前公司集团理论发展出三个判断标准，一是公司集团的存在，二是实质性参与，三是存在仲裁合意。同一公司集团内非签字方成员对其

---

① 印度最高法院在近期的判决中明确认可了公司集团理论在印度国际仲裁领域中的应用。Chloro Controls India（P）Ltd. v. Severn Trent Water Purification Inc.（2013）案中认可了公司集团理论在国际上的发展，后在 CheranPropertiees Limited v. Kasturi And Sons Limited（2018）案中将该理论的适用范围进一步扩大。

② Peterson Farm Inc. v. C & M Farming Ltd（2004）EWHC 121，[2004] 1 Lloyd's L. Rep. 603，2004 WL 229138，7(4) INT'L ARB. L. REV. p. 111（2004），Q. B. Div.，2004.

③ （2004）1 Lloyd's L. Rep. 603, at 604. "[W] here an arbitration agreement (or the contract in which it is contained) is subject to English law… an ICC arbitral tribunal has no jurisdiction to apply the 'Group of Companies' doctrine."

④ See William W. Park, *Non-signatories and International Contracts: An Arbitrator's Dilemma*, MULTIPLE PARTY ACTIONS IN INTERNATIONA ARBITRATION 6, (2009): 14-15.

⑤ *Sarhank Group v. Oracle Corp.*, 404 F. 3d 657 (2d Cir. 2005).

⑥ See Higher Regional Court Braunschweig ("OLG Braunschweig"), BeckRS 2014, 11052. On the "Group of Companies Doctine" and Interpreting the Subjective Scope of Arbitration Agreements - which law applies? https://cdn. arbitration-icca. org/s3fs-public/document/media_ document/article_ group_ of_ comapnies_ doctrin_ 20160531. pdf

⑦ See Bernard Habtiau, *Non-signatories, Groups of Companies and Group of Contracts in Selected Asia Countries: A Case Law Analysis*, Journal of International Arbitration 32, no. 6 (2015): 571-620.

⑧ See Irina Tymczyszyn et al., *Joining Non-signatories to an arbitration*, Practical Law (Aug 06, 2014), https://content. next. westlaw. com/6-275-4952?isplcus = true & transitionType = Default & contextData = (sc. Default)&firstPage = true.

他成员所签合同的实质性参与是公司集团理论的突出特征和构成要件，但该事实行为目前并不能直接等同于非签字方成员接受仲裁协议效力扩张的默示同意，必须结合个案情况对当事人合意作具体分析。

（一）公司集团的存在

依据公司集团理论，满足适用标准则可以不考虑集团公司中各企业成员之间不同的法人格，认定公司集团中的公司为一个经济实体，则仲裁条款约束公司集团中所有有实质性参与的企业。存在同一个公司集团是公司集团理论适用的前提。在 Dow Chemical 案中将公司集团描述为同一经济实体，其又被称为紧密的集团结构，即要求签字的公司与非签字公司处于同一集团并有紧密的关系。主要表现为控制，即要求母公司对子公司控制达到显著程度；集团公司共享，即集团公司内部成员之间共用资源或财产；公司的混同，即母子公司混同使第三人无法区分。[①] 上述表现实质上均反映非签字方与签字方超过一般企业之间的组织或者经营上的联系。

本案中，案涉纠纷运杂费系基于立某公司与金某公司关联公司之间的运输业务而产生。金某公司与其关联公司是依法成立的法人，各自独立行使权利并承担责任，母公司与他人之间仲裁协议的效力不当然及于其关联公司，但金某公司通过直接或间接控股或持股，事实上控制或影响关联公司的业务经营。母公司对子公司的持股比例是判断公司集团存在的一个标准，多数持股权并不足以认定控制关系的存在，更重要的是母公司特定行为或决定对子公司的影响。案涉运输业务模式中，金某公司的关联公司在具体业务中直接委托立某公司运输，完成运输后金某公司指定一家关联公司每月与立某公司就业务进行对账。事后，金某公司亦代表多家关联公司与立某公司及案外人签订债权转让协议，并在其他纠纷中主张其关联公司的权利。以上种种现象可以证明，金某公司及

[①] 参见陈挚：《公司集团理论对构建我国仲裁第三人制度的意义》，载中国广州仲裁委员会主办：《仲裁研究》第三十九辑，法律出版社 2015 年版。

《3PL 合同》附件一中列明的"及其在中国大陆投资的关联方"属于同一公司集团。

(二) 实质性参与

适用公司集团理论的前提是存在仲裁条款签字方和非签字方属于一个公司集团且具备关联关系的事实，但在实践中更重要的是未签字方实质并有效地参与到合同各个阶段，如磋商、订立、履行及终止等方面，以证明未签字方在事实上同意被合同中的仲裁条款所约束。实质性参与是一个定量标准，仅仅参与到合同某个阶段并不足以满足这一标准，必须审查这些参与行为是否足以积极以致将非签约方纳入仲裁条款管辖范围。①

《3PL 合同》签字方仅为金某公司及立某公司，但在合同上明确"甲方"为生产方，生产方为金某公司及其关联公司，并通过附件与补充协议的方式列明了 42 家关联公司。从合同条款内容及订立目的看，立某公司是为金某公司及其关联公司提供物流服务，该合同对金某公司的关联公司具有约束力，并得到金某公司和立某公司的确认。金某公司对全部物流业务进行统筹管理，关联公司将货物委托给立某公司运输并负责货物具体交接、验收等事项。待金某公司指定关联公司就业务对账完成确认后，相应关联公司再向立某公司支付运杂费。这期间，金某公司及其关联公司作为共同的甲方履行合同。虽然金某公司的关联公司并未在合同上签字确认，但其实质并积极有效地参与到合同各个阶段。

(三) 存在仲裁合意

公司集团理论指出理论适用的核心在于是否所有相关方都有目的使非签字方受到仲裁条款的约束，不仅包括所有签字方，也包括非签字方自身必须有受到仲裁条款约束的准备。公司集团的存在能使法院或仲裁

---

① Stavros L. Brekoulakis, *Third Party in Internationa Commercial Arbitration*, Oxford University Press, 2010, p. 157. 转引自陈挚：《公司集团理论对构建我国仲裁第三人制度的意义》，载中国广州仲裁委员会主办：《仲裁研究》第三十九辑，法律出版社 2015 年版。

庭更容易发现签字方与非签字方存在混同或共享资源的情形，也意味着非签字方积极参与合同的表现，以此来证明仲裁合意的存在。

强调仲裁的合意性，对于非签字方而言，必须证明包括所有签字方和非签字方在内的所有当事人都具有使非签字方受到仲裁协议约束的合意，或者基于公平与诚信原则，非签字第三人不参与仲裁会造成明显不公。当非签字方主动要求仲裁，则仲裁庭在判断仲裁协议是否扩张至非签字方时设立的标准会有所降低。① 当事人主动要求仲裁即可认为事实上其愿意将纠纷诉诸仲裁。若反之，将仲裁条款约束非签字方，则非签字方会以其从未签署仲裁条款进行抗辩，进而要求详细审查仲裁协议合意。仲裁庭或法院会区分有合意的签字方或没有合意的签字方，但并不这并不意味着有合意的签字方一定能够加入仲裁程序，仅是指强制非签字方加入仲裁程序的证明程度高于允许非签字方主动要求加入仲裁程序。②

在判断公司仲裁合意存在时，首先需要考虑合意的存在，然后才是判断合意的范围。考虑仲裁合意时可以从两点出发：一是该公司集团是否让它的合同相对方真正相信非签字成员是合同的真正当事人；二是整个集团的行为是否让合同相对方合理地相信非签字成员是合同的真正当事人。本案中，从合同签订目的及履行过程看，金某公司及其关联公司系作为公司集团整体与立某公司订立并履行案涉《3PL合同》，金某公司及立某公司均确认《3PL合同》对金某公司的关联公司具有约束力，因此可以有理由相信立某公司与金某公司及其关联公司之间存在仲裁的合意。系争运费属于履行《3PL合同》而产生，该合同就运费的结算和支付进行了约定，因此运杂费纠纷既属于立某公司与从事该业务的金某公司关联公司之间的仲裁协议范围，也属于立某公司与金某公司之间的仲裁协议范围。

---

① 除 Dow Chemical 案外，还有 Société V 2000 v. Société Project XJ 220 ITD etautre, REV. ARB. p. 245 (1996), *comment* Charles Jarrosson. See William W. Park, *Non-signatories and International Contracts: An Arbitrator's Dilemma*, MULTIPLE PARTY ACTIONS IN INTERNATIONA ARBITRATION 6, (2009): 14-15.

② See William W. Park, Non-signatories and International Contracts: An Arbitrator's Dilemma, MULTIPLE PARTY ACTIONS IN INTERNATIONA ARBITRATION 6, (2009): 14-15.

事实上，公司集团理论主要解决的是仲裁机构管辖权问题，并非用于解决主合同权利义务关系，也不是要揭开法人面纱。出于经济上的便利而突破法律上的原则和规则，也必须受到警惕。当事人合意是国际商事仲裁的基石，无论用何种理论分析仲裁协议效力扩张，都必须结合个案对当事人共同意思作具体分析。本案中，案涉合同相关争议发生后，金某公司及其关联公司与立某公司之间均根据合同仲裁条款相互提起仲裁请求，金某公司在案涉仲裁过程中未就争议事项不属于双方仲裁协议范围向仲裁庭提出过异议。这些行为都表明各方都在依据《3PL 合同》及附件主张相应权利，必然也应承担相应的合同义务，确保各方权利义务平衡。

[案件合议庭成员　张健　李海跃（承办法官）　邱浩

编写人　上海海事法院　李海跃　陆迪春]

【调查与研究】

国际商事法庭在中国的实践、创新和未来展望
——在最高人民法院国际商事专家委员会第三届研讨会上的主题发言

周汉民[*]

（2022年8月24日）

尊敬的最高人民法院周强院长，

女士们、先生们：

衷心感谢本次论坛的主办方请我就国际商事法庭在中国的实践、创新和未来展望谈一点个人的观点。我主要讲四个方面的问题。

一、设立国际商事法庭的必要性

伴随着世界经济重心"由西向东"迁徙式发展，连通欧亚板块和五大洲四大洋的跨境经济交易活动愈发频繁，相伴相行的是，相关国际商事纠纷数量也日益增多。统计数据显示，新加坡国际仲裁中心（SIAC）、香港国际仲裁中心（HKIAC）、设立于吉隆坡的亚洲国际仲裁中心（AIAC）、韩国国际商事仲裁院（KCAB）、中国国际经济贸易仲裁委员会（CIETAC）、上海国际仲裁中心（SHIAC）等亚洲地区领先仲裁机构近十年的国际商事仲裁案件数量和标的金额均呈现稳步增长的态势。

---

[*] 全国政协常委、民建中央副主席、上海市社会主义学院院长。

在此背景下，对于在多元化争议解决体系中占主导的诉讼制度而言，亚洲地区有关法域的司法审判机关在处理国际商事纠纷过程中逐渐认识到：一方面，无论根据哪一套冲突法规则，任何一宗国际商事案件的管辖必然且唯一地归属于某一法域的某一层级法院，意味着国际商事案件的审理工作需要适用乃至适应受案法院成熟（甚至僵化）的法庭规则；另一方面，国际商事案件本身的国际化特性，意味着单一地区的法庭规则难以像极富弹性的商事仲裁规则一般，满足国际商事案件在审理过程中对法庭规则的个性化需求，而对于规则的实际需求在当事人拟定管辖方案之初即会产生实质影响。

因此，亚洲地区国际商事争议解决机制近十年来呈现着这样一种发展格局：一方面，以国际商事仲裁制度为代表的多元化争议解决机制在亚洲地区获得了跨越式发展；另一方面，国际商事仲裁制度的发展客观上促使亚洲地区有关法域的司法审判机关设立专门履行国际商事案件审判职能的国际商事法庭。

从亚洲地区设立国际商事法庭的实践来看，在2015年至2019年间，亚洲地区主要法域相继设立了迪拜国际金融中心法院（Dubai International Financial Centre Courts，DIFC Courts）、阿布扎比全球市场法院（Abu Dhabi Global Market Courts，ADGM Courts）、卡塔尔金融中心民商事法庭（Civil and Commercial Court of the Qatar Financial Centre，QFC Courts）、新加坡国际商事法庭（Singapore International Commercial Court，SICC）、中国国际商事法庭（China International Commercial Court，CICC）等。其中，中华人民共和国最高人民法院根据《最高人民法院关于设立国际商事法庭若干问题的规定》，已经在广东省深圳市设立了第一国际商事法庭，在陕西省西安市设立了第二国际商事法庭，并已制定了《最高人民法院国际商事法庭程序规则（试行）》。

二、国际商事法庭实践的进步性

当今世界，正在经历百年未有之大变局。以世界经济整体发展样态和模式变革为底层动力,国际商事法庭的设立和运作必须满足国际商事案件审裁的客观需求。据统计,中国国际商事法庭至今已经对涉及意大利、泰国、英属维京群岛等国家和地区当事人的国际商事案件作出了判决或裁定。中国国际商事法庭的判决和裁定涉及国际商事仲裁协议的成立和效力问题、国际民用航空器维保协议纠纷的主管机关识别问题、国际商事仲裁裁决的承认和执行问题、跨国独家经销协议的履行问题等具有国际性和专业性特征的商事法律问题。中国国际商事法庭依托自身的专业优势,特别是一支具有国际化、专业化审判业务能力的审判员队伍,采用与国际接轨的法庭规则和实践做法,确保了相关国际商事纠纷的审判程序和结果与国际通行规则相接轨,代表着中国国际商事审判实务的前沿理念和先进做法。

有鉴于中国国际商事法庭在中国审判组织内部所处的地位,中国国际商事法庭的先进理念将会获得下级法院的认可和尊重,这将有助于统一和提升中国法院审理类似国际商事案件的裁判标准,亦有助于提高跨境商事主体对中国司法裁判规则的感知能力和把握能力。与此同时,中国国际商事法庭的实践和发展,对于优化中国国内的法治营商环境,保护中国企业在海外经营过程中的合法权益,发挥着十分重要的作用。

三、国际商事法庭的创新性

纵观已经设立的国际商事法庭的诉讼规则,可以总结出两大规律。

第一,部分国际商事法庭的程序规则和实体规则受普通法系的实践影响较深。例如:阿布扎比于2015年制定《关于适用英国法的法律》,允许阿布扎比全球市场法庭适用英国商事法律中的实体规范;迪拜通过立法的方式全面引入了普通法系的诉讼规则,废止了伊斯兰教教法和大陆法系传统做法;阿布扎比、迪拜和新加坡均允许外国法官任职于本地的国际商事法庭等。

第二,国际商事法庭的规则创新很大一部分借鉴了国际商事仲裁的规则实践。例如:允许当事人自行决定案件所适用的语言、案件所适用的实体法律规范，丰富有利于案件快速审理的程序工具，乃至为当事人提供更为多样的审判人员资源。这些创新内容成了国际商事法庭存在的必要基础，也是现如今各个国际商事法庭之间竞争的必争之地，业界将其形象地称为"forum selling"。

以中国国际商事法庭程序规则为例，该规则允许其外国专家委员担任国际商事案件的调解员，以专业调解促进案件的快速解决。事实上，在以上海国际仲裁中心《自贸区仲裁规则》为代表的中国商事仲裁机构制定的仲裁规则中，已经将具有"东方经验"美誉的调解制度嵌入商事仲裁程序之中，注重发挥商事调解的功能，通过"调解+仲裁"的模式提高商事仲裁案件裁决的质量和效率。显然，中国国际商事法庭程序规则对调解制度价值的理解和认同与以上海国际仲裁中心为代表的亚洲地区领先仲裁机构的理念相一致。

因此，中国国际商事法庭程序规则未来可以进一步借鉴国内头部仲裁机构在规则创新方面的有益实践，提高国际商事法庭规则的"弹性"，以及规则与国际商事案件裁判需求之间的适配性。

四、国际商事法庭的未来性

中国国际商事法庭未来的发展，必须追随中国经济发展的总体规划和要求。我们必须牢记，国际商事法庭这一理念之所以会在亚洲地区生根发芽，其底层动力乃是世界经济重心"由西向东"这一变化中的格局。对于中国国际商事法庭而言，其未来发展离不开活跃的国际商事交易往来，离不开商事主体对国际化、专业化审判能力的迫切需求，也离不开政府对涉外法治发展的政策支持。

最高人民法院已经在深圳和西安分别设立了第一国际商事法庭和第二国际商事法庭。我们知道，深圳和西安分别代表着中国南方地区和西北地区经济发展的高水平。上海，特别是浦东新区，是中国东南沿海地区乃至全国经济发展的"名片"。2021年，党中央批准浦东打造社会主义现代化建设引领区。面对百年变局，社会主义现代化建设引领区必须面向全球，面向未来，必须对标最高标准、最好水平，其中自然也包括了打造与上海在国际经贸往来中的城市地位和上海国际争议解决需求相适应的国际商事审裁制度供给。

在此，我诚恳地建议最高人民法院考虑并规划在上海设立中国最高人民法院第三国际商事法庭，以更宽泛的国际视野处理国际争端，以更有效的国际审判经验反哺国际经贸秩序构建，进一步提升上海在国际经贸往来中的能级，构建以"中国规则"为重要动力的国际商事法律规则体系，助力和推动中华民族的伟大复兴，同时为构建人类命运共同体作出贡献。

国际商事争端预防与国际商事争端解决的融合发展
——在最高人民法院国际商事专家委员会
第三届研讨会上的主题发言

黄 进[*]

（2022年8月24日）

国际商事争端预防与国际商事争端解决的融合发展，是实现市场主体和国际社会"法治健康"的可行路径，符合法律和法治的发展规律，有利于推动构建完善的国际商事争端治理体系，有利于推动"一带一路"建设和国际贸易投资繁荣发展，有利于推动全球治理与国际法治体系的变革和建设，有利于推动构建人类命运共同体，值得我们高度重视，大力推进。

一、国际商事争端预防与国际商事争端解决是国际商事争端治理问题的两端和两面

争端解决是指在争端发生后通过协商、调解、仲裁和诉讼等方式对争端予以化解和处理的活动。而争端预防是指在争端未发生之前针对争端可能产生的原因和因素，采取宏观或微观的有效措施予以消除，并对可能引发争端的主体、事项进行早期防御与矫正，以防止、减少、避免争端发生的活动。由此可见，国际商事争端预防与国际商事争端解决是国际商事争端治理问题的两端和两面，两者都是针对国际商事争端治理来思考、研究和行动的。众所周知，法律和法治的本意就是要防止、减

---

[*] 中国法学会副会长、中国国际法学会会长、中国国际私法学会会长。

少、避免、解决和消除人类社会的矛盾、分歧、纠纷、争议和争端,争端预防和争端解决都是法律和法治的题中应有之义。过去,法学界比较偏重于研究争端的解决,对争端的预防研究非常不够,或者说得更大些,就是比较偏重于临床法学的研究,忽视预防法学的研究。我们应该认识到,争端预防不同于争端解决,两者是有所区别的,争端预防重在防患于未然,争端解决重在化解已经产生的矛盾、分歧、纠纷、争议和争端。但是,两者的根本目的其实是一致的,即避免和消除矛盾、分歧、纠纷、争议和争端,息讼止争,维护社会稳定和正常的秩序。相比较而言,从社会治理的有效性和善治角度来说,防患于未然的争端预防优于救火于已然的争端解决。可以这样说,现有国际商事争端治理体系是有缺陷的,比如,重解决、轻预防,重对错、轻合作,重后果、轻前因,所以当我们探讨国际商事争端的解决时不能忽视国际商事争端的预防;当然,当我们探讨国际商事争端的预防时也不能忽视国际商事争端的解决。开展国际商事争端治理,要学会风险防范和争端解决两手抓,而且两手都要硬。当下,针对百年大变局与世纪疫情交织背景下的国际商事争端预防,相关机构和企业尤其要加强三个机制的建设,即企业合规管理机制、投资贸易摩擦预警机制、争端预防干预与矫正机制。

二、国际商事争端预防与国际商事争端解决融合发展是全球治理与国际法治的内在要求

当前,世界正经历百年未有之大变局。新冠疫情全球肆虐,史无前例;经济全球化遭遇逆流,单边主义、保护主义抬头,世界经济低迷、增长动能不足,国际贸易投资大幅萎缩,贫富分化日益严重;地区冲突、热点问题此起彼伏,恐怖主义、网络安全、重大传染性疾病、气候变化等非传统安全威胁持续蔓延。世界面临的不稳定性、不确定性日益突出,国际关系和世界格局剧烈动荡、深刻调整,对全球治理与国际法治提出了前所未有的挑战。在这样的时代背景下,全球治理变革与国际法治建设不仅要有效应对和解决世界上此起彼伏的矛盾、分歧,而且还要善于预防和管控。这就需要我们坚守《联合国宪章》确立的维护世界和平及

安全、促进国际合作与发展、尊重和保障人权的宗旨,坚持真正的多边主义,维护以联合国为核心的国际体系,维护以国际法为基础的国际秩序,维护以《联合国宪章》宗旨和原则为基础的国际关系基本准则,加快构建并施行有效的国际争端预防体制机制。

三、国际商事争端预防与国际商事争端解决融合发展是中华传统和合文化现代化和国际化的体现

和合是中华传统文化的重要概念,强调人类社会要和睦相处、和衷共济、和而不同、和谐发展。在中国,和合观贯穿于天人合一的宇宙观、协和万邦的天下观、和而不同的国家观、琴瑟和谐的家庭观、人心和善的道德观,在方方面面影响着每一个中国人,以及中国社会制度的建构及其社会治理。和合文化是中华民族先贤在实践中孕育的智慧,表现为人与人、人与社会、人与自然相互依存的和谐状态,必然要求在社会生活中既要有效应对和解决已经产生的矛盾、分歧,又要善于预防、减少、避免潜在的矛盾、分歧。中华传统文化十分重视息讼和无讼,防患于未然。我想举几个例子来说明:其一,孔子曾说:"听讼,吾犹人也。必也使无讼乎!"他的意思是说,审理诉讼案件,我同别人是一样的,重要的是必须使诉讼的案件根本不发生!他强调了无讼是预防争端所追求的。其二,东汉政治家荀况在总结军事和政治方法论时曾说:"先其未然谓之防,发而止之谓之救,行而责之谓之戒,但是防为上,救次之,戒为下。"他讲了三策,即"事前之策"为预防之策,"事中之策"为救援之策,"事后之策"为整改惩戒之策。他强调事前预防是上策,事中应急次之,事后整改是下策。其三,《黄帝内经》记载:"圣人不治已病,治未病;不治已乱,治未乱;病已成而后药之,乱已成而后治之,譬犹渴而穿井,斗而铸锥,不亦晚乎!"强调高明的医生第一选择是治未病,体现了中医推崇治未病的哲学思想。上述可见,在中国古代,无论是在政治军事中、司法活动中,还是在中医治病救人中,都强调预防优先,将预防和处置有机结合起来。当然,要做到这一点很不容易。但这是一种理想、一种价值追求。

四、国际商事争端预防与国际商事争端解决融合发展是中国特色社会主义法治体系建设的重要内容

党的十八大以来，中国政府高度重视法治建设，将全面依法治国纳入"四个全面"战略布局。习近平总书记多次强调，要强化法治思维，运用法治方式，有效应对挑战、防范风险。他在 2020 年中央全面依法治国工作会议上明确提出："'消未起之患、治未病之疾，医之于无事之前。'法治建设既要抓末端、治已病，更要抓前端、治未病。我国国情决定了我们不能成为'诉讼大国'。我国有 14 亿人口，大大小小的事都要打官司，那必然不堪重负！要推动更多法治力量向引导和疏导端用力，完善预防性法律制度，坚持和发展新时代'枫桥经验'，完善社会矛盾纠纷多元预防调处化解综合机制，更加重视基层基础工作，充分发挥共建共治共享在基层的作用，推进市域社会治理现代化，促进社会和谐稳定。"2018 年中共中央办公厅、国务院办公厅联合下发的《关于建立"一带一路"国际商事争端解决机制和机构的意见》提出："支持相关单位联合'一带一路'参与国商协会、法律服务机构等共同建立非政府组织性质的国际商事争端预防与解决机制。"事实上，2020 年 10 月，中国国际商会联合其他国家和地区的商协会、法律服务机构、高校智库共同发起设立了国际商事争端预防与解决组织。这是国际上第一个明确将国际商事争端预防与解决结合起来建立的非政府间非营利性国际组织，将通过提供商事争端预防、调解、仲裁等法律服务来公平公正、高效便捷地保护国际商事主体的合法权益，促进共建"一带一路"和国际贸易投资繁荣发展，所以，可以这样说，推动国际商事争端预防与国际商事争端解决融合发展，是深入学习贯彻习近平法治思想，坚持统筹推进国内法治和涉外法治，加强国际法研究和运用，强化"一带一路"法律服务的现实需要。

五、通过强化国际商事争端预防机制促进国际商事争端治理体系更加完善

国际商事争端治理体系，既包含争端解决，也包含争端预防。争端预防与争端解决一样，都是国际商事争端治理体系不可或缺的组成部分。但争端预防又不同于争端解决，它更符合市场主体对平等互利、合作共赢的期待，可以在一定程度上弥补现有国际商事争端解决机制的局限和不足，它通过建立健全各种有效的争端预防机制，可以避免争端的产生和升级，维护和促进正常、健康的国际商事环境和秩序。国际商事争端预防是一个复杂的系统工程，争端预防的方式方法是多种多样的。就世界整体而言，它既可以在国际层面开展，也可以在国内层面开展。在国际层面上，既需要政府间国际组织在其创制和运行中引入争端预防机制，也需要非政府国际组织有所作为，践行并推广争端预防理念，制定并推广标准合同和示范法。在国内层面上，就某一具体国家而言，争端预防可以由政府来推动，也可以由企业积极主动作为，还可以发挥国内行业非政府组织的作用，出台预防性法律制度和相关政策，强化企业合规管理，加强行业引导和商事主体践行。比如，在国际商事领域，非政府国际组织在争端预防方面能够发挥非常重要的作用。国际商会（ICC）基于国际贸易实践编纂形成国际商事惯例并推广，就是争端预防的有效做法。现在问题的关键是，国际商事争端预防与国际商事争端解决如何融合发展，如何有机地对接、衔接起来，而不是把两者割裂开来。这就要求我们无论是在国际层面还是在国内层面，都要构建更加系统化、多元化、国际化、法治化的国际商事争端治理体系；在立法领域，要注重健全完善预防性法律制度，以及与解决性法律制度的有机衔接和融合；在执法领域，要将预防挺在前面，强化先预防后解决的执法路径；在调解、仲裁和司法领域，要确立争端解决与争端预防融合发展的理念，在解决争端的同时为预防争端埋下伏笔；在守法领域，要强化防患于未然的观念，尽可能防止争端产生，将争端消灭在萌芽状态，有效管控争端的升级；在用法（法律服务）领域，要建立更加多元、完善的法律服务体系，构建大法律服务平台，大力拓展非争端解决类法律服务。

中国国际商事法庭：
迈向国际商事争端"融解决"体系
——在最高人民法院国际商事专家委员会第三届研讨会上的主题发言[*]

单文华[**] 冯韵雅[***]

（2022年8月24日）

近十多年来，如雨后春笋般建立的国际商事法庭成为国际争端解决领域一道独特的"风景线"。新建立的国际商事法庭不但继承和强化了早期建立的国际商事法庭所发展出的两大重要特征，即专业化和国际化，还逐渐发展出了一种新的特征——融合化。所谓融合化，是指国际商事法庭在发展过程中逐渐打破与仲裁、调解的边界，在诉讼程序的设计上吸收仲裁、调解程序的特点，使这三种争端解决方式呈现出紧密融合的趋势。随着"一带一路"建设不断发展深化，"一带一路"相关国家间交往日益频繁，跨境商事纠纷呈现增长趋势。在此背景下，我国亟须建立与"一带一路"发展相配套的争端解决机制。最高人民法院所建立的

---

[*] 本文系单文华教授主持的最高人民法院2020年度重大课题《国际商事法庭运行机制研究》的结项成果之一。其早期版本曾发表于 Asia Pacific Law Review (SSCI) 2021年第1期 [Shan, Wen-hua, and Yunya Feng. The China International Commercial Court: towards an integrated dispute resolution system. Asia Pacific Law Review 29.1 (2021): 107-128]。本文在该英文版本基础上有进一步的修改与更新。

[**] 西安交通大学法学院院长、教授、博士生导师。

[***] 西安交通大学法学院博士研究生。

中国国际商事法庭及其"一站式"国际商事纠纷多元化解决机制（以下简称"一站式"机制），首次系统性地将诉讼、仲裁和调解整合在一个一体化的平台，不仅有力地对接了国际商事法庭发展的世界潮流，而且集中展示了中国司法的创新能力和体制优势。这一"一站式"机制的理论和实践基础来自最高人民法院在国内司法体系中推行十数年的多元化纠纷解决机制司法改革试验；最高人民法院通过建立"一站式"平台、国际商事专家委员会和国际商事法庭协调指导办公室，为"一站式"机制提供制度支撑；通过深化诉讼和调解的融合、支持仲裁解决纠纷等程序设计，"一站式"机制的运行得以保证。中国国际商事法庭及其"一站式"机制是中国对于国际商事争端解决所作出的一份独特的重要贡献，如果实施得当，可望收到引领世界商事争端解决潮流的卓越成效。运用并发展"融解决"（Integrated Dispute Resolution，IDR）这一理念以突出展示中国国际商事法庭的"一站式"机制作为国际商事争议解决"中国方案"的突出优势与特征；在制度上，应对"一站式"机制的制度安排进一步细化，包括实行案号共享机制、建立国际商事专家委员会调解中心等；此外，还有必要推进"一站式"机制的实体化建设，包括建立融解决中心和中央法务区，作为其展示窗口和示范样板。

一、融合化：国际商事争端解决的世界潮流

国际商事法庭并非新生事物。早在1895年，英国就设立了现代意义上的商事法庭。该法庭设立的初衷在于回应伦敦金融城和商业社会对专业化的商事法庭的迫切需求：希望由本专业领域的学识渊博、经验丰富的法官来便捷、经济地审理他们的纠纷。由于英国的商事法庭同时受理国际和国内的商事案件，法律上它并不是一个纯粹的国际商事法庭。但是，就其目前审理的案件而言，70%以上均为纯粹的国际商事案件。[1] 进入21世纪以来，特别是国际金融危机爆发以来，国际经济关系及其争端解决日趋复杂和严峻，国际金融和争端解决中心的争夺日趋激烈，一批

---

[1] 参见单文华：《国际商事法庭发展的域外经验与中国贡献》，载《中国审判》2018年第15期。

国际商事法庭纷纷成立，迪拜国际金融中心法院、卡塔尔国际法庭和争端解决中心、新加坡国际商事法庭、阿斯塔纳国际金融中心法院、阿布扎比全球市场法院、荷兰商事法庭纷纷面世。此外，印度、乌兹别克斯坦、沙特阿拉伯、比利时等国家也在酝酿建立本国的国际商事法庭。① 可以说，近年来如雨后春笋般涌现的国际商事法庭构成了一道亮丽独特的法律风景线。

通过研究这些新建立的国际商事法庭，可以发现它们所具有的一些共同特点。尤其是，除了吸收和借鉴了传统国际商事争端解决中专业化和国际化的特点，这些新建立的国际商事法庭还逐渐发展出一种新的特点，即融合化。所谓的融合化，指的是国际商事争端领域的三种主要解决渠道，即诉讼、仲裁和调解，现在已经更紧密地融为一体，彼此之间的边界已经开始模糊。新建立的国际商事法庭在程序设计上都或多或少地吸收和借鉴了商事仲裁、调解程序的特征，尤其是在管辖权的确立、法官选任机制、当事人自主权和判决执行机制这四个方面。

（一）管辖权

在民事诉讼中，管辖权的确立通常由法律规定（法定管辖），并要求争议与法院所在地具有某种实质性联系；而商事仲裁的管辖权确立则以当事人的合意为基础（协议管辖），并不存在实质性联系等要求。相比之下，仲裁管辖权的确立更具灵活性，使得仲裁庭能够广泛地接受商事争议，反之也能增强争议当事人承认和执行仲裁裁决的意愿。

为了增强自身在国际商事争议解决中的吸引力，在管辖权的确立形

---

① Sai Ramani Garimella & M. Z. Ashraful, "The Emergence of International Commercial Courts in India: A Narrative for Ease of Doing Business?", 1 Erasmus L. Rev. 111 (2019); Kiran Nasir Gore, "Highlighting an Emerging Regional Hub with Ms. Diana Bayzakova, Director of the Tashkent International Arbitration Centre", Kluwer Arb. Blog (Nov. 27, 2019); Gillian Hadfield, "Saudi Arabia's TechUtopia Neom Will Have to Reinvent the Rules to Succeed", TechCrunch.com (Dec. 24, 2017); Guillaume Croisant, "The Belgian Government Unveils Its Plan for the Brussels International Business Court (BIBC)"(Kluwer Arbitration Blog, 25 June 2018), http://arbitrationblog.kluwerarbitration.com/2018/06/25/the-belgian-government-unveils-its-plan-for-the-brussels-international-business-court-bibc, accessed 15 November 2019.

式上，国际商事法庭大多在法定管辖的基础上积极接受当事人通过协议管辖的方式选择本法院，并为此提供诸多便利。例如，新加坡国际商事法庭既可以接受属于新加坡高院的一审案件（法定管辖），还可以接受当事人通过协议选择该法院的案件（协议管辖）。① 此外，为了确保协议管辖的有效性，新加坡国际商事法庭特别规定："如果当事人已经协议选择新加坡国际商事法庭管辖其争议，法庭不得仅以该争议属于其他管辖范围为由拒绝接受该争议。"② 迪拜国际金融中心法院对于管辖权的规定与新加坡类似。除了与迪拜国际金融中心有联系的民商事争议、根据迪拜国际金融中心法律法规属于迪拜国际金融中心法院管辖的争议外，迪拜国际金融中心法院还可以受理当事人通过书面形式约定提交迪拜国际金融中心法院解决的民商事争议。③ 荷兰商事法庭的管辖权条款虽未如同上述两个国际商事法庭那样详细，但是也通过简洁的方式规定了接受当事人协议管辖，其规定荷兰商事法庭的管辖权可以基于当事人间达成的荷兰商事法庭协议，该协议约定"当事人一致同意由荷兰商事法庭受理其争议，并使用英语作为诉讼语言"④。

尽管新建立的国际商事法庭的管辖权条款在表述上并不完全一致，但是它们都积极接受当事人协议管辖，通过法定管辖与协议管辖相结合的形式将诉讼与仲裁的管辖权特点融为一体。这种管辖权确立上的融合既可以扩大国际商事法庭的受案范围，又可以增加其在国际商事争议解决中的吸引力和竞争力。

（二）法官选任

司法权是国家主权的重要组成部分，所以各国对于法官的任职资格都在法律中予以明确规定，尤其是对于法官的国籍有着严格的要求，当

---

① SICC, SICC Procedural Guide, Art 2.1.
② SICC, SICC Rules of Court, Order 110 r. 8(2).
③ DIFC Courts, Dubai Law No. 12 of 2004: The Law of the Judicial Authority at Dubai International Financial Centre (as amended), Art 5(A).
④ See https://www.rechtspraak.nl/English/NCC/Pages/jurisdiction-and-agreement.aspx, accessed 20 Mar. 2021.

事人无权选择解决其争议的法官。与此相比，商事仲裁员、调解员通常由当事人指定，仲裁员、调解员有可能来自不同的国家和地区，但一定是该争议领域的专业人士。这也成为商事争议当事人更倾向于选择仲裁解决其争议的主要原因之一。①

新建立的国际商事法庭也开始逐渐放宽对法官资格的限制，尤其是对国籍的限制。例如，2014年新加坡通过修改宪法的形式为新加坡国际商事法庭任命外国法官铺平了道路。② 目前，新加坡国际商事法庭共有47名法官，其中18人是非新加坡籍的外国法官。③ 与新加坡类似，迪拜国际金融中心法院目前由5位本国法官和8位外籍法官组成；卡塔尔国际法庭和争端解决中心由2位本国法官和11位外籍法官组成；阿布扎比全球市场法院的8位法官全部为外籍法官。④ 此外，比利时的布鲁塞尔国际商事法庭在构思时甚至探讨过将国际商事法律领域专家任命为"非专业法官"（Lay Judge）的可能性。⑤ 可以看出，国际商事法庭在法官任命上正逐渐放宽国内诉讼制度的束缚，并吸纳商事仲裁中裁判者国际化、专业化的特点。

（三）当事人意思自治

商事仲裁的另一大特点是赋予当事人充分的意思自治权，当事人可以在合意的基础上选择适用的仲裁程序，甚至修改部分仲裁程序。在民

---

① 根据伦敦大学玛丽皇后学院和伟凯律师事务所联合报告，38%的国际商事仲裁当事人认为"可选择仲裁员"是国际商事仲裁最具优势的三个因素之一。QMUL and White & Case, "2015 International Arbitration Survey: Improvements and Innovations in International Arbitration", https://www.whitecase.com/sites/whitecase/files/files/download/publications/qmul-international-arbitration-survey-2015_0.pdf, accessed 30 June 2020.

② Constitution of the Republic of Singapore (1965), art 65(4)(c).

③ SICC, Judges https://www.sicc.gov.sg/about-the-sicc/judges, accessed 13 August 2022.

④ DIFC Courts, Judges, https://www.difccourts.ae/court-structure/judges/, accessed 13 August 2022; QICDRC, The Court Overview, https://www.qicdrc.gov.qa/the-courts/overview, accessed 13 August 2022; ADGM Courts, Judges, https://www.adgm.com/adgm-courts/judges, accessed 13 August 2022.

⑤ Guillaume Croisant, The Belgian Government Unveils Its Plan for the Brussels International Business Court (BIBC) (CONFLICTS OF LAWS.net, 22 May 2018).

事诉讼中，诉讼程序由法律规定，当事人无权选择或修改诉讼程序。一些新建立的国际商事法庭吸纳仲裁的这一特点，在诉讼程序中赋予当事人更大的自主权，允许当事人在合意的基础上选择适用或修订某些诉讼程序。这种诉讼程序上的诉讼与仲裁的融合使得这些国际商事法庭更像是"仲裁法庭"①，在这一点上新加坡国际商事法庭最具代表性。新加坡国际商事法庭在案件是否公开审理、采取何种证据规则以及是否放弃上诉权等问题上，均赋予当事人极大的自主权，这些都体现了商事仲裁中当事人合议约定优先适用的原则。

1. 保密性

诉讼庭审通常是公开进行的，而大多数商事仲裁则是非公开的。尽管对于提升仲裁程序透明度的呼声持续高涨，但是只有当事人在要求公开庭审时，仲裁庭才会就是否公开作出决定。对于商事争议的当事人而言，仲裁程序的保密性也是其选择仲裁最重要原因之一。② 与大多数法院相同，目前国际商事法庭通常也要求案件公开审理。③ 新加坡国际商事法庭在此则采取了混合模式，即诉讼程序默认为公开审理、公开判决；当双方当事人一致同意非公开审理，且该争议属于离岸案件④时，法庭可以根据当事人的请求决定案件审理非公开进行，相关案件材料和信息也不予公开；任何人不得披露或公开与案件有关的信息或文件；案件的法庭档案应当密封。

2. 证据规则

在诉讼程序中，证据规则属于诉讼程序规则的一部分，由法律予以

---

① Bookman PK and Erie MS, Experimenting with International Commercial Dispute Resolution(2021) 115 AJIL Unbound 5.

② Gary B. Born, International Commercial Arbitration, 2779-2782 (2d ed., Kluwer Law International 2014).

③ E. g., NCC, Rules of Procedure for the International Commercial Chambers of the Amsterdam District Court (NCC District Court) and the Amsterdam Court of Appeal (NCC Court of Appeal), art. 7. 5; QICDRC, The Qatar Financial Center Civil and Commercial Court Regulations and Procedural Rules, art 28. 3; ADMG Courts, ADMG Courts Procedural Rules 2016 (amended on 9 July 2020), art. 173.

④ 离岸案件，是指与新加坡没有实质联系的案件，但不包括以下：(1) 通过一审诉讼程序开始的、属于其国际仲裁法下的案件；(2) 属于高等法院（海事管辖权）法案下的对物（对船舶或其他财产）的诉讼。

规定。因此，诉讼程序中的仲裁规则是强制适用的，当事人无权修改这一规则。在商事仲裁中则并无统一的证据规则。仲裁机构一般会制定自己的证据规则或证据指引，① 但当事人也可以通过协商一致的方式指定某一证据规则的适用。② 与传统的民事诉讼不同，新加坡国际商事法庭也规定，当事人可以在协商一致的情况下，可以指定某一特定证据规则的适用，以全部或部分替代新加坡证据规则。③ 由于国际商事争议的当事人及其代理人很有可能并非法院所在地国的公民，也并不熟悉当地相关法律和规则，这种规定极大地便利了争议的解决，增加了新加坡国际商事法庭对于当事人的吸引力，且增强了当事人对新加坡国际商事法庭的信心。此外，为了保证诉讼程序的效率，新加坡国际商事法庭还进一步规定，法庭有权"为公平、快速和经济地进行诉讼"而修改当事人相关证据规则的约定，或作出其他规定。④

3. 上诉权

仲裁实行一裁终局制，仲裁裁决具有最终的法律约束力且不得上诉。一裁终局制确保了仲裁程序的效率，被认为是仲裁的基本优势之一。而诉讼程序一般采取多重审级制度（通常是两审或三审），为当事人提供上诉的渠道。为了满足商事争议当事人在解决争议中对程序效率的需求，新加坡国际商事法庭吸收融合了一裁终局制的程序特点，其规定：新加坡国际商事法庭作出的判决可以上诉至新加坡上诉法院；但是，当事人可以通过协商一致放弃、限制或修改其上诉权。⑤ 荷兰商事法庭也作出了类似的规定。⑥ 这种规定对于寻求快速、经济的争端解决方式的商事争议当事人而言，无疑具有巨大的吸引力。

---

① 仲裁机构的证据指引并非仲裁规则的一部分，其适用是基于案件当事人的协商一致。例如，《中国国际经济贸易仲裁委员会证据指引》。
② E. g. UNCITRAL Arbitration Rules, Art. 1(1); SCIA Arbitration Rules, Art. 42(6).
③ SICC, Rules of Court, Ord. 110, r. 23.
④ SICC, Rules of Court, Ord. 110, r. 23.
⑤ SICC Practice Directions (2016), r. 139(3).
⑥ See Blenheim, Appeal Proceedings under Dutch Law, https://dutch-law.com/appeal-proceedings.html, accessed 20 March 2021.

（四）裁决执行

商事仲裁裁决的承认和执行主要通过《纽约公约》、各种区域国际商事条约和双边司法协助条约实现。其中，《纽约公约》由于缔约国数量众多（160个缔约国）且覆盖绝大多数重要经济体，因此在商事仲裁裁决的承认和执行中发挥了极为重要的作用。① 与此相比，民商事诉讼判决的承认和执行则主要依靠双边或多边条约、国内法或各个国家的司法实践。2019年，海牙国际私法会议第22届外交大会通过了《承认与执行外国民商事判决公约》，显示出国际社会为促进和便利外国民商事判决的承认和执行在多边层面所作出的努力。但是目前该条约仅有3个缔约国，② 因此该条约距离达到《纽约公约》那样广泛的作用和影响还有很长的路要走。对于国际商事法庭而言，判决的承认和执行问题则更为复杂和严峻，因为大部分国际商事法庭接受当事人协议管辖，这意味着"当事人可能在法庭所在地仅有一点或没有任何实体存在，并且可能在法庭所在地几乎没有任何资产"。③ 通过对比可以看出，商事裁决在《纽约公约》下所获得的广泛的承认和执行也是商事仲裁在争议解决领域持续保持优势的重要原因。

部分国际商事法庭已开始着手解决判决的承认与执行问题，其中，迪拜国际金融中心法院首创的判决"转化"机制提供了一种解决路径。通常，迪拜国际金融中心法院判决的承认和执行可以通过一系列双边、多边条约或与其他外国法院签署的不具有强制约束力的指引备忘录来实

---

① New York Arbitration Convention, List of Contracting States, http://www.newyorkconvention.org/list+of+contracting+states, accessed 4 April 2020.

② Hague Conference on Private International Law, Instruments: Convention of 2 July 2019 on the Recognition and Enforcement of Foreign Judgments in Civil or Commercial Matters, https://www.hcch.net/en/instruments/conventions/status-table/?cid=137, accessed 19 March 2021.

③ Reyes, Anselmo. Recognition and Enforcement of Interlocutory and Final Judgments of the Singapore International Commercial Court. J. Int'l & Comp. L. 2 (2015): 338.

现。① 除此之外，迪拜国际金融中心法院还规定，在当事人通过协议管辖的形式将其争议提交迪拜国际金融中心法院解决时，可以在其协议中纳入一个条款，规定：在迪拜国际金融中心法院作出的判决的执行中产生的争议，且符合所有"参照标准"② 时，该争议应当提交迪拜国际金融中心—伦敦国际仲裁院或其他仲裁中心解决。③ 仲裁院将通过仲裁程序解决这一执行争议。该程序被称之为判决的"转化"机制，但是其并非严格意义上的转化，而是赋予了判决的胜诉者另一种选择以获得判决的承认和执行。④ 理论上，通过仲裁解决的执行争议将产生一个仲裁裁决，而该裁决也可以通过《纽约公约》获得承认和执行。目前，迪拜国际金融中心法院的这一转化机制还尚未被当事人使用过。⑤ 但是，通过该转化机制，国际商事法庭的判决不仅保留了判决的权威性，还首次获得了与商事仲裁裁决相同的承认和执行效力。我们也非常期待看到该机制在运作中所产生的效果。

二、中国国际商事法庭：国际商事争端解决的"一站式"机制

随着"一带一路"建设的深入推进，涉及地区的跨境民商事争议数

---

① 迪拜国际金融中心法院与英国商事法院、澳大利亚联邦法院、新南威尔士最高法院、肯尼亚国家法院、新加坡国际商事法庭和纽约南区法院均签署了此类指引备忘录。See DIFC Courts, DIFC Enforcement Guidelines, http://difccourts.ae/enforcing-difc-court-judgments-and-orders-outside-the-difc1/, accessed 21 May 2020.

② The Referral Criteria referred to in this model clause were defined in the draft Practice Direction as follows: (1) The judgment has taken effect in accordance with Rule 36.29; (2) the judgment is a judgment for the payment of money (whether or not the judgment also provides for remedies other than the payment of money); (3) there is an enforcement dispute in relation to the judgment; (4) the judgment is not subject to any appeal and the time permitted for a party to the judgment to apply for permission to appeal has expired; and (5) the judgment creditor and judgment debtor have agreed in writing that any enforcement dispute between them shall be referred to arbitration pursuant to this Practice Direction.

③ Amended DIFC Courts Practice Direction No. 2 of 27 May 2015, Referral of Judgment Payment Disputes to Arbitration.

④ Hwang, Michael, "Commercial courts and international arbitration—competitors or partners?", Arbitration International 31.2 (2015): 205.

⑤ Erie, Matthew S. "The new legal hubs: the emergent landscape of international commercial dispute resolution." Virginia Journal of International Law 59.3 (2019).

量也在逐年增长。统计数据显示，2013年至2017年5年间，各级人民法院共审执结涉外民商事案件20万余件，较过去的五年增长一倍以上。① 这一数字仍在持续增长，2018年一审审结的涉外民商事案件1.5万件，2019年为1.7万件。② "一带一路"相关国家间法律、司法和文化等存在较大差异，因此民商事争议也更具复杂性。在此背景下，为推进"一带一路"建设，妥善化解建设过程中产生的商事纠纷，并积极应对国际商事争端解决领域日趋激烈的"话语权"竞争，2018年6月，中国国际商事法庭分别于深圳和西安同时揭牌，并正式开始运行。

中国国际商事法庭"一站式"机制的建立和规则设计不仅顺应了"一带一路"相关国家商事争议解决的需求，还呼应了国际商事争端解决的国际趋势，不仅充分借鉴了现有国际商事法庭专业化和国际化的先进经验，还通过"一站式"机制创造性地发展了融合化的特征。现有的国际商事法庭更多地是借鉴了仲裁和调解的一些元素，或是通过连结的方式与仲裁或调解相结合，并未将三者机制性、系统性地整合在一起。中国国际商事法庭"一站式"机制则系统性地将诉讼、仲裁和调解整合在一个一体化的平台。"一站式"机制的理论和实践基础源自最高人民法院近二十年来在国内推行的多元化纠纷解决机制司法改革；其制度支撑体现在"一站式"平台、国际商事专家委员会和国际商事法庭协调指导办公室的建立；在程序设计上，则通过深化诉讼和调解的融合、支持仲裁解决纠纷等促进"多元化"机制的运行。

（一）实践基础

中国国际商事法庭"一站式"机制的理论和实践基础，来自最高人民法院自2005年起在国内司法体系中开始推行的多元化纠纷解决机制司法改革理念。2005年最高人民法院发布的《人民法院第二个五年改革纲

---

① 参见《最高人民法院负责人就〈关于建立"一带一路"国际商事争端解决机制和机构的意见〉答记者问》，载 http://cicc.court.gov.cn/html/1/218/149/192/550.html，2021年8月10日访问。

② 参见《专访最高人民法院民四庭庭长王淑梅》，载 http://cicc.court.gov.cn/html/1/218/62/164/1591.html，2021年8月11日访问。

要（2004—2008）》中首次提出多元化纠纷解决机制的概念，并指出人民法院应当：（1）加强和完善诉讼调解制度；（2）依法支持和监督仲裁活动；（3）探索新的纠纷解决方法；（4）促进建立健全多元化的纠纷解决机制。最高人民法院在司法体系中推行多元化纠纷解决机制司法改革有多重原因。首先，随着经济快速增长、经济和社会改革不断深入，国内争议的数量、类型、主体和内容的多样性和复杂性也日益增长。诉讼作为最具权威性的争议解决机制，自身已经不能够满足解决各种形式争议的需求。发展多种形式的争议解决机制迫在眉睫。第二，调解在中国的争端解决历史上一直发挥着十分重要的作用。在民事诉讼中，"调解优先、调判结合"也是人民法院的工作原则之一。此外，从20世纪90年代开始，由各种社会团体所建立的非诉讼争端解决机制也在快速发展。[①] 人民法院和社会团体在多种非诉讼争端解决工作中积累了丰富的经验，为多元化纠纷解决机制司法改革的推行打下了坚实的基础。

2007年，多元化纠纷解决机制司法改革从几个地方人民法院开始进行试点探索。在随后的十三年间，一系列促进多元化争端解决机制发展的地方法规纷纷出台。[②] 尽管目前在中央层面尚没有相关立法，但是一个以中央文件[③]和地方法规为支撑的多元化纠纷解决机制体系目前已初步成型。该机制包括建立诉讼和调解相衔接的平台，建立诉讼和仲裁相衔接的平台，以及强化仲裁和调解的衔接。[④]

随后，多元化纠纷解决机制理念被推广至国际商事纠纷解决领域。最高人民法院2016年6月发布的文件中明确表示要"推动多元化纠纷解决机制的国际化发展……发挥各种纠纷解决方式的优势，不断满足中外

[①] 参见龙飞：《论国家治理视角下我国多元化纠纷解决机制建设》，载《法律适用》2015年第7期。

[②] 例如，《厦门经济特区多元化纠纷解决机制促进条例》《山东省多元化解纠纷促进条例》《黑龙江省社会矛盾纠纷多元化解条例》《福建省多元化解纠纷条例》《四川省纠纷多元化解条例》《安徽省多元化解纠纷促进条例》等。

[③] 参见《中共中央办公厅、国务院办公厅关于完善矛盾纠纷多元化解机制的意见》（中办发〔2015〕60号）。

[④] 参见《中共中央办公厅、国务院办公厅关于完善矛盾纠纷多元化解机制的意见》（中办发〔2015〕60号）。

当事人纠纷解决的多元需求,为国家'一带一路'等重大战略的实施提供司法服务与保障。"① 诚然,"一带一路"建设过程中产生的国际商事争议较国内争议而言更为复杂和多样,与传统的诉讼、仲裁和调解相比,"一站式"机制将更好地服务于"一带一路"国际商事纠纷的解决。推动多元化纠纷解决机制的国际化发展随后被一系列的中央文件予以确认。2018年,中共中央办公厅、国务院办公厅印发《关于建立"一带一路"国际商事争端解决机制和机构的意见》,将坚持纠纷解决方式多元化原则作为建立"一带一路"国际商事争端解决机制和机构的四大原则之一,并提出最高人民法院设立国际商事法庭,牵头组建国际商事专家委员会,支持"一带一路"国际商事纠纷通过调解、仲裁等方式解决,推动建立诉讼与调解、仲裁有效衔接的多元化纠纷解决机制,形成便利、快捷、低成本的"一站式"争端解决中心,为"一带一路"建设参与国当事人提供优质高效的法律服务。② 2019年,最高人民法院发布的《人民法院第五个五年改革纲要(2019—2023)》再次强调"健全'一带一路'国际商事争端解决机制""完善调解、仲裁、诉讼相互衔接的'一站式'国际商事纠纷解决平台"。③ 可以看出,中国国际商事法庭"一站式"机制是国内司法改革在积累丰富经验的基础上迈出国际化的重要一步,在此过程中,多元化纠纷解决机制的司法改革理念始终贯穿,发挥了重要的引领作用。

(二)机制支撑

为了促进"一站式"机制的运行,最高人民法院通过建立"一站式"平台、国际商事专家委员会和国际商事法庭协调指导办公室,为中国国际商事法庭"一站式"机制提供制度支撑。

---

① 参见《最高人民法院关于人民法院进一步深化多元化纠纷解决机制改革的意见》(法发〔2016〕14号)。

② 参见《中共中央办公厅、国务院办公厅印发〈关于建立"一带一路"国际商事争端解决机制和机构的意见〉》。

③ 参见《最高人民法院关于印发〈最高人民法院关于深化人民法院司法体制综合配套改革的意见——人民法院第五个五年改革纲要(2019—2023)〉的通知》。

1. "一站式"平台

最高人民法院国际商事法庭的核心是其建立的"一站式"平台。"一站式"平台通过纳入若干有影响力的仲裁和调解机构,为中国国际商事法庭"一站式"机制建立物理平台,从而为诉讼、仲裁和调解相衔接提供了制度保障。通过"一站式"平台,商事争议当事人可以选择其中任何一种争议解决方式来解决其争议。2018年12月,中国国际经济贸易仲裁委员会、上海国际经济贸易仲裁委员会、深圳国际仲裁院、北京仲裁委员会、中国海事仲裁委员会以及中国国际贸易促进委员会调解中心、上海经贸商事调解中心等国内有影响力的仲裁和调解机构被第一批纳入"一站式"机制。① 这些机构将与国际商事法庭一道,共同致力于打造一个诉讼、仲裁和调解相融合的争端解决平台。

考虑到"一站式"平台所纳入的机构均为中国仲裁和调解机构,曾有专家学者建议,应考虑纳入部分港澳地区及国外具有影响力的仲裁和调解机构,以增强"一站式"平台的影响力、公信力和吸引力。对此,2019年12月最高人民法院在《最高人民法院关于人民法院进一步为"一带一路"建设提供司法服务和保障的意见》中曾作出积极回应,将"拓展国际商事法庭'一站式'纠纷解决平台的国际商事仲裁机构、国际商事调解机构名单,适当引入域外国际商事仲裁机构、国际商事调解机构,使更多国际商事纠纷在中国获得高效解决"。② 但是现实中将域外仲裁机构纳入"一站式"平台、在我国开展仲裁业务存在一定的障碍。这是由于我国法律中并没有规定确定仲裁裁决国籍的标准,仲裁理论界和实务界一般推断认为,我国立法意图是以作出仲裁裁决的仲裁机构的国籍确定仲裁裁决的国籍。③ 因此,域外仲裁机构如果在我国开展业务,仲裁裁决的籍属很有可能不被认定为我国仲裁裁决,而被认定为仲裁机构所在地的域外仲裁裁决;而根据《纽约公约》所采用的仲裁地标准,在我国

---

① 参见《最高人民法院办公厅关于确定首批纳入"一站式"国际商事纠纷多元化解决机制的国际商事仲裁及调解机构的通知》(法办〔2018〕212号)。

② 参见《最高人民法院关于人民法院进一步为"一带一路"建设提供司法服务和保障的意见》。

③ 参见高晓力:《司法应依仲裁地而非仲裁机构所在地确定仲裁裁决籍属》,载《人民司法》2017年第20期。

作出的仲裁裁决又不能被认定为外国仲裁裁决。这给域外仲裁机构在我国开展业务造成了实质上的阻碍。但是，2021年7月30日司法部发布了《中华人民共和国仲裁法（修订）（征求意见稿）》，其中第二十七条明确规定："仲裁裁决视为在仲裁地作出。"这是首次通过法律形式确认了仲裁裁决的籍属问题。可以预见，该征求意见稿通过后，将为域外仲裁机构在我国开展业务以及相关判决的承认和执行扫清障碍。2022年6月22日，广州仲裁委员会、上海仲裁委员会、厦门仲裁委员会、海南国际仲裁院（海南仲裁委员会）、香港国际仲裁中心等机构被第二批纳入"一站式"机制。[①] 至此，香港地区仲裁机构正式成为"一站式"平台的一员。

2. 国际商事专家委员会

国际商事法庭的国际商事专家委员会制度是最高人民法院的一项制度创新。国际商事专家委员会设立，旨在吸收在国际商事领域的顶尖法律专家，以辅助国际商事法庭和"一站式"机制的运转。目前，国际商事专家委员会共由55位来自26个国家和地区的国际知名法官、学者、律师和仲裁员组成，其主要职责主要包括：（1）主持调解国际商事案件；（2）就国际商事法庭以及各级人民法院审理案件所涉及的国际条约、国际商事规则、域外法律的查明和适用等专门性法律问题提供咨询意见；（3）就国际商事法庭的发展规划提供意见和建议、就最高人民法院制定相关司法解释及司法政策提供意见和建议。[②]

国际商事专家委员会通过吸收在国际商事争端解决领域的权威专家，一方面缓解了中国国际商事法庭缺乏外国法官的现实困境，一方面通过其若干职能的行使将诉讼、仲裁和调解有效衔接。国际商事专家可以通过审前调解等形式主持调解国际商事案件；在诉讼中，国际商事专家可以为国际商事法庭案件就其所涉及的国际条约、国际商事规则、域外法律的查明和适用等专门性法律问题提供法律意见。通过这两项职能的行

---

① 参见《最高人民法院办公厅关于确定第二批纳入"一站式"国际商事纠纷多元化解决机制的国际商事仲裁机构的通知》（法办〔2022〕326号）。

② 参见《最高人民法院国际商事专家委员会工作规则（试行）》第三条。

使,国际商事专家委员会为国际商事法庭和"一站式"机制提供了有力的支撑。此外,由于国际商事委员会的成员均为本领域的顶尖专家,它们大多数具有"一站式"平台的仲裁机构的仲裁员的身份,在当事人选择"一站式"平台的仲裁机构进行仲裁时,很有可能选择这些专家作为其案件的仲裁员。但是,对于国际商事专家是否可以以仲裁员的身份参与"一站式"平台的仲裁案件,以及相关利益冲突问题,目前尚没有明确规定。

值得注意的是,新加坡国际商事法庭也有类似的规定。新加坡国际商事法庭规定,在外国法查明的问题上,新加坡国际商事法庭的注册专家可以提供法律意见并提交相关文件。① 但是,与中国国际商事法庭的国际商事专家不同,该注册专家是作为争议一方当事人的代表,而非国际商事法庭的专家。

3. 国际商事法庭协调指导办公室

为了指导协调国际商事法庭和"一站式"机制的建设、审判管理、对外交流等工作,最高人民法院设立了国际商事法庭协调指导办公室。国际商事法庭协调指导办公室同时还负责国际商事专家委员日常工作。② 国际商事法庭协调指导办公室的设立,有利于统筹和协调国际商事法庭、国际商事专家委员会和"一站式"平台的运转,进一步将"一站式"机制制度化。

(三)程序安排

多元化机制的运行不仅需要制度支撑,还有赖于各种程序规则的建立。目前,中国国际商事法庭"一站式"机制还处于初建阶段,其主要通过加强诉讼和调解的融合、支持仲裁解决纠纷两项程序安排促进多元化机制的运行。

1. 加强诉调融合

"调解优先、调判结合"是我国人民法院的重要工作原则之一,这一

---

① SICC Rules of Court, O. 110, r. 1(1) and r. 25(2).
② 参见《最高人民法院国际商事专家委员会工作规则(试行)》第六条。

原则也体现在中国国际商事法庭的规则之中，尤其是审前调解这一程序设计。但是，国际商事法庭的审前调解与民事诉讼的调解程序相比有若干不同：(1) 审前调解是国际商事法庭案件的必经程序，只有在当事人明确表示不同意审前调解的情况下，该程序才会终止，案件随后进入诉讼阶段；而民事诉讼中的调解则并非必经程序，只有诉讼当事人同意进行调解，该程序才会进行。(2) 在审前调解中，当事人可以选择国际商事专家委员会的专家或是"一站式"平台中的调解机构进行调解；而在民事诉讼的调解程序中，调解则是由法官直接主持的。(3) 在调解的期限上，审前调解通常不得超过二十个工作日①；而对于民事诉讼中的调解中，普通程序的调解不得超过十五日、简易程序的调解不得超过七日。

当国际商事法庭受理一个案件后，案件管理办公室首先召集当事人和/或委托代理人举行案件管理会议，以讨论和确定审前调解方式。如果当事人不同意审前调解，则确定诉讼程序时间表。② 在审前调解中，如果当事人未能达成调解协议或者因其他原因终止调解的，那么国际商事专家委员会办公室或者国际商事调解机构将调解情况表及案件相关材料送交案件管理办公室，案件管理办公室正式立案并确定诉讼程序时间表。调解记录及当事人为达成调解协议作出妥协而认可的事实，不得在诉讼程序中作为对其不利的根据（当事人均同意的除外）。③ 如果当事人在审前调解中达成了调解协议，国际商事法庭将在对调解协议依法审查后制发调解书，或是制发判决书（如果当事人要求）。当事人可以向国际商事法庭申请执行该调解书或判决书。④ 由于国际商事法庭是最高人民法院的常设审判机构，因此其制发的调解书具有同最高人民法院判决同样的法律效力，当事人仅可依照民事诉讼法的规定向最高人民法院本部申请再审。

此外，除了审前调解，在案件诉讼的任何阶段，当事人均可在协商

---

① 参见《最高人民法院国际商事法庭程序规则（试行）》第十七条。
② 参见《最高人民法院国际商事法庭程序规则（试行）》第十七条。
③ 参见《最高人民法院国际商事法庭程序规则（试行）》第二十五条、第二十六条。
④ 参见《最高人民法院国际商事法庭程序规则（试行）》第二十四条、第三十二条。

一致的情况下启动调解程序,并选择国际商事专家委员、国际商事调解机构或国际商事法庭的法官进行调解。①

2. 支持仲裁

由于仲裁程序相较诉讼而言更具灵活性、保密性,仲裁裁决相较判决而言获得承认和执行的范围也更广,因此,长期以来,仲裁在国际商事争议的解决中占据重要地位。尤其"一带一路"相关国家的法律、司法、文化等存在较大差异,仲裁以其专业性、灵活性等特点更受国际商事争议当事人的青睐。中国国际经济贸易仲裁委员会(CIETAC)的数据显示,近些年来涉及"一带一路"相关国家的国际商事仲裁案件持续增多,仅在2018年,就有557个涉及"一带一路"相关国家的案件在该仲裁委员会注册,受案金额达243亿人民币。

毫无疑问,仲裁将在中国国际商事法庭"一站式"机制中占有一席重要位置。为了促进仲裁解决争议、为"一站式"平台的仲裁机构提供支持和便利,中国国际商事法庭在其"一站式"机制中作出了两项重要的程序设计。其规定:国际商事仲裁案件的当事人申请保全的,仲裁机构应将当事人的申请提交国际商事法庭,国际商事法庭应当立案审查,并依法作出裁定;国际商事仲裁案件的当事人申请撤销/执行仲裁裁决的,可以直接提交国际商事法庭,国际商事法庭应当立案审查,并依法作出裁定。② 当事人申请保全和撤销/执行仲裁裁决的条件是,该国际商事仲裁案件的标的额为人民币3亿元以上或其他有重大影响。③ 根据民事诉讼法,涉外仲裁案件的保全、撤销或执行仲裁裁决的申请应提交被申请人住所地或者财产所在地的中级人民法院裁定。④ 中国国际商事法庭通过打破级别管辖、由级别更高的法院提供司法支持的方式,为"一站式"平台的国际商事仲裁机构提供了强力的支撑,这不仅强化了"一站式"机制运作中仲裁和诉讼的融合,也进一步增加了该机制对国际商事争议

---

① 参见《最高人民法院关于人民法院进一步为"一带一路"建设提供司法服务和保障的意见》第二十九条。
② 参见《最高人民法院国际商事法庭程序规则(试行)》第三十四条、第三十五条。
③ 参见《最高人民法院国际商事法庭程序规则(试行)》第三十四条、第三十五条。
④ 参见民事诉讼法第二百八十条。

当事人的吸引力。

三、迈向国际争端的融解决体系：完善建议

自 2018 年成立至今，中国国际商事法庭已经受理了来自多个国家和地区的一批国际商事纠纷案件，案件当事人来自日本、泰国、英属维京群岛等国家和地区，案件涉及不当得利纠纷、产品责任纠纷、盈余分配纠纷、股东资格确认纠纷、仲裁协议效力确认等。其中，9 个案件已经作出判决，而这 9 个案件中的 5 个都是通过"一站式"机制的运行完成的。① 但是，目前，中国国际商事法庭"一站式"机制建立时间较短，尚在探索过程之中，许多制度安排和程序设计仍处于框架阶段，有较大完善与发展空间。为更好地服务于"一带一路"建设中的国际商事争议解决，为国际商事争议解决贡献"中国方案"，建议考虑通过以下途径完善"一站式"机制。

（一）倡行融解决理念

中国国际商事法庭的"一站式"机制可以通过融解决这一理念，对其进行概念化和理论化。如上文所述，融合化已经成为国际商事争端解决的一个新趋势，新建立的国际商事法庭均在不同程度上融合了其他商事争议解决方式特点和优势（尤其是商事仲裁）。与此同时，国际商事仲裁也在不断吸收诉讼的特点和优势。例如，越来越多的仲裁机构制定并颁布仲裁员行为守则，对仲裁员予以职业规范，其参照就是诉讼中的法

---

① 这 5 个案件分别是：运裕有限公司、深圳市中苑城商业投资控股有限公司申请确认仲裁协议效力案［（2019）最高法民特 1 号］；北京新劲企业公司、深圳市中苑城商业投资控股有限公司申请确认仲裁协议效力案［（2019）最高法民特 2 号］；北京港中旅维景国际酒店管理有限公司、深圳维景京华酒店有限公司申请确认仲裁协议效力案［（2019）最高法民特 3 号］；张某、盛兰控股集团（BVI）有限公司、俏江澜发展有限公司与甜蜜生活美食有限公司申请撤销仲裁裁决案［（2019）最高法民特 4 号］；张某、盛兰控股集团（BVI）有限公司与甜蜜生活美食集团控股有限公司申请撤销仲裁裁决案［（2019）最高法民特 5 号］。来源 http://cicc.court.gov.cn/html/1/218/180/221/index.html，2022 年 8 月 13 日访问。

官职业规范;① 越来越多的国家授予仲裁庭发布临时措施的权力,而这种权力通常是属于法院等公权力机关的。除此之外,在对于投资者与国家间争端解决机制改革的讨论中,也有大量关于对投资者-国家间仲裁进行"公法化"或是"去商事化"的建议,这些建议包括建立仲裁员名单、制定仲裁员行为守则、建立投资者与国家间仲裁上诉机制以及建立投资仲裁法庭等。② 其中许多改革建议都是在借鉴诉讼的特点的基础上提出的。调解与诉讼和仲裁的融合则更不必多言,在一些国家和地区,尤其是中国,调解已经深深融入了诉讼和仲裁程序之中。因此,运用融解决这一理念对中国国际商事法庭"一站式"机制进行表述和宣传,可以精确和充分地展示中国国际商事法庭"一站式"机制作为国际商事争议解决"中国方案"的突出优势与特色,以此吸引国际商事争议当事人,增强自身吸引力和影响力。

(二) 细化融合规则

在制度层面,融解决机制的运行需要不同争端解决机制之间的有效衔接,以及国际商事专家委员会的深度参与。目前,中国国际商事法庭的融解决机制的制度安排仍处于框架阶段,需要对其规则进一步细化。因此,可以考虑通过建立共享案号机制、推动诉讼仲裁深度融合和建立国际商事专家委员会调解中心三个重要举措,进一步完善融解决机制的实体框架。

---

① See e. g., IBA Guidelines on Conflicts of Interest in International Arbitration, https://www.ibanet.org/MediaHandler?id = e2fe5e72 − eb14 − 4bba − b10d − d33dafee8918, accessed 10 Oct. 2020; Draft Code of Conduct for Adjudicators in Investor-State Dispute Settlement, https://icsid.worldbank.org/sites/default/files/draft_ code_ of_ conduct_ v2_ en_ final.pdf, accessed 9 Jul. 2021.

② See e. g., Canada-European Union Comprehensive Economic and Trade Agreement (CETA), Art 8. 29; Anthea Roberts, "Incremental, Systemic, and Paradigmatic Reform of Investor-State Arbitration" (2018) 112 American Journal of International Law 410; "Possible reform of investor-State dispute settlement (ISDS): Submission from the European Union and its Member States" (UNCITRAL, 24 Jan. 2019) http://undocs.org/en/A/CN.9/WG.III/WP.159/Add.1, accessed 10 Oct. 2020; "Possible reform of investor-State dispute settlement (ISDS): Submission from the Government of China" (UNCITRAL, 19 Jul. 2019) http://undocs.org/en/A/CN.9/WG.III/WP.177, accessed 10 Oct. 2020.

1. 建立共享案号机制

在现有的制度安排下,进入"一站式"平台的案件实际上仍分属于各个争端解决机构,当事人在"一站式"平台的不同的争端解决方式之间转换仍存在一定障碍。一个实体的、无障碍运行的"一站式"机制需要诉讼、仲裁和调解三者之间的有机融合,为当事人选择适当的争端解决方式提供充分便利。在此,可以参考"代码共享航班"的理念,建立中国国际商事法庭案号共享机制。在案号共享机制下,当一个案件进入"一站式"平台后,其将获得一个固定的共享案号,由国际商事法庭协调指导办公室统一建档;当该案件在平台的不同争端解决机制中流转时,其共享案号不变,但是每个争端解决机构仍有权添加自己的案号,并建立自己的档案。通过案号共享机制,既可以便利进入"一站式"机制的案件在不同争端解决机制中流转,使当事人得以选择最合适的争端解决方式,又可以便利国际商事法庭协调指导办公室对这些案件进行追溯和管理。

2. 推动诉讼仲裁深度融合

目前,尽管中国国际商事法庭"一站式"机制在诉讼和调解的融合衔接方面作出了详细的规定,但是对于诉讼和仲裁的衔接,仅规定了两种诉讼支持仲裁解决纠纷的途径。诉讼与仲裁是否可以像诉讼与调解、仲裁与调解那样,允许"一站式"机制的案件当事人在合意的基础上变更争端解决方式?这个问题的答案在目前的规定下是否定的。"一站式"机制中诉讼和仲裁的融合还存在一定的障碍,这是由于我国仲裁法规定"当事人达成仲裁协议,一方向人民法院起诉未声明有仲裁协议,人民法院受理后,另一方在首次开庭前提交仲裁协议的,人民法院应当驳回起诉"①。只有在仲裁协议无效,以及另一方在首次开庭前未对该案的受理提出异议的,人民法院才可以受理和审理。这意味着,进入"一站式"平台的仲裁案件在大多数情况下无法再次选择国际商事法庭的诉讼程序解决争议。

---

① 参见仲裁法第二十六条。

试图解决这一问题，香港特别行政区的规定值得借鉴。香港特别行政区《仲裁条例》规定，就仲裁协议的标的向法院提起诉讼的，一方当事人在就案件争议提出第一次申述前提出要求仲裁的，法院应当让当事人诉诸仲裁；法院将诉讼各方转交仲裁，应作出命令搁置该案的诉讼程序。① 与此同时，香港国际仲裁中心《仲裁规则》第13.8条也规定："若在仲裁启动后，当事人约定尝试以其他方式解决争议，应任何一方当事人要求，HKIAC、仲裁庭或紧急仲裁员可按其认为合适的条件暂停仲裁或紧急仲裁员程序（如适用）。若任何一方当事人向HKIAC、仲裁庭或紧急仲裁员提出要求，仲裁或紧急仲裁员程序应得到恢复。"② 通过这两项规定，进入仲裁的案件也可以在当事人协商一致的情况下开始诉讼程序，在当事人无异议的情况下法院也可受理这一案件。中国国际商事法庭可以借鉴香港特别行政区的这一经验，在其程序规则中纳入类似规定；而"一站式"平台的仲裁机构也可参考香港国际仲裁中心，在仲裁规则中纳入相关条款。

3. 建立国际商事专家委员会调解中心

国际商事专家委员会是中国国际商事法庭"一站式"机制的一项重要制度创新。如上文所述，国际商事专家委员会通过聘任一批具有影响力的国际商事专家，在一定程度上弥补了中国国际商事法庭缺乏外国法官的现实困境。这些商事专家的工作职能包括主持国际商事法庭案件的调解、就国际商事法庭的案件提供法律意见以及就最高人民法院其他国际商事问题提供咨询意见。但是，考虑到这些国际商事专家在争议解决领域具有坚实的理论基础和丰富的实践经验，在现有的框架下其发挥的作用还相当有限。截至目前，在国际商事法庭的运作中，国际商事专家委员会的专家也仅行使了提供法律意见和咨询的职能，其调解职能尚未被启动。根据目前的国际商事法庭规则，国际商事专家委员会仅在审前调解中具有裁判性的工作，而审前调解程序也仅为二十个工作日。相比于新加坡国际商事法庭、迪拜国际金融中心法院等国际商事法庭的国际

---

① The Hong Kong Cap. 609 Arbitration Ordinance, Art 20.
② Hong Kong International Arbitration Centre Administered Arbitration Rules (2018), Art 13.8.

法官而言，这一裁判性职能作用发挥的显然相当有限。

为了在更大程度上发挥国际商事专家委员会的作用，增强中国国际商事法庭的专业化和国际化程度，并完善"一站式"机制的实体架构，国际商事专家委员会的裁判性职能应适度扩张，以进一步实体化这一创新性制度，而这可以通过建立一个国际商事专家委员会调解中心的形式实现。国际商事专家委员会调解中心可以作为一个独立的机构，与其他仲裁和调解机构一道，纳入中国国际商事法庭"一站式"平台。该调解中心的调解员将由国际商事专家委员会的商事专家组成；当事人可以直接将案件提交国际商事专家委员会调解中心进行调解，商事专家作为调解员独立从事调解工作；作出的调解协议经由国际商事法庭审核后，可以制作成调解书或判决书，该调解书或判决书具有与国际商事法庭判决同样的法律效力。

建立国际商事专家委员会调解中心也是人民法院"调解优先、调判结合"原则的发展和落实。通过国际商事专家调解中心，国际商事专家委员会的商事专家的裁判职能将通过独立调解的形式进一步实现。与新加坡国际商事法庭、迪拜国际金融中心法院等国际商事法庭相比，国际商事专家委员会调解中心由50多位顶尖国际商事专家组成，而上述国际商事法院仅有十数个国际法官，这对于寻求高效、经济解决国际商事争议的当事人而言毫无疑问具有极大吸引力，也将毫无疑问拓展"一站式"机制的案源。

（三）建立融解决中心和中央法务区

除了在概念和制度层面对融解决机制进行发展和完善外，还可参考新加坡麦克斯韦多元纠纷解决中心（Maxwell Chambers），对融解决机制进行实体建设。麦克斯韦多元纠纷解决中心通过引入世界著名的争端解决机构，打造"一站式"替代性纠纷解决服务中心，并提供一流的设施和服务。目前，大约有50个著名的国际纠纷解决机构入驻该中心，其中包括国际商会仲裁院、国际投资争议解决中心、海牙常设仲裁法院、伦敦商事仲裁法庭、世界知识产权组织仲裁和调解中心、英国皇家特许仲裁员学会都是其合作伙伴。同时,新加坡本土的争议解决机构,如新加坡国际仲裁中心、新加坡国际争议解决中心、新加坡仲裁员协会以及新加坡海事仲裁员协会也都进驻该中心。此外,有超过 6 家世界知名的商事律师事务所的分所(代办处)也开始进驻该中心办公。① 在新冠疫情期间,麦克斯韦多元纠纷解决中心还与伦敦国际争端解决中心、多伦多和渥太华的仲裁中心共同建立了国际仲裁中心联盟,致力于减少新冠疫情期间距离、时区等不可抗力因素对替代性纠纷解决程序和仲裁程序的进行产生的挑战。② 这些都显示出新加坡致力打造亚太地区乃至全球纠纷解决中心的雄心。

中国国际商事法庭"一站式"机制可借鉴新加坡的经验,建立一个或若干融解决中心。该融解决中心可集合所有"一站式"平台的仲裁和调解机构,并提供完善的争议解决配套设施,例如,开庭场所、庭审设备以及相关办公系统等。围绕融解决中心,还可通过建立一个中央法律服务区(CLD)的形式,吸引与争议解决相关的法律服务机构入驻,例如国内外知名律师事务所、公证机构、翻译机构、专利代理服务机构等。笔者曾于 2017 年提出建立中央法律服务区的建议,并获得中央和地方相关部门的肯定。2020 年 12 月,这一中央法律服务区——"一带一路"国际商事法律服务示范区(中央法务区),已在西安落地。③

---

① See https://www.maxwellchambers.com/directory-partners-related-services/, accessed 19 Jan. 2021.

② Maxwell Chambers forms international alliance(In-House Community, 20 May 2020), https://www.inhousecommunity.com/article/maxwell-chambers-forms-international-alliance/, accessed 19 Jan. 2021.

③ 陕西省教育厅:《西安交通大学首倡国家级"中央法务区"落地西安并初步成型》,载https://m.weibo.cn/status/4585324661965350,2022 年 8 月 13 日访问。

【信息与资料】

最高人民法院国际商事专家委员会
第三届研讨会暨首批专家委员续聘活动综述

在阳光明媚的北京初秋，最高人民法院隆重举行了一场气氛热烈、务实高效的国际商事法律界盛会。

2018年8月24日，最高人民法院国际商事专家委员会成立，首批聘任的专家委员在四年聘期内充分发挥自身特长和优势，为中国涉外审判工作发展和最高人民法院国际商事法庭建设积极建言献策，在参与域外法查明、国际调解、司法解释研讨、提供法律咨询意见等方面发挥了"智囊团"作用，为不断开创国际商事专家委员会工作新局面、将专家委员会建设成为国际一流法律智库奠定了坚实基础。

2022年8月24日，首批专家委员任期届满。经最高人民法院研究，决定对首批23位专家委员进行续聘。8月24日下午，在最高人民法院国际商事专家委员会第三届研讨会暨首批专家委员续聘活动上，中华人民共和国首席大法官、最高人民法院院长周强向续聘的专家委员代表颁发了聘书，并代表最高人民法院对各位国际商事专家委员的辛勤付出和突出贡献表示衷心感谢。"希望各位专家委员充分发挥专业化、多元化、国际化优势，形成更多务实高效的合作成果，不断开创国际商事专家委员会工作新局面，共同将专家委员会建设成为国际一流法律智库，为高质量共建'一带一路'和推动构建人类命运共同体提供高水平司法服务。"周强院长的讲话表达了对专家委员们的殷切期望。

出席会议的外交部、国家发展和改革委员会、商务部、中国国际贸易促进委员会领导,全国人大代表,全国政协委员充分肯定了专家委员的作用与贡献,并对国际商事专家委员会的发展提出宝贵建议。

外交部副部长谢锋指出,及时有效解决国际商事争议是保障各国人民合法权益、维护国际公平正义的必然要求。"外交部愿继续为国际商事法庭、专家委员会和各位专家的工作提供支持和协助,共同为统筹推进国内法治和涉外法治贡献力量。"

商务部部长助理郭婷婷认为:"国际商事专家委员会自成立以来,秉承共商共建共享的原则,充分发挥专业化争端解决优势,为保护中外当事人合法权益,营造稳定、公平、透明、可预期的法治化营商环境发挥了重要作用。"

"共建'一带一路'行稳致远需要法治保驾护航。"国家发展和改革委员会区域开放司司长徐建平认为,国际商事法庭和专家委员会为促进共建国家投资和贸易往来提供了重要支撑,期待国际商事法庭和专家委员会能发挥更大作用,为各方参与共建"一带一路"提供更加有力的法律保障。

"相信国际商事专家委员的续聘将进一步凝聚中外专家力量,依法依规高效解决国际商事争议。"中国国际贸易促进委员会副会长柯良栋认为,国际商事专家委员会充分发挥了专业优势,为人民法院审理国际商事纠纷案件、制定相关司法解释和司法政策提供了智力支持。

全国人大代表陈福利为国际商事法庭工作点赞,建议"一站式"国际商事纠纷多元化解决机制运行更加"开放公正高效",以条约作为统筹国内法治和涉外法治的抓手。全国政协委员李大进希望,以更多的国际商事纠纷精品案例,建立涉外商事审判的信任和权威。

一、"智囊团"成就显著,未来可期

"我们感到使命光荣、责任重大。"世界贸易组织上诉机构前主席、清华大学国际争端解决研究院院长张月姣在代表续聘专家委员的发言中说。她总结了首批国际商事专家委员在运用专业优势助力涉外审判、积极参与国内外学术交流、扩大中国在国际法治建设的影响力等方面的显著成就，并就下一步发挥专家委员职能、加强国际司法合作等提出建议。

香港特别行政区律政司前司长、香港国际仲裁中心联席主席袁国强认为，设立国际商事法庭具有重要意义："国际商事法庭不但妥善地配合国内司法架构的整体运作，并且能进一步强化我国司法机构整体功能和形象的增设架构，向国际社会展示了我国坚定维护法治和构建以规则为基础的营商环境的决心。"而作为国际商事专家委员，在加强国际商贸界对国际商事法庭的优点和独特性的充分理解上有一定责任，应在合适时向国际社会讲好国际商事法庭的故事。

"最高人民法院国际商事法庭的成立得到国际社会的关注和鼓励。"英格兰及威尔士高等法院前法官威廉·布莱尔爵士表示，国际商事法庭为"一带一路"参与者提供了更广泛的争端解决机制，在这一领域深受欢迎。

在续聘活动后的研讨环节，来自20多个国家和地区的40多位专家委员，围绕"跨境商事纠纷的发展、挑战与对策"这一主题，在4个具体议题框架下进行了广泛深入的讨论，为国际商事专家委员会的新发展拉开了序幕。

二、高起点启动凝聚新共识，各国国际商事法庭合作迈新阶

国际商事纠纷的公正高效解决已成为促进现代商业发展和全球经济繁荣的重要动力，国际商事法庭的建设和发展对构建人类命运共同体、推动经济全球化具有重大的现实意义和深远的历史影响。围绕第一个议题"国际商事法庭的最新发展趋势及热点前沿问题"，与会专家介绍了国际商事法庭在中国、新加坡、哈萨克斯坦等国以及迪拜、阿布扎比等地的实践，对国际商事法庭所具有的共性问题及国际特征进行了探讨。

中华人民共和国二级大法官、最高人民法院副院长陶凯元在主旨发言中指出，设立国际商事法庭、组建国际商事专家委员会、建立"一站式"国际商事纠纷多元化解决机制，是中国立足高质量共建"一带一路"、扩大高水平对外开放、构建人类命运共同体作出的重大决策部署。陶凯元介绍了最高人民法院国际商事法庭的建设和运行情况，强调下一

步将健全机构设置，打造国际商事法庭模范样本；完善运行机制，凸显商事争端解决制度优势；加快科技赋能，提升国际商事司法服务水平；深化互学互鉴，扩大中国涉外司法国际影响。"中国法院始终坚持维护以国际法为基础的国际秩序，不断深化国际司法合作交流，吸收借鉴各国国际商事法庭的优秀经验，在更高起点上推动中国国际商事法庭实现新发展、迈上新台阶，为公正高效便捷低成本解决国际商事纠纷提供中国方案、贡献中国智慧！"

全国政协常委、民建中央副主席周汉民从设立国际商事法庭的必要性、实践的进步性、创新性以及未来性等方面分析了国际商事法庭在中国的实践、创新和未来展望。"对于中国国际商事法庭而言，其未来发展离不开活跃的国际商事交易往来，离不开商事主体对国际化、专业化审裁能力的迫切需求，也离不开政府对涉外法治发展的政策支持。"

新加坡最高法院上诉庭法官庄泓翔提出，国际商事法庭普遍面对了外国法适用、判决的执行等问题，他分析了国际商事法庭与替代性争议解决途径之间的动态关系以及各国国际商事法庭合作交流的益处。

乌干达最高法院前首席大法官巴特·卡图雷贝列举了国际商事法庭共有的国际特征，认为国际商事法庭的出现标志着国际争端裁决全球化进程的新趋势，并从组成、管辖权、上诉程序等方面介绍了国际商事法庭的最新发展，分析了影响其发展的各种因素。

阿斯塔纳国际金融中心法院和国际仲裁中心主簿兼首席执行官坎贝尔·霍尔特介绍了阿斯塔纳国际金融中心法院的设立背景、法庭组成、诉讼程序及运行成果等情况。

迪拜国际金融中心法院主簿努尔·海内迪介绍了迪拜国际金融中心法院在新冠疫情影响下的创新发展，尤其是数字化运营方面的经验和成效，她认为"用数字技术取代过时的流程，是法院为企业创造真正的法律高效性和确定性的关键所在"。

各国在国际商事法庭实践方面的经验是今后发展的重要借鉴，"对过去经验的总结引起广泛的共鸣和深思，对未来的展望将为今后的发展提供优化方向"。中国法学会副会长、中国国际法学会会长黄进在总结这一议题时说。黄进教授还就国际商事争端预防与解决的融合发展发表了精到的见解。

三、公正高效化解复杂商事纠纷，服务保障贸易投资便利化

公正高效处理和化解复杂国际商事争议是各国法官共同面临的时代课题。该议题主持人香港特别行政区律政司前司长、国际投资争端解决小组仲裁员小组成员郑若骅认为，各国商事法官交流复杂案件的裁判规则对于高效化解争议十分重要。最高人民法院审判委员会委员、民四庭庭长、国际商事法庭法官王淑梅在第二个议题"复杂商事争议解决的经验交流"的发言中，结合典型案例介绍了中国法院在域外法查明、国际条约和准据法适用及专业技术问题认定方面的司法实践经验，建议提升法官的司法能力、深化国际司法合作与交流、推动各国商事海事法律规则的协调统一。

中国法学会副会长、中国法学会民法学研究会会长王利明指出，我国民法典合同编不仅具有国际化视野，而且具有时代特征，大量借鉴了有关国际公约和示范法以及两大法系关于合同立法的先进经验，适应了高质量市场经济发展和改善营商环境的需要。香港特别行政区"一带一路"国际研究院院长王贵国详细介绍了国际法透明度原则的内容和世界贸易组织对该原则的适用，为国际商贸纠纷解决提供了重要参考。泰国仲裁中心国际顾问委员会主席、文莱达鲁萨兰仲裁协会主席王宇清结合自己处理"一带一路"相关国家复杂商业纠纷的经验，指出包括争议解决条款在内的合同条款的优质起草，有利于合同双方和谐合作以及涉"一带一路"建设纠纷的快速解决。香港国际仲裁中心名誉主席、上海仲裁委员会上海国际仲裁学院院长杨良宜关注到国际商事活动中的贪腐等问题，提出建立阻却贪污腐败行为的争议解决机制。中国政法大学教授、国际银行法律与实务研究中心主任高祥介绍了信用证欺诈规则在国际规则和公约中的相关规定和各国的相关典型案例。国际独立仲裁员陶景洲深入分析了多方当事人仲裁时的仲裁员选任、合并仲裁等问题。

该议题总结人最高人民法院咨询委员会委员张勇健表示："当前我们

所面临的国际大形势与四年前国际商事法庭成立时有很大变化，在这样大背景下我们面临新的复杂问题。传统问题例如平行诉讼等问题的研究具有更加重要的意义。"同时，他指出在商事仲裁中的商业贿赂、国际商事领域民刑交叉等新问题尚缺乏一定的规则。

四、聚力推进"一站式"，多措谋求新发展

最高人民法院"一站式"国际商事纠纷多元化解决机制建立以来，目前已纳入10家国际商事仲裁机构和2家国际商事调解机构，首次实现了与境外仲裁机构的对接，并上线了最高人民法院域外法查明统一平台，包括5家域外法查明机构，为多元化解决国际商事纠纷提供了高效便利的司法服务。

此次研讨会专设"'一站式'国际商事纠纷多元化解决机制的功能发挥"议题，主持人中国社会科学院国际法研究所国际经济法室主任刘敬东介绍了"一站式"机构为多元化解决国际商事纠纷的重要作用，从实证研究的角度分析了"一带一路"倡议下我国对外国仲裁裁决承认与执行情况。来自9家仲裁、调解、域外法查明机构的代表在会上发言，介绍了各机构在多元化解国际商事纠纷方面的经验和创新，并对"一站式"平台的发展提出宝贵建议。

"建立一个有机衔接、功能互补、公正高效、低成本的国际商事争端解决机制已成为一个国家或地区营商环境和竞争软实力的重要组成部分。"中国国际经济贸易仲裁委员会副主任兼秘书长王承杰如是评价搭建"一站式"平台的重大意义。"贸仲拥有丰富的专家资源，与80余家国际仲裁机构及组织签署合作协议，能够助力配合国际商事法庭及'一站式'国际商事纠纷化解平台国际法治传播能力建设。"

深圳国际仲裁院（华南国际经济贸易仲裁委员会）院长刘晓春指出，深圳国际仲裁院作为前海深港国际法务区的重要支柱，联动港澳，将为"一站式"机制扎根前海、服务内地、面向世界作出贡献。谈到仲裁机构今后要更加积极参与国际商事纠纷多元化解决机制，北京仲裁委员会（北京国际仲裁中心）副秘书长陈福勇表示，北仲将以打造面向世界、国

际一流的仲裁机构为目标，积极建设多元争议解决平台，继续支持"一站式"机制发挥示范引领作用，促进信息互通与人才培养，推动共建"一站式"机制取得新成效。广州仲裁委员会副主任王天喜提出将为国际治理的"中国方案"提供更为丰富的广州实践："广州仲裁委积极参与构建大调解格局，进一步推进由广仲牵头发起的粤港澳大湾区仲裁联盟实体化运作，推动争议解决平台和争议解决方式的融合式发展，优化推广 APEC-ODR 平台功能运用。"厦门仲裁委员会主任钟兴国表示，将以加入"一站式"平台为重要发展契机，勇立潮头、勇毅前行，努力加快国际化建设步伐，全方位推进厦门仲裁委员会的高质量发展。海南国际仲裁院（海南仲裁委员会）理事长王雪林表示，将在最高人民法院的统筹下完善双向、多向交流机制，发挥专家委员的引领作用，积极为"一站式"国际商事纠纷多元化解决机制建设提供智库服务。

作为第二批加入最高人民法院"一站式"国际商事纠纷多元化解决机制的首个境外仲裁机构，香港国际仲裁中心副秘书长兼上海代表处首席代表杨玲介绍说，香港国际仲裁中心已经成为亚太地区乃至全球领先的争议解决机构，加入"一站式"平台后，很多仲裁案件当事人有积极反应和期待。"港仲期待和其他仲裁机构一道为跨境当事人提供世界一流的争议解决服务。"

上海经贸商事调解中心主任张巍介绍了与上海市各中院、上海海事法院、上海金融法院等建立诉调对接的情况，以及与国际调解、仲裁机构建立的合作关系，表示将推进行业的共建共治共享，促进中国商事调解业态有序、健康发展。

域外法查明是涉外商事审判的重点和难点之一。2019 年 11 月，最高人民法院民事审判第四庭与 5 家域外法查明机构签订了合作框架协议，依托国际商事法庭官方网站设立域外法查明平台，并于 2021 年 7 月正式并入最高人民法院"一站式"国际商事纠纷多元化解决平台，为中外当事人提供优质高效的域外法查明服务。据深圳市蓝海法律查明和商事调解中心执行理事长肖璟翊介绍，域外法查明平台上线后，很好地发挥了聚集功能、服务功能、"桥梁"功能、示范功能和宣传功能。

西安交通大学法学院院长、世界银行国际投资争端解决中心调解员单文华对该议题进行总结时说："各机构都表达了对'一站式'国际商事纠纷多元化解决平台建设的热切支持，并为完善机制运行提出了规则、衔接、人才等方面的建设性意见和建议，为平台下一步发展提供了重要参考。"他还提出，中国国际商事法庭体现出融合化特点和优势，即将诉讼、仲裁和调解这三种国际商事争端领域的主要解决途径更为紧密地融为一体，逐渐形成一套独特的国际商事争议融解决机制。相信中国国际商事法庭这一独特机制将为世界商事争议解决贡献更为卓越完善的"中国智慧"与"中国方案"。

五、加强国际司法协助，推动争议高效解决

国际商事争议解决离不开跨境送达、取证、外国法查明以及外国判决的承认和执行等国家司法协助工作。外交学院教授卢松在主持"国际司法协助的现状、趋势与挑战"议题时，强调了国际司法协助对涉外商事审判的重要性。

最高人民法院国际合作局局长、第六巡回法庭副庭长、国际商事法庭法官高晓力全面介绍了中国法院加强民商事国际司法协助、推动国际商事争议解决的有力举措，强调中国法院在国际司法协助工作中始终秉持合作开放的理念："我们愿在遵守国际条约、相互尊重主权的基础上，充分借助智慧法院建设成果，与各国法院不断加强合作，共同推动国际商事争议更加高效便利地解决。"

中国人民大学杰出学者特聘教授石静霞介绍了跨境破产承认与协助的现状、最新情况，并提出吸收《联合国跨境破产示范法》，完善中国破产立法的建议。比利时根特大学荣休教授、比利时仲裁和调解中心仲裁员约翰·阿齐尔·埃劳通过系统回顾《联合国国际货物销售合同公约》风险转移的规定，介绍公约关于风险转移的基本理论和具体规则的适用。北京大学国际法学院常驻知名学者范思深介绍了《海牙送达公约》《海牙取证公约》在中国的执行情况，并提出中国应加入《关于取消外国公文认证要求的公约》的建议。武汉大学国际法治研究院院长、中国国际私

法学会常务副会长肖永平以实证研究的方式对人民法院域外法查明情况及存在的问题作了梳理，并提出了完善域外法查明的若干建议。

最高人民法院民事审判第四庭副庭长、国际商事法庭法官沈红雨总结说，各位专家委员的专业建议为人民法院相关涉外商事案件的审理提供了重要参考。她指出："各国商事法官作为国际条约的适用者和解释者，其作出的判决对于丰富公约实践、稳定商事主体的预期、公正高效便捷低成本地解决纠纷具有重要意义。"

与会代表围绕会议主题提交了近40篇论文，提出了很多富有前瞻性、建设性的意见建议。上海政法学院校长、中国国际私法学会副会长刘晓红，中国政法大学教授、中国国际私法学会副会长杜新丽等专家委员，以及中国海事仲裁委员会、中国贸促会调解中心等5家机构提交了书面发言，分别就《新加坡调解公约》与中国商事调解机制的完善、"一站式"国际商事纠纷多元化解决机制中诉讼与调解的衔接等内容发表了真知灼见。

陶凯元在闭幕式上发表讲话，指出此次会议的成功举办是"一带一路"国际商事争议解决机制建设的重要成果。她提议，为推动跨境商事争议解决制度的发展，要坚持公正合理，推动跨境商事争议解决机制的创新发展；要坚持互利共赢，推动多元化纠纷解决机制的融合发展；要坚持互商互谅，推动实现国际商事法律合作协同发展；要坚持开放合作，推动各国国际商事法庭不断发展。

"这是一次继往开来、深化友谊的盛会。"陶凯元表示，"本次会议增进了法治互信，加深了彼此理解，让我们跨越山河、跨越国界的友谊焕发出新的生机活力"。

关于参加国际商事法院常设论坛第四届研讨会交流总结的报告

沈红雨 孙祥壮 奚向阳等*

2022年10月20日至21日，由澳大利亚最高法院主办的国际商事法院常设论坛（SIFoCC，以下简称论坛）第四届研讨会以线上线下相结合的方式举行。经最高人民法院领导批准及国际合作局审核，最高人民法院选派国际商事法庭沈红雨、孙祥壮、奚向阳、张雪楳四位法官，国际商事法庭协调指导办公室主任龙飞、北京国际商事法庭梅宇法官、苏州国际商事法庭杨恩乾法官线上参会。在国际合作局的大力协助下，参会人员圆满完成各项会议议程。现就参会情况报告如下。

一、会议基本情况

本次高级别会议共有来自41个国家及地区的120余名商事法庭法官、司法官员及国际商事纠纷解决机构代表参加，其中包括澳大利亚、新加坡、英国、乌干达、塞拉利昂等国的首席法官、前首席法官以及澳大利亚的总检察长。

会期两天，共设有开幕式、论坛年度报告和四项讨论议题。议题分别为：（1）集成化纠纷解决机制（Integrated System of Dispute Resolution，ISDR）：商事法院、仲裁与调解；（2）复杂案件纠纷的管理及纠纷日趋

---

* 作者单位：最高人民法院。

复杂化；（3）未来的公司法律责任、公司愿景和以气候变化为焦点的公司治理；（4）司法管辖权的国际冲突。

开幕式上，澳大利亚总检察长马克·德雷夫斯（Mark Dreyfus）致辞肯定了论坛的重要意义，指出该论坛促进各国国际司法合作，对于全球稳定繁荣具有重要作用。论坛指导小组主席、英国前首席法官托马斯爵士（John Thomas）表示，近年来包括《纽约公约》和《新加坡调解公约》在内的国际公约的发展不仅增强了国际投资者的信心，而且体现了司法界对仲裁和调解在国际商事纠纷解决机制中的价值之认可。本次论坛的主题旨是通过探讨诉讼、仲裁和调解集成化解纷机制的运行以及管辖权国际冲突等问题，深入分析不同法律传统对企业责任、人权、气候变化等问题的差异，反思并促进各司法管辖区之间的相互理解与合作。

澳大利亚联邦法院首席法官詹姆斯·奥索普（James Allsop）对参会的全体来宾表示欢迎，指出此次论坛的议题设置顺应时代发展要求，希望论坛成员法院畅所欲言，借助论坛搭建的交流平台，增进理解、达成共识。

论坛负责小组成员罗宾·诺尔斯法官（Robin Knowles）及秘书长格蕾丝·卡拉斯（Grace Karass）就论坛成果进行了总结，指出论坛自成立以来已有超过45个司法管辖区加入，包括中国（含香港特别行政区）、美国（纽约、特拉华州）、澳大利亚、加拿大（安大略省）、新加坡、爱尔兰、德国、荷兰、英国、迪拜、卡塔尔、阿布扎比、哈萨克斯坦、乌干达、卢旺达等，涵盖了G20的70%成员，其对新入会的巴基斯坦、赞比亚、日本及韩国法院表示欢迎，对参与合作的国际组织、仲裁及学术机构表示衷心感谢。其同时指出，论坛法官共同合作，制定了《金钱判决承认和执行多边备忘录》（第2版）、《案件管理的最佳实践经验》、《应对新冠疫情备忘录》及附件等，并多次举办了司法观察项目，积极推动了商事法院之间的经验交流与合作。

（一）议题1：集成化纠纷解决机制：商事法院、仲裁与调解

新加坡最高法院首席法官梅达顺（Sundaresh Menon）与卡塔尔金融

中心法院监管部主席、英国商事法庭前法官威廉·布莱尔爵士（William Blair）担任此议题的联合主持人。该议题着重探讨诉讼、仲裁、调解衔接的各国独特司法经验及论坛可提供的帮助；诉讼、仲裁、调解的关系包括集成化解纷机制的程序管理及其推进复杂商事纠纷解决的可行性研究，调解对推进商事纠纷高效化解的意义；法官、仲裁员和调解员的合作经验；大陆法系中集成化纠纷解决机制的实践。

梅达顺指出，在复杂商事纠纷中，越来越多的当事人选择在大型项目中设立争端委员会，纠纷产生后首先选择调解或仲裁以求磋商、消弭矛盾，此后才会考虑商事诉讼或执行裁决，单一解纷模式已不再能满足现代商业发展的需要，多层次、集成化解纷模式的制度需求正不断提升。

布莱尔表示，在全球缺乏协调统一的商事纠纷解决机制的背景下，我们过往简单理解诉讼、仲裁、调解在执行领域进行衔接，而忽略了各机制间的内在联系。当前，不同司法管辖区大胆探索系统化推进争端解决机制的合作，而不仅仅是考虑何种解纷途径优先的问题，使得集成化纠纷解决机制作为本次论坛的核心议题，并将在未来持续发挥作用。

英国上诉法院民事庭庭长杰夫雷·佛斯（Geoffery Vos）指出，英国法院正在试图创建一体化的数字在线司法系统并将之适用于大型商事案件，为每个案件创建独立的可转移数据集，无论纠纷进入调解、仲裁还是诉讼程序，均可为当事人、法庭、律师、证人提供异步互动。他强调将替代性纠纷解决方式（ADR）贯穿于解纷全过程以取代单一的阶段性调解，呼吁更多使用人工智能和算法技术帮助提炼类案判例，探讨数字司法系统如何高效整合诉调对接资源，并使得调解手段成为更加综合灵活的解纷工具，被应用于全流程，而不是割裂适用于阶段性的解纷程序当中。司法及解纷机构应把握科技为商事纠纷解决带来的黄金机遇，整合各类解纷手段、简化并畅通解纷程序。

国际商事仲裁理事会（ICCA）司法委员会联合主席、法国上诉法院前院长多米尼克·埃薛（Dominique Hascher）提出三点建议：（1）促进司法和仲裁的双向合作，通过发挥《纽约公约》的作用引导仲裁员提升素质，使其更加符合司法期待；（2）多元化纠纷解决机制的全球化发展要求仲裁程序及裁决在符合仲裁地法律的同时要符合国际标准；（3）在设计集成化国际商事纠纷多元化解决机制的程序时，应充分考虑用户需求，最大程度争取当事人的理解与信任。

新加坡国际调解中心主席林乔治（George Lim）指出，根据2021年伦敦大学玛丽女王学院就国际仲裁进行的调研，受访者中愿意采用仲裁与替代性纠纷解决方式相结合解决纠纷的人员数量较2015年增长一倍。从2022年联合国贸法会第三工作组关于国家和投资者争端解决小组维也纳会议讨论结果看，多个国家对现有争端解决机制持批评意见，呼吁通过多边投资法院、国际商事法院拓展国际调解这一解纷方式的适用渠道。目前当事人的顾虑主要在于调解协议的可执行性。新加坡国际调解中心已与新加坡国际商事法庭、新加坡国际商事仲裁中心签署相关协议，促进调解在仲裁或诉讼中作用的发挥。《新加坡调解公约》已有55个签署国，且已得到10个国家的批准，提供了更快捷、便利、低成本的解纷方案，其呼吁该公约应受到与《纽约公约》同等的关注。

沈红雨法官分享了中国国际商事法庭建设"一站式"国际商事纠纷多元化解决机制的中国方案。一是从国际商事法庭的设立目的、法律依据、受案范围出发，介绍"一站式"机制公正高效便捷低成本的解纷特点；二是介绍国际商事法庭案件审理情况以及与仲裁机构、调解机构"一站式"平台对接情况；三是介绍国际商事法庭专家委员会、制度及其在推进诉调有机融合方面的功能；四是突出在线、服务、域外法查明等便利诉讼机制。最后，其呼吁世界各地的论坛成员法院深化互学互鉴，共同推进国际商事纠纷解决机制更好发展。

菲律宾最高法院助理法官萨姆·格兰（Samuel Guerlan）指出，菲律宾积极促进替代性纠纷解决方式的充分适用，在知识产权、建筑、电力、公司纠纷中越来越多引入替代性纠纷解决方式，还通过立法将调解纳入民事诉讼程序，并允许仲裁裁决执行程序中由法官主持司法程序进行执行和解。

尼日利亚高等法院法官那穆迪·蒂姆巴（Nnamdi O. Dimgba）指出，诉讼在尼日利亚仍占据主导地位，但已逐渐认识替代性纠纷解决方式的重要性。拉各斯市在实践多门法院（Multi-door courthouse）程序过程中，根据当事人意愿分流程序，促进纠纷在诉前得到有效化解。他还分享了尼日利亚诉调并行的程序创新，当事人可以通过调解达成协议或在调解过程中对纠纷化解作出实质性协议安排，并将此协议提交诉讼确认及执行。

乌干达最高法院前首席法官巴特·卡图雷贝（Bart Katureebe）认为国际商事法院的形成有助于增进外国投资者的信心，当下发展有必要引入替代性纠纷解决方式，但应严格遵守当事人自愿原则，在每一个具体案件中创设独立的程序设计方案。

哈萨克斯坦阿斯塔纳国际金融中心（以下简称 AIFC）法院及国际仲裁中心首席法官乔纳森·曼斯（Jonathan Mance）介绍了设立 AIFC 法院及国际仲裁中心的基础背景及法律依据，特别强调了 AIFC 项下的仲裁与诉讼相衔接的程序设计，AIFC 国际仲裁中心裁决在哈萨克斯坦可以转化为 AIFC 法院判决得以执行。

澳大利亚维多利亚州最高法院法官杰姆·德兰尼（Jim Delany）指出，该州有悠久的调解文化和诉调对接实践经验，将调解纳入立法，并赋予法院强制调解的权力。诉调对接的优势在于法官可以在其认为最为适宜的时间启动调解程序；而仲裁员受制于当事人对仲裁程序的合意，不具有灵活把握解纷节奏的权力，此限制了仲调对接机制发挥作用。

迪拜国际金融中心法院法官魏马丁（Wayne Martin）指出，在其法官执业生涯中，只有不到2%的案件未经过调解程序直接进入庭审，其强调应将调解贯穿于解纷全过程，重点在于与案件管理的其他程序协同合作，同时要对法官、调解员、律师间可能的利益冲突问题作出评估。执行方面，应鼓励各国法院间签订有关协议，推动集成化解纷机制的发展。

爱尔兰高等法院院长大卫·巴尼威尔（David Barniville）总结认为，不同司法管辖区就集成化国际商事纠纷解决机制达成如下共识：一是调解作为解纷途径已得到普遍支持。例如，爱尔兰法院就在诉讼中采用非强制性的调解程序。二是诉仲对接比较困难，例如，爱尔兰法院指定法官专门处理与仲裁有关的事务以增强专业性。

（二）议题 2：复杂纠纷案件的管理及纠纷日趋复杂化问题

该议题主要讨论纠纷日趋复杂化的原因，所涉的技术、证据、法律问题以及如何管理和解决日益复杂化的纠纷，包括：（1）案件管理技术的成本考虑及公正性问题；（2）证据处理问题；（3）以调解委员会、第三方诉讼资助、集团诉讼及人工智能为切入口，寻找纠纷管理与解决的最佳方案。

印度最高法院法官钱德拉胡德（D. Y. Chandrachud）分享了印度最高法院和地方法院利用技术手段处理复杂案件的经验，印度目前已有17000家法院支持线上开庭；最高法院电子委员会开发了电子立案系统，涵盖非强制性的在线立案及全流程诉讼材料在线提交功能。印度在线法院系统试点主要用于道路交通类轻微违法的传票电子送达及罚款在线缴付；高等法院正在考虑在税务纠纷、仲裁和商事纠纷中也强制使用线上诉讼系统。他同时强调技术是双刃剑，法官有责任保障公平的实现，而不只是机械运用技术。

澳大利亚新南威尔士州衡平法院首席法官大卫·哈默施拉格（David Hammerschlag）认为，法官面对复杂商事纠纷的主要障碍是对科学、商业以及金融等方面的专业问题缺乏了解，专家辅助人制度在该州发挥独特作用。普通法体系下，法官有权力就诉讼的任何事项得到专家辅助人的协助。澳大利亚高等法院规则允许法院在当事人不参与的保密的状态下咨询专家辅助人，且可以要求当事人支付费用。这种做法最早可以追溯至20世纪30年代。实践中，法院亦可在采纳专家辅助人建议后，在判决书中披露建议内容，使当事人知悉判决依据。

孙祥壮法官在此议题中发言分享了复杂商事案件解纷的中国智慧：一是要以积极主动心态对待复杂商事诉讼案件，尤其是对建设工程承包、土地开发项目转让等复杂商事诉讼时，应秉持拓展知识面等正向心态，转化畏难情绪；二是司法调解被誉为"东方经验"，有助于将对抗制的审判转向对话式、整体性的纠纷解决；三是将法律原则引入裁判规则对解决复杂纠纷十分重要，他以处理复杂证据、关注关键事实、重视智慧法院建设为例,提供了中国法院的相关经验。

澳大利亚维多利亚州最高法院法官丽莎·妮可斯(Lisa Nichols)指出,一是法官可以要求当事人精简材料,避免法官陷入过量的卷宗信息;二是证据清单的有效列明使得法律争议清晰化、焦点化;三是在高度复杂案件中引入专业中立的评估人员,辅助厘清专业性问题。

美国纽约州法院商事法庭法官詹妮弗·谢克特(Jennifer Schecter)介绍,纽约州针对复杂商事案件制定了特别规则,在限制诉讼材料页数的基础上进一步限制字数,并要求线上电子材料提供链接以便法官直接查阅相关案例及出处。她指出,调解是解决纠纷的有效方式,但当事人缺乏信任、信息不全面等因素阻碍着调解的进展。为此,一是有必要在案件早期即要求当事人提供核心材料,提高各方当事人的解纷动力,创造有利于调解的氛围;二是要求律师在不同的阶段进行会谈,以有利于在早期厘清争点,减轻案件审理负担。

北爱尔兰上诉法院法官马克·霍纳(Mark Horner)认为,商事案件的复杂化对法官、律师和司法工作人员提出了更高的要求。一是坚持比例原则,对不同类别的纠纷选择适当的解纷方式,告知当事人如不合理拒绝调解,可能会面临负担费用的制裁;二是该院设立替代性纠纷解决方式中心,承担中立评估职能,及时指导当事人厘清争议事项,鼓励律师采用合作模式进行证据开示,专门制定电子证据开示清单,提高效率、节约解纷成本。

(三)议题3:未来的公司法律责任、公司愿景和以气候变化为焦点的公司治理

澳大利亚最高法院首席法官詹姆斯·奥索普(James Allsop)和英格兰和威尔士裁判所高级主席基斯·林德布洛姆爵士(Keith Lindblom)担任该议题的联席主持人。此议题重点对公司所涉的公法和私法问题区分进行再评估,审视公司、政府、公共组织之间的关系,以及诉讼所涉公司责任、公司治理、公司对股东的责任以及公司的社会责任等;公司在履行法律义务时如何平衡企业利益与公共利益的关系;公司治理如何实

现平衡好股东期待利益与公司社会责任；商事法庭在促进气候变化应对的治理文化方面作用、职责范围及所受限制等。

英格兰和威尔士裁判所高级主席基斯·林德布洛姆爵士（Keith Lindblom）认为，气候变化及环境问题是全球性的，对全球每个司法管辖区的司法系统运行的影响都在持续加大。无论是公司自身行为产生的直接后果，还是其与其他经济实体交易之间产生的相关后果，包括水资源、垃圾排放、能源、生物多样性等问题，都将受到环境法律政策的审查。

澳新银行（ANZ）集团前总裁、未来基金监管理事会成员大卫·冈斯基（David Gonski）认为，股东和董事会的长远利益是一致的，公司应当制定长期规划，投资者像乘客一样可以自由上下车，但列车一直朝前行使，应对公司的经营目的加以监管或引导，指引并激励企业在遵循股东利益的基础上正确承担气候治理法律责任，尽力满足各种利益相关者的不同需求。

英国国家学术院（British Academy）的"企业未来"项目负责人柯林·梅耶教授（Colin Mayer）强调，当前商业正在经历深刻变革，公众对于企业社会责任的观点正在发生变化，即企业应在规则范围内公开自由竞争，获取利润，不得欺诈。其负责的"企业未来"项目计划自提出企业宗旨概念以来，获得全球商业界的广泛支持和采用，并提出了与该概念相关联的一整套所有权、治理、衡量和激励原则，使公司相关利益方能够评估业绩、分配资本。其建议：构建协助商事法院处理类似问题的系统框架；提前考虑公司的法律责任而非等待复杂耗时且极具争议的立法；提高企业真实成本和利润报告的透明度，让受企业影响的相关方知晓其回报率；发挥法律在鼓励基于真实成本和利润的商业行为方面的作用，使所有权、治理、衡量和激励原则成为商业惯例。

世界银行前总法律顾问、渣打银行总法律顾问桑蒂·欧科罗（Sandie Okoro）认为，对于金融机构而言，投资决策的驱动因素正在由单纯以公司利润为导向转变为以符合特定目的的利润为考量，即不仅从投资者的角度考虑利润如何产生，还需将企业经营获利对环境、员工、社会及其他利益相关者产生的持续影响纳入考量范畴，从而为公司的各类决策提供建议。

开曼群岛法院法官尼克·西格尔（Nick Segal）认为，开曼群岛作为离岸司法管辖区，清晰认识到气候变化是其面临的主要政策问题，其更容易采用新的公司治理标准提高竞争优势。开曼群岛立法未规定董事职责，但衡平法上董事负有监管责任，应理解为也要求董事考虑与公司利益相关的非股东方利益，公司章程中的董事免责条款可能需要改革。另外，离岸公司和私募股权基金使用的公司治理结构，在实践中也加大了管理决策监管措施的制定与实施难度。

新西兰高等法院首席法官苏珊·托马斯（Susan Thomas）分享了新西兰作为世界上第一个要求金融部门披露气候变化对其业务的影响的国家以及管理相关风险的经验，其立法为履行《巴黎协定》的国际义务设定了框架，设定了到2050年的净排放量减少目标，并设立了气候变化委员会。新西兰在气候变化领域的公司法律责任，涉及立法、政府行为及普通法发展的结合。目前，新西兰法律的发展涉及毛利人习惯法的问题，土著人口的相关法律在气候变化领域格外重要。上诉法院新近的裁决凸显了气候变化诉讼中，使用传统侵权法概念与法律为适应气候危机带来新情况和挑战的发展之间的紧张关系。在将普通法适用于新情况以及考虑是否发展普通法时，共同损害和责任的概念可能会被更广泛采用。

巴基斯坦最高法院法官赛义德·曼苏尔·阿里·沙（Said Mansoor Ali Shah）认为，企业法律责任，首先是思维方式的转变，其次必须体现于公司法的修改中，即公司愿景和公司治理方式的宪法性变革。气候变化的另一个重要方面是代际正义和气候民主的需要。全球法院均应为减少气候变化对地球后代的影响而积极发挥作用，商事法院可以通过作出强调企业社会法律责任的判例来实现这一愿景。

新加坡最高法院法官菲立·惹耶勒南（Philip Jeyaretnam）认为，当前形势下法官应对气候变化持更加多元、开放的态度，法官虽不应进入该议题的政治或公共政策领域，但只要不逾越司法权力边界，司法不应成为社会应对气候变化危机的阻碍。

在圆桌讨论环节，与会人员就企业的长期与短期目标、企业财务报表合并、应对气候变化相关诉讼方面司法与政治、立法的角色边界等问题进行了深入讨论。

梅宇法官发言分享了北京市第四中级人民法院在一宗环境民事公益诉讼案件的审理经验，该案判决侵权人承担环境修复赔偿金责任，并首创设立环境信托公益基金，建立专业决策委员会依法决策该笔十年期限的信托公益资金的使用，通过设立公益信托监察人和公益资金使用年度报告监督机制，对信托执行情况进行监督。

（四）议题4：司法管辖权的国际冲突

本议题由香港特别行政区终审法院前首席法官马道立（Hon. Geoffrey Ma）和德国联邦法院法官杨·托尔克米特（Jan Tolkmitt）联合主持。议题立足禁诉令等相关国际司法实践问题，力求探讨发挥国际法规则作用以及国家间合作等举措来解决管辖权国际冲突问题的有效途径。

印度尼西亚最高法院法官塞姆苏尔·马里夫（Syamsul Maarif）指出，尽管国际出版物强调外国仲裁裁决在印尼难以得到执行的案例，但情况实际在好转。另外，根据印尼民事诉讼法第436条，在印尼执行外国法院判决的唯一途径是提起新的诉讼，外国法院判决作为书面证据提交印尼法院以确定该判决是否具有约束力，由于该规定具有鲜明的时代背景，随着经济全球化的发展，相关内容亟待修改。其还认为，根据印尼现行法律，引入普通法系的禁诉令制度存在困难。

韩国大田地方法院法官金柳钟（Yool Jong Kim）指出，以不方便法院原则为代表，大陆法系和普通法系存在明显区别。近期修改的韩国国际私法采取了混合普通法系和大陆法系规定的立场，规定韩国在行使法院管辖权时引入不方便法院原则。涉及同一当事人之间同一诉讼事由的诉讼是在外国提起的，如果该法院判决有可能在韩国法院得到承认，那么韩国法院可以不方便法院原则不予受理诉讼，但当事人受排他性管辖协议约束或韩国法院是明显更合适法院的除外。这一尝试体现了韩国在推进司法合作与融合方面的主动性。

韩国首尔高等法院法官伊俊贤（Junhyen Yi）提出以论坛已有的判决

执行备忘录为框架进行扩展从而避免管辖权国际冲突的建议，扩展范围可以包括国际破产程序中的承认和执行相关判决问题、国际知识产权领域问题上承认和执行相关判决问题等。例如：（1）一国法院对外国知识产权的效力认定纠纷或侵权纠纷进行管辖时该判决在全球的承认和执行；（2）如当事人知识产权在多个司法管辖区进行登记注册，一个司法管辖区是否可以对影响多个被告的相同或类似问题作出裁决。

世界银行前总法律顾问、渣打银行总法律顾问桑蒂·欧科罗（Sandie Okoro）围绕元宇宙可能引发的司法管辖权国际冲突问题，指出现实世界中的跨司法管辖区问题会在虚拟世界中出现，目前游戏领域发生的涉知识产权类案件可以一窥全球在面对跨司法管辖区、虚拟与现实交融的开放元宇宙时将面临诸多挑战。

圆桌讨论环节就司法管辖权国际冲突的根源、困境及解决、禁诉令、加强司法合作等问题进行了广泛深入的讨论。沈红雨法官提出，管辖权冲突与民商事判决的跨境执行息息相关，如果各国法院秉持司法礼让与合作，公正高效承认和执行外国法院民商事判决，则会大幅减少当事人"挑选法院"而产生的管辖权冲突现象。她通过介绍最高人民法院2021年底发布的《全国法院涉外商事海事审判工作座谈会会议纪要》以及上海海事法院2022年首次采用法律互惠标准承认和执行英国法院商事判决的案例，分享了中国法院积极探索互惠原则，为民商事判决跨境执行营造积极友好环境的司法实践。她同时建议利用好论坛平台，就协议管辖、不方便法院等共性问题交流案例，达成更多共识，但对各国法律冲突较大的知识产权纠纷、消费者权益保护纠纷、雇佣合同纠纷管辖权规则，建议留待时机成熟后再予解决。

韩国大田地方法院法官金柳钟（Yool Jong Kim）分享了韩国法院对禁诉令的审慎态度，其对在管辖协议效力有争议的情况下禁诉令可能构成侵犯司法主权的问题存在担忧，建议各国商事法院尽量少采取进攻性的态度发布禁诉令，并建议对当事人违反协议管辖的行为处以赔偿。

澳大利亚新南威尔士州首席法官安德鲁·贝尔（Andrew Bell）认为，澳大利亚法官适用禁诉令限制其他司法管辖区的诉讼或被限制诉讼时，会衡量公共利益，当存在值得保护的其他权利时，法律允许在某些情况下否定合同权利。但当前确实需要以一种更加务实、明确和原则性的方法来处理在各国法院出现的禁诉令、反禁诉令及反反禁诉令等问题。

印度最高法院法官桑克夫·可汗（Sanjv Khann）认为，虚拟世界对领土主权观念带来挑战，需要建立公平公正的司法处置机制作为跨境商贸解纷的手段，应立足宏观、全面的视角，不局限于司法，更要将法律冲突出现时如何解决法律制度差异等问题纳入考量范围。

英国上诉法院民事庭庭长杰夫雷·佛斯（Geoffrey Vos）以英国脱欧后处理引渡问题为例，提出这一问题的解决应该从国家控制向法官主导转型，并强调促进司法管辖区之间开展司法对话的必要性。

在总结环节，香港高等法院竞争法法庭长夏利士法官（Jonathan Harris）分享了香港法院关于跨境破产管辖冲突及司法管理经验。一是2021年《最高人民法院与香港特别行政区政府关于内地与香港特别行政区法院相互认可和协助破产程序的会谈纪要》开创了内地和香港两地法院破产程序相互认可和协助的试点合作机制。二是关于国际品牌企业的破产和全球合作问题。各司法管辖区在承认法院批准债务重组方面的意见各异，建议论坛探索未来是否可增进各司法管辖区法官的合作，并与其他组织或机构共同达成理解与合作。

新加坡高等法院法官加南·拉美斯（Kannan Ramesh）认为，司法管辖权的国际冲突的重要原因在于经济全球化带来的商事纠纷复杂化以及当事人"挑选法院"司法套利。他提出三点解决方案：一是进一步促进法院间的沟通与合作；二是搭建涵盖外国判决效力承认、互惠原则、支持机制等相关规定的原则性框架协议；三是更广泛地应用替代性纠纷解决机制，特别是调解方式来解决跨境纠纷中的个别问题。他建议论坛在改善司法管辖权冲突方面发挥作用，提供一套系统的跨国解决方案。

加拿大安大略省高等法院首席法官杰弗里·莫拉维茨（Geoffrey Morawetz）总结认为，在处理外国民事判决的执行问题上缺少双边协议或公约，因而判决的跨境承认和执行通常耗时而曲折。他介绍了联合国贸法会第五工作组关于破产及国际破产问题的最新情况报告，指出2022年是《跨境破产示范法》颁布二十五周年,目前约有50个国家采用了该公约,建议论坛在进一步促成该领域共识方面作出努力。

二、收获体会及工作建议

一是积极宣传介绍,不断提升中国国际商事法庭国际影响力。本次论坛上,我们系统介绍了中国国际商事法庭助力共建"一带一路"高质量发展,搭建"一站式"国际商事纠纷多元化解决平台,运用智慧法院建设,便捷高效解决国际商事纠纷的中国方案,获得会议主办方及国际社会的广泛关注。会后,会议主办方澳大利亚联邦法院首席法官詹姆斯·奥索普来信,感谢中国代表团的参与及贡献,希望保持中澳法院友好合作,并对加入最高人民法院国际商事专家委员会表示浓厚兴趣。

二是积极参与讨论,持续关注前沿问题的国际合作与规则制定。会议讨论的若干重点议题提供了值得关注的方向和重点:一是应关注《新加坡调解公约》在中国的批准生效以及相关司法应对实践;二是应关注跨国企业的社会责任尤其是气候变化下的公司责任承担等前沿热点难点问题;三是应深化国际司法管辖权问题研究,细化司法管辖权的国际冲突、禁诉令产生的问题和对策,持续跟踪数字化、元宇宙概念对国际司法管辖权的影响及产生的新问题

三是形成比较优势,努力增强国际商事法庭的竞争力和影响力。本次论坛将诉仲调衔接的集成化纠纷解决机制作为一个重要议题推出,说明中国国际商事法庭四年多来构建的"一站式"国际商事纠纷多元化解决机制已经得到国际社会的高度认可,并正在不断扩大国际影响力。与此同时,"一站式"平台内国际商事纠纷如何有效实现诉调对接、诉仲对接,特别是香港国际仲裁中心加入平台后,如何实现境内外的有机衔接,仍亟待细化和明确规则。我们将加快修订国际商事法庭司法解释、制定最高人民法院"一站式"国际商事纠纷解决机制工作规则、推进管辖权冲突的协调以及判决承认和执行方面的国际合作。

四是加强人才培养,着力提高涉外商事审判人才队伍素养。本次论坛上,北京、苏州国际商事法庭两位法官认真参会、积极发言,展现了

中国新一代年轻法官的优秀司法素养。两位年轻法官均表示获益匪浅，希望我院能为地方法院法官参与对外交流提供更多机会和渠道，开拓国际视野，了解前沿信息。目前，我国涉外法治人才还存在总量小、人才少、分布散、管理弱以及供需脱节等问题，急需培养一大批既有大局观念又有国际视野，既熟悉国内法律又通晓外国法律和国际法规则，且善于处理涉外法律事务的优秀涉外法治人才。建议今后推荐更多地方国际商事法庭参与国际会议，提高运用法治思维和法治方式参与国际竞争与合作、讲好中国法治故事的整体实力，为涉外法治建设贡献智慧和力量。

中国审判指导丛书

——各级人民法院审判工作权威参考指导用书

《刑事审判参考》：最高人民法院刑事审判第一庭、第二庭、第三庭、第四庭、第五庭共同主办。自 2021 年起，丛书由人民法院出版社出版发行，作为《中国审判指导丛书》的重要组成部分。丛书自 1999 年 4 月创办以来，秉承立足实践、突出实用、重在指导、体现权威的编辑宗旨，在编辑委员会成员、作者和读者的共同努力下，密切联系刑事司法实践，为刑事司法人员提供了有针对性和权威性的业务指导和参考，受到刑事司法工作人员和刑事法律教学、研究人员的广泛欢迎。丛书主要收录指导案例、刑事司法规范及其理解与适用、刑事政策及其解读、理论前沿、实务探讨、编辑部答疑、经验交流、疑案争鸣等内容。2021 年，作者将对丛书的体例、栏目设置及相关内容等进行完善和提升，力求以全新的面貌将更权威、实用的内容展现给读者。全年 6 辑，每辑 68.00 元，共 408.00 元。

《民事审判指导与参考》：最高人民法院民事审判第一庭编。丛书收录最高人民法院关于民事审判工作的司法解释及其理解与适用、指导意见和最新政策精神及其解读、民事审判会议纪要、最高人民法院典型案例评析、示范性裁判文书、实务研讨、理论研究、各地方法院经验交流等内容，旨在传播最高人民法院和地方各级人民法院的优秀民事审判工作经验，对最新疑难经典案例进行探讨与解析，提供审判实践中解决疑难问题的思路，是最高人民法院民事审判第一庭履行对下指导职责的工作平台。全年 4 辑，每辑 68.00 元，共 272.00 元。

《商事审判指导》：最高人民法院民事审判第二庭编。丛书刊登最高人民法院关于商事审判工作的指导意见、司法解释及其理解与适用、典型案例评析文章、示范性裁判文书、地方实务调研成果、理论研究文章等。丛书对各级人民法院商事审判工作具有重要指导作用和参考价值。全年 2 辑，每辑 68.00 元，共 136.00 元。

《知识产权审判指导》：最高人民法院民事审判第三庭编。丛书主要内容包括知识产权审判政策与精神、司法解释理解与适用、调研报告和案例评析，以及反映知识产权审判动态的专题论述和优秀裁判文书等。丛书对各级人民法院知识产权审判工作具有重要指导作用和参考价值。全年 2 辑，每辑 68.00 元，共 136.00 元。

《涉外商事海事审判指导》：最高人民法院民事审判第四庭编。丛书收录当年出台的司法解释、司法指导性文件以及涉外商事案件相关问题的批复和案例评析，重点收录最高人民法院对高级人民法院有关国际商事仲裁裁决司法审查法律问题请示的复函，并附有高级人民法院的请示。丛书对各级人民法院涉外商事海事审判工作具有重要指导作用和参考价值。全年2辑，每辑68.00元，共136.00元。

《立案工作指导》：最高人民法院立案庭编。丛书主要收录有关立案的司法解释理解与适用、各级人民法院立案工作的实践经验、调研报告和案例评析等。丛书对各级人民法院立案工作具有重要指导作用和参考价值。全年2辑，每辑68.00元，共136.00元。

《审判监督指导》：最高人民法院审判监督庭编。丛书主要收录关于审判监督工作的司法解释及其理解与适用、最新的政策与精神及其解读、最高人民法院案例评注、典型案例、会议纪要、优秀裁判文书、业务交流等内容。另外，还设置了审监信箱，回应全国法院审判监督工作中的疑难问题。丛书对各级人民法院审判监督工作具有重要指导作用和参考价值。全年2辑，每辑68.00元，共136.00元。

《中国少年司法》：最高人民法院少年法庭工作办公室编。丛书设置了有关少年司法工作的政策与精神、法官论坛、改革与探索、理论与实务研究、典型案例、裁判文书以及规范性文件等栏目。丛书的出版，旨在切实加强对少年司法工作相关问题的研究、加强对全国少年法庭工作的指导、强化相关方面的调查研究和理论探讨。丛书对各级人民法院少年审判工作、相关政法部门少年司法执法工作和有关社会组织的未成年人权益保护工作，都有重要的指导作用。全年4辑，每辑68.00元，共272.00元。

《执行工作指导》：最高人民法院执行局编。丛书对我国目前执行工作中的重点、热点和难点问题，从不同角度进行理论研究和实践经验的提炼与总结；同时，丛书紧紧围绕最高人民法院执行工作大局，紧密结合执行工作理论与实践，为全国广大法官以及其他法律职业者提供及时、权威的执行工作业务指导和参考，对正确理解相关规定、统一执法标准和破解执行难问题具有重要指导作用。全年4辑，每辑68.00元，共272.00元。

《国家赔偿与司法救助办案指导》：最高人民法院赔偿委员会办公室编。编委会成员分别由全国人大法工委国家法室、最高人民法院赔偿委员会办公室、最高人民检察院刑事申诉检察厅、公安部法制局、司法部法制司、财政部条法司等部委工作人员组成，收录了国家赔偿与司法救助相关的政策、法律法规、司法解释及其理解与适用，有普遍指导意义的请示案件及其答复，重大新型疑难案例评析，国家赔偿理论与实务研究，国家赔偿工作调研报告，地方国家赔偿工作动态等内容，集中反映最高人民法院、最高人民检察院等单位对于国家赔偿工作重要政策、观点、理论研究和实践指导的意见，对国家赔偿与司法救助工作具有重要的指导作用和参考价值。全年2辑，每辑68.00元，共136.00元。

2025 年中国审判指导丛书征订单

银行汇款方式：

开户银行：工行王府井金街支行
账号：0200000709004606170
开户名称：人民法院出版社有限公司
行号：102100000072
邮箱：fysgzzz@163.com

邮局汇款方式：

邮编：100745
地址：北京市东城区东交民巷 27 号人民法院出版社
联系人：王玺佳 010-67550536/18601031761
　　　　靖存锴 010-67550595/18601032892
传真：010-67550541

订购单位		联系人	
联系电话		邮编	
详细地址			

电子邮箱		纳税人识别号				
代号	书名	全年辑数	定价	邮费	合计	订购份数
202510	《刑事审判参考》	六辑	408.00	61.20	469.20	
202511	《民事审判指导与参考》	四辑	272.00	40.80	312.80	
202512	《商事审判指导》	两辑	136.00	20.40	156.40	
202513	《立案工作指导》	两辑	136.00	20.40	156.40	
202514	《审判监督指导》	两辑	136.00	20.40	156.40	
202515	《知识产权审判指导》	两辑	136.00	20.40	156.40	
202516	《涉外商事海事审判指导》	两辑	136.00	20.40	156.40	
202517	《中国少年司法》	四辑	272.00	40.80	312.80	
202518	《执行工作指导》	四辑	272.00	40.80	312.80	
202519	《国家赔偿与司法救助办案指导》	两辑	136.00	20.40	156.40